吉林省社会科学基金项目（2009B132）

吉林省企业经济研究中心人文社科重点研究基地成果

U0878444

市场失灵视角下的美国农业保护与支持政策

Agricultural Protect and Support Policy of U.S. Based on the Perspective of Market Failure

王洪会　张肃　林杰　著

图书在版编目(CIP)数据

市场失灵视角下的美国农业保护与支持政策/王洪会,张肃,林杰著.—2版.—长春:东北师范大学出版社,2015.3 (2025.7重印)
ISBN 978-7-5681-0328-2

Ⅰ.①市… Ⅱ.①王… ②张… ③林… Ⅲ.①农业政策—研究—美国 Ⅳ.①F371.20

中国版本图书馆CIP数据核字(2015)第269435号

□策划编辑:张利辉
□责任编辑:冀爱莉 □封面设计:刘 强
□责任校对:巴 娇 □责任印制:张允豪

东北师范大学出版社出版发行
长春净月经济开发区金宝街118号(邮政编码:130117)
网址:http://www.nenup.com
东北师范大学出版社激光照排中心制版
河北省廊坊市永清县晔盛亚胶印有限公司
河北省廊坊市永清县燃气工业园榕花路3号(065600)
2015年3月第2版 2025年7月第3次印刷
幅面尺寸:170 mm×227 mm 印张:15.5 字数:266千

定价:46.00元

前　言

作为一个发展中农业大国，历数我国60多年的经济发展历程，每一次经济形势的重大变化几乎都发端于农业，而每次调整的成功也都是以农业发展形势得以好转为前提，可以说农业的增长和衰退直接关系着我国国民经济的发展方向。所以从1982年到2012年中央一号文件14次关注农业、农村、农民问题，日益重视对农业的支持，从一个侧面印证了农业对我国经济社会发展的重要性。2011年我国农、林、水务支出达9890亿元，对农业的支持保护力度进一步加大，农业支持再次成为我国应对国际金融危机持续蔓延，治理通货膨胀，保障经济长久稳定发展的基础，也为本论题的研究提供了现实背景。

由于农业的基础性、弱质性、多功能性等产业特征，当今世界各国几乎无一例外地都对农业实施保护政策，政府通过种种方式支持本国农业的发展。虽然20世纪90年代以来，各国为了适应农产品贸易自由化的发展趋势，对农业保护政策进行了调整和变革。但是，从这些改革的具体内容上看，更多地体现为支持手段的调整，力度并没有减弱，其中尤以美国为代表。2002年美国农业法案将以后10年的农业补贴数额增加到1900亿美元，2008年美国农业法案不仅延续了2002年农业法案的保护趋势，而且进一步扩大了保护范围，加大了保护力度。凭借强大的农业支持措施，美国成为世界上农业最发达的国家，是世界第一大玉米和大豆的生产国、出口国，是小麦和棉花的第一大出口国。因此，探讨以自由市场经济著称的美国，如何选择农业保护与支持政策工具，化解农业领域市场失灵，提高农业经济效率，为我国在WTO规则框架内完善相应的农业支持政策，提高农业的国际竞争能力，增加农民收入提供可资借鉴的途径方法，就成为本书的初衷和意义所在。

本书研究内容上分五大部分，共八章。

第一部分——第一章，绪论，对本书的选题背景及意义，国内外研究现状，本书思路及研究方法进行总体介绍。

第二部分——第二章，一般分析与相关理论，主要界定市场失灵、农业保护与支持的相关概念，阐述外部性、公共产品、不完全信息、收入分配不公平及农业保护的相关理论，目的是澄清模糊概念，定义研究范畴，为本书写作提供理论基础。

第三部分——第三章，美国农业保护与支持政策的历史演进，以农业保护与支持过程中政府与市场关系侧重的不同，将从建国初期到现在的美国农业保护历史划分为农业生产基础条件支持，强化政府干预，重新强化市场导向，农业保护与支持的回归四个阶段，分别详述各阶段的政策演进背景、政策调整的内容及特点。

第四部分——第四章到第七章，从市场失灵的四个领域，探讨美国的农业保护与支持政策体系及其运行效果，是本书的核心内容。

第四章论述农业外部性及美国的农业保护与支持政策，分析美国农业在基础产业、景观提供和人文环境方面的正外部性，在资源环境方面的负外部性；然后论述美国政府对农业正负外部性内部化的现实措施——农业资源、环境保护与支持政策体系，并对其内部化效应进行评价。

第五章论述农业公共产品及美国的农业保护与支持政策，先明确农业公共产品的内涵及本书的研究口径；在此基础上分析美国农业基础设施、农业教育、科研和推广等公共产品的供给模式及规模现状；然后阐述美国支持农业公共产品供给所采取的经费支持、财政补贴、政策性金融、技术援助等政策工具；最后从农业和农村发展、农业科技水平、农业生产者素质等角度评价政策支持效应。

第六章论述农业信息不完全及美国的农业保护与支持政策，在对农业信息不完全的两种表现形式，即农业信息不充分和不对称进行经济学分析的基础上，论述美国农业信息支持政策的主要内容：政府直接建立农业信息收集、分析、发布体系，支持信息网络和数据库建设、投资建设信息基础设施。总结支持政策在法律、制度等方面的特点，最后评价其在农业信息化、降低农业风险损失、推进精准农业等方面的政策效应。

第七章论述社会公平分配视角的美国农业保护与支持政策，以农业投入产出指数的对比分析证明美国社会分配中农业收入不公平的现实，剖析美国政府从公平社会分配角度出发所采取的农场和商品计划、农业保险计划、农业税收、农产品出口市场支持等政策措施，评价其对农业收入绝对规模、农户家庭收入、农业生产者内部收入差距的调节效应。

第五部分——第八章，论述美国农业保护与支持政策对我国的启示，总结美国农业保护与支持政策的经验和问题，提出以市场失灵作为农业保护与支持的重点、以政策调整带动农业发展方式转变和健全农业保护法律法规体系等建议。

本书具体分工如下：第一、三、四、五、六、七章由王洪会副教授撰写；第二章由张肃教授撰写；第八章由林杰撰写，全书由王洪会副教授统稿。

由于作者水平有限，书中缺点和错误在所难免，敬请专家学者不吝指正。

目　录

第一章 绪　论

第一节　研究背景及意义

一、研究背景

1. 美国农业保护与支持政策的现实成就

美国是世界上最发达的农产品生产国，以占全国1.7%的农业人口生产了占世界20%[①]的粮食产量。美国农业生产自然条件优越，963.2万平方公里的国土面积中有55%为海拔500米以下的平原，地势平坦，土壤肥沃。其中耕地1.97亿公顷、永久性草地2.4亿公顷、森林和林地2.65亿公顷，分别占国土总面积的20%、22.8%和27.5%[②]，为种植业和畜牧业提供了充足的发展空间。美国大部分地区位于北纬25°～49°之间，属北温带和亚热带气候，雨量充沛，分布均匀，平均年降雨量达760毫米。可以说无论是资源数量、地理位置，还是温度、降水等方面，美国农业生产的自然条件都相当优越。但是优越的自然条件和世界农业最发达经济体之间并不是简单的等号关系，前者只是为后者提供了可能性、非必然性，而使这一可能最终转变为现实的，正是美国政府一以贯之的农业保护与支持政策。

《1933年农业调整法》出台标志着美国政府从建国初期开始的对农业自由放任，仅支持农业基础设施、科研等农业生产基础条件的立场发生转变，正式开始对农业的保护性干预。从此，美国政府全面启动了对农产品生产、流通、出口、资源保育等各个环节的支持措施，虽然不同时期受国内外经济

① National Agricultural Ststistics Service/USDA：Agricultural Ststistics 2010. Statistics of grain and feed.

② The United States Department of Agriculture ：Natural Resources Conservation Service. 美国农业部自然资源保护局官方网站.

形势的影响，支持强度有过增减变动，但支持的态度没有发生过根本变化。据美国农业部经济研究局数据，1933～2010年美国对农业的补贴总额高达7600亿美元，仅2010年政府直接支付补贴就达110亿美元①。在政府如此强有力的保护与支持下，美国农业取得了其他国家不可望其项背的成绩：2009～2010作物年度，美国粮食②总产量达4.19亿吨，农产品出口总额达966亿美元。玉米产量3.33亿吨，出口5016万吨，分别占世界总产量和总出口量的41%和56%，是世界第一大玉米生产国和出口国。大豆产量9141万吨，占世界总产量的35%；出口1043万吨，占世界总出口量的19%。生产和出口都居世界第一位。小麦产量6031万吨，出口2398万吨，占世界的9%和18%，是第一大出口国。棉花产量1218万包，出口1200万包，分别占世界的12%和34%，产量仅次于中国和印度，出口量则居世界第一位。畜产品中，美国是世界第四大肉牛生产国，产量占世界的13%；猪肉生产量为世界的10%③，仅低于中国和欧盟。上述一系列数据向我们传递了美国农业发达程度的信息，也以事实证明了美国农业保护与支持政策的成功。而这也正是本书将研究目光投入其上的原因和背景。

2. 我国农业保护与支持的政策环境

随着我国工业化和城镇化进程日益加快，一方面耕地和水资源对农业生产的约束作用日益增强；另一方面粮食等主要农产品的消费需求刚性增长，从供需双向增加了我国发展农业生产的艰巨性。为了保障国家粮食安全，为国民经济稳定增长提供良好的基础环境，2003年《中共中央、国务院关于促进农民增加收入若干政策的意见》出台，我国政府逐渐加大了对农业的保护与支持力度，通过免征农业税，设立良种补贴、农业生产资料补贴、农资综合直补、稳定农民收入补贴，开办农业保险等措施，提高农民种粮积极性，降低农业风险，为农民增收、农业增产创造基础条件，较好地促进了我国粮食生产的稳定增长。2007～2011年我国粮食总产量连续5年保持在5亿吨以上，粮食综合生产能力和农业劳动生产率得到有效提高，为我国成功应对金融危机持续蔓延带来的各种困难和风险，保持经济社会平稳较快发展奠定了坚实基础。

---

① Economic Research Service/USDA：Farm income and balance sheet，1929－2010.

② 主要包括：玉米，高粱，大麦，燕麦，小麦，黑麦和大米。

③ National Agricultural Ststistics Service/USDA：Agricultural ststistics 2010. Statistics of grain and feed.

但是，目前粮食生产的增长并不意味着我国粮食供给问题已经解决。据中国科学院预测，2030 年我国人口将达到峰值，约 14.6 亿①，按年人均粮食消费量 400 公斤测算，到 2030 年满足人口生存就需要粮食 5.8 亿吨，如果加上生产对粮食的需求，二者合计对粮食的总需求将高达 12 亿吨左右，而 2011 年我国粮食的总产量为历史最高产量也才达到 5.5 亿吨，即我国需要在 20 年内在现有基础上增加 6.5 亿吨粮食生产能力。这对于人均耕地面积和水资源量仅为世界人均水平 1/2 和 1/4，人地矛盾已经非常突出，不可能靠增加耕地面积扩大产量的我国来说困难程度可想而知。

因此，为提高农业综合生产能力和资源利用率、产出率，实现农业生产稳定增长，保障粮食安全，2011 年我国进一步加大了对农业的支持力度，财政共支出农林水务费用 9890 亿元，强化农业公共产品和公共服务的供给能力。2012 年中共中央、国务院《关于加快推进农业科技创新持续增强农产品供给保障能力的若干意见》出台，又将农业科技创新纳入财政重点支持范围。这已经是新世纪以来中央一号文件连续第九次关注农业领域，农业问题的重要性和政府对农业保护与支持的重视可以想见。而这也构成了本论题对农业保护和支持政策进行研究的现实和政策环境背景。

二、研究意义

我国人口占世界总人口的 22%，农业生产对我国国民经济发展，社会稳定意义重大。但是农业的弱质和高风险产业特性又决定了离开政府的保护与扶持它很难健康发展。因此，在农产品贸易自由化的大趋势下，探讨如何既不违背世界贸易组织（World Trade Organization，WTO，简称世贸组织）规则，又合理利用农业保护与支持政策实现农业稳定发展对我国有着重要的现实意义。

美国是成熟的市场经济体，但是对农业领域美国政府一直奉行高度保护的原则。21 世纪以来，美国又通过 2002 年和 2008 年两部农场法案，进一步增加了对农业的补贴数额，扩大了补贴作物的覆盖范围，为美国农业发展奠定了更加坚实的基础。研究以自由市场经济著称的美国，如何在 WTO 框架下，合理地选择政府作用领域，策略性地利用农业保护与支持政策工具，支持美国农业成功实现现代化、生物化、信息化，成为世界上最先进的农

① 中国科学院. 中国科学发展报告 2010 [R/OL].[2010－7－28]. http：// www. cas. cn/.

业，为我国完善相应的农业保护与支持政策提供可资借鉴的启示建议，就成为本选题研究的理论意义所在。

诚然，目前我国在农业发展基本情况、资源数量、经济发展阶段、财政实力等方面和美国具有不可比性，但是这种不可比只说明我们存在差距，不可照抄照搬，并不意味着我们不能从美国的成功实践中汲取营养。因此，透过美国农业保护与支持政策的表象，探究蕴含在其内部的思维逻辑、政策取向等规律性内核，对我国还是有着较高借鉴性的，若本书研究结论果能对我国完善农业保护与支持政策启示一二，则本书的研究意义足矣。

第二节　国内外研究现状

一、国外研究现状

从 18 世纪末英国出台《谷物法》开农业保护实践的先河，1962 年欧洲经济共同体拉开对农业保护全面系统理论研究的序幕到现在，国外学者对农业保护与支持做了大量定性和定量研究，主要成果体现在以下三方面：

1. 对农业保护与支持理论基础的研究

对于农业保护的原因和影响研究，詹姆斯（P. G. James）的《富国的农业政策》（1970）分析了发达国家农业保护的原因，指出这种保护对农产品世界市场价格、贸易和福利的扭曲作用较大，倾向于取消农业保护，恢复农产品贸易自由化①。

从农业多功能性角度对农业保护原因的探讨，欧盟学者科尔曼（Coleman）（1998）认为农业具有生产食物，维护农村景观，保护生物多样性，创造就业机会，促进农村地区生存与发展等多项功能。但是随着农业市场自由化，农业耕地不断被侵占和分割，如果政策制定者仍然维持既定的农业政策，农业经济边际效益将难以实现，因此，必须使用保护与支持政策。

美国学者则对多功能性理论提出异议，要求农业多功能性应当与世贸组织黄箱政策承诺捆绑实施，以确保世贸组织成员国获得最大的利益。

波特（Potter）和伯尼（Burney）等学者指出工业化国家必须意识到过

① 张领先，傅泽田，张小栓. 农业国内支持政策研究综述 [J]. 商业研究，2005 (20)：76—80.

度地调整农业结构对生物多样性与自然景观的威胁，在政策上要保留收入支持补贴，以保护环境免遭农业结构极度变化的影响。

2. 对农业保护与支持水平测算指标的研究

20 世纪 60 年代就有一部分学者开始对测算农业补贴水平的指标进行研究，主要成果包括巴拉萨（Bela Balassa）（1965）提出的名义保护率，利用农产品国内市场价格和世界市场价格的差额与世界市场价格之比来衡量一国对农业的保护程度，比值越高保护力度越强；柯登（W. M. Corden）（1966）提出有效保护率指标，用国内单位农产品的增值额与世界市场单位农产品的增值额之差同世界市场单位农产品增值额的比值来度量，有效保护率越大保护程度越强。蒂姆·乔斯林（Tim. Josling）（1990）提出生产者补贴等值指标，用来量化一国通过农业保护手段从消费者和纳税人手里转移给农业生产者的利益水平，由于其综合考虑了一国贸易支持政策和国内支持政策对农业的补贴影响，所以逐渐被经济合作与发展组织（Organization for Economic Cooperation and Development，OECD，简称经合组织）、关税及贸易总协定（General Agreement on Tariffs and Trade，GATT，简称关贸总协定）等国际组织普遍接受，作为农业谈判中削减农业保护和补贴水平的基本测算指标。澳大利亚学者米勒（G. Miller）（1986）年提出名义支持率指标，通过测算国内生产者价格和世界市场价格之差来衡量保护程度，名义支持率大于 0，则说明农业政策为正保护。

3. 对农业保护与支持政策绩效的定量分析研究

随着关贸总协定谈判的进行，国际贸易逐渐向自由化方向发展，虽然由于农业的产业特性，农产品贸易一直没有纳入自由化框架，但是约束各国农业保护行为，创造更加公平的农产品贸易环境，在自由化的大趋势下逐渐成为共识，因此，需要理论界提供对各国的保护水平及政策绩效进行定量分析的工具，20 世纪 80 年代后，许多学者开始通过建立模型定量分析农业保护政策的影响。塞特兹（Zeitz）（1980）运用局部均衡模型分析了发展中国家食品价格平均水平和工业化国家农业保护之间的相关性；速水优（Hayami）（1986）应用计量模型分析了决定农业保护水平的因素；泰尔斯（Tyers）（1986）运用多个市场局部均衡模型分析了农业保护对价格、贸易和福利的影响。

二、国内研究现状

国内对农业保护与支持问题的研究起步较晚，直至 20 世纪 90 年代初才开始有相关研究。1992年我国开始社会主义市场经济建设，特别是在“复关”被重新提出以后，农业保护问题成为理论界和决策部门关注的焦点。

1. 对农业保护与支持政策基本概念的界定

国内学者关于农业补贴、农业保护、农业支持的概念存在两种认识。传统观点认为，农业保护政策就是政府在工业化过程中，为发挥农业的基础作用，确保农业与其他产业发展相适应而对农业采取的一系列支持与保护措施的总称。这种观点对农业保护和农业支持不进行区分，认为农业支持是农业保护的内容或一种形式。如刘桂才（1995）提出：“农业保护是指国家政府基于食品安全、物价稳定和社会安定等目标，利用经济、行政、法律等手段，来保障全国农业发展免受各种不利因素的影响和冲击。”国务院发展研究中心、中共中央政策研究室课题组（1997）认为：“农业保护是指政府为使农业有效支持国民经济持续、稳定、协调发展，保证社会稳定和良好生态环境，通过对农业生产和贸易等环节的支持与保护，以提高农业综合生产能力为目标，以保护农民利益为落脚点，由此而采取的一系列支持与保护农业的政策措施的总称。”在WTO农业协议签署后，更多的学者倾向于区分农业保护和农业支持政策，他们认为保护和支持的内涵是不同的，卢峰（2001）提出农业保护与支持在内容和方式上存在区别，农业保护是政府通过提高农产品价格、发放出口和要素补贴来直接增加农民收入，农业支持则是指政府为改善农业生产条件，对农业基础设施、农业科技、教育、农田水利、资源保护等进行投入的措施，二者的作用方式不同。

2. 对农业保护与支持的国际比较研究

田维明、何秀荣、李秉龙等于1998年、2000年和2002年分别从农业国内支持政策、进口关税政策、农业财政金融政策等角度比较分析了各国在加入WTO以及乌拉圭回合农业协议生效后农业保护政策的调整内容、具体措施与制度安排。张红宇（2001），张莉琴（2003），周淑景（2003），秦富（2003），单妙霞（2003），翟雪玲、何秀荣（2004），韩星焕（2006），宗义湘（2007），杨焕玲（2008），刘瑞涵、张怀波（2010）等学者对美国、欧盟、日本、俄罗斯、印度、韩国的农业保护方式和结构的调整过程、农业投入政策、农产品价格保护政策和收入支持政策的主要内容，不同政策工具的运行效果等进行了比较分析，总结出了不同国家农业保护政策的绩效结果。

3. WTO规则下我国农业支持政策体系构建的研究

对农业保护体系的构建国内学者主要侧重于几个角度：吕恒心（1994），王宁、陈柏源（1996），鲁德银、雷海章（2002），郭军盈（2003），文小才（2007）等，主要从财政手段、保险、农业产业组织创新、产业调整等角度提出我国构建农业保护政策体系的建议；陈亚平（2008），白雅萍（2004），鲁德银、雷海章（2002）的政策建议主要从完善法律的角度提出；李凤瑞（2004），杨军、汪文（2003）主要从重要农产品储备调节制度与预警机制建设角度提出；王永浩、王德成、张领先（2006），李传健（2009），徐金丽（2010）主要依据我国不同时期对农业政策的需求，从特定农产品、农业管理体制、重要农产品最低保护价等方面研究了我国农业保护政策体系的调整方向。

4. 对农业支持的定量实证研究

主要是研究测定我国农业支持水平，为我国制定农业保护与支持政策提供量化控制依据。最早对我国农业保护进行定量实证分析的是学者田维明（1991），应用生产者补贴等值法测算出我国农业1986年的保护程度；朱希刚（1992）测算出我国主要农产品1990年生产者补贴等值，提出农业补贴应由流通环节向生产环节转变的观点；张莉琴、林万龙（2003）、张莉琴（2001）、田维明（2002）等测算了我国的部分农产品1990年以后的农业支持水平；宗义湘、李先德（2006），运用OECD生产者补贴等值法对我国1994～2003年农业支持水平进行了评估，得出我国农业支持水平总体呈上升趋势的结论。韩星焕、孙立城（2008）对粮食主产区农业支持的供给和需求进行了实证分析；问泽霞、张晓辛（2010）对中美农业支持水平进行了实证分析，得出我国的农业支持水平总体较低、支持结构一般服务支持较少、农业支持效率较低的结论。

第三节 研究思路及研究方法

一、研究思路

市场失灵为政府干预经济生活提供了客观依据，指明了作用方向。本书研究的逻辑思路正是从市场失灵视角出发，对美国农业的外部性、公共产品、信息不充分、收入分配不公平等市场失灵范畴进行现实分析，研究美国政府如何运用不同的农业保护与支持政策工具纠正市场失灵，然后以其纠正效果为依据考察美国农业保护与支持政策的绩效，最后总结出美国农业保护与支持政策的经验教训，得出对我国的启示性建议。

二、研究方法

本书在前期大量资料收集整理工作的基础上，综合运用多种分析方法，遵循历史与现实分析、定性与定量分析、静态与动态分析相结合的原则，对美国农业保护与支持政策进行了研究。

1. 历史分析与现实分析

首先，文章通过对美国农业发展历程的研究，对不同历史阶段美国农业保护与支持政策的重点、调整的原因及特点进行了归纳总结。其次，笔者在数据资料收集上做了大量工作，获得了较详细的美国农业历史和现实数据，在对美国农业政策体系和效果的研究中，本书主要采用结合历史和现实数据进行对比分析的方法，得出研究结论。再次，由于相关授权法案的定期调整性，美国农业保护与支持体系的工具构成不断发生变化，本书对其运用现实分析方法进行描述，较好地反映了政策调整后的最新实际情况。

2. 定性分析与定量分析

本书对美国农业保护与支持政策的研究以定性分析为主，归纳总结出了美国农业市场失灵领域的现实表现，农业保护与支持政策的现状、运行模式、体系内容、政策特点等方面的相关论点，同时，本书也结合数据指标，对政策效应、调控指标的变化趋势进行了量化对比分析，从而得出相应结论。

3. 动态分析与静态分析

本书既有大跨度时间段的动态对比、趋势分析，也有针对某一时点数据的静态分析。需要前后对比才能说明论点，找出变化趋势，总结出规律和政策效果的问题主要采用动态分析方法，如对美国农业生产率和政府直接支付规模变化的分析，时间跨度都长达60年以上；对当前情况的描述多选用静态分析方法，如农业公共产品供给和农业生产者收入的现实分析等。

第二章 市场失灵及农业保护与支持的一般分析与相关理论

从20世纪30年代开始，市场失灵一直是经济学界关注的焦点，学者们从不同的角度对市场失灵的内涵、表征、政府微宏观调控手段进行了界定、探讨，提出了外部性、公共产品、信息不完全、收入分配不公平等方面的相关理论。农业作为国民经济的基础产业，它的稳定发展往往需要政府的保护与支持，国内外的理论界从农业的基础产业、弱质性、要素贡献、多功能性等角度提出了农业保护与支持的相关理论，并明确了农业保护与农业支持的具体措施对农业生产和贸易的影响，为各国实行农业保护政策奠定了理论基础，指导了各国的农业保护实践。本章主要分析市场失灵和农业保护与支持的相关概念及理论，为后文的研究提供基础。

第一节 市场失灵及农业保护与支持的一般分析

一、市场失灵的溯源、表征及政府干预手段

在亚当·斯密（Adam Smith）到阿·马歇尔（Alfred Marshall）近一个半世纪的西方经济学发展史中，自由竞争、自由放任的古典经济思想一直占据主导地位。它的支持者们认为通过市场这只“看不见的手”，可以自发地调节经济生活，实现资源的合理配置。然而资本主义经济的周期性波动，尤其是1929年蔓延整个资本主义世界的大危机，让人们开始怀疑市场自动调节的有效性，为市场失灵理论的提出及进一步研究提供了初始动力和条件，市场失灵成为经济学家关注的焦点之一。

1. *市场失灵内涵的经济学溯源*

在斯密时代，虽然自发调节的市场万能思想居于支配地位，但现实世界

与理想市场状态参照系之间的差距，已经使一些学者承认市场在国防、司法、公用事业等很多领域是难以“完美”的。如马歇尔在《经济学原理》[①]第十二、十三、十四章就分别论述了报酬递增、垄断等市场失灵（Market Failure）的表现。瓦尔拉斯（Walras）则认识到由于自然垄断、消费者无知、公共品、分配不公等问题，市场并不是“万能”的。

进入20世纪，学者们对外部性、分配不公等市场不能穷尽的领域给予了更多的关注。庇古（Pigou）在《福利经济学》中由分配关系考察社会福利最大化时，提出了市场失灵的主要表现之一——外部性的概念，并给出了税收或补贴的政府矫正对策[②]。张伯伦[③]（Edward Chamberlin）、罗宾逊（Joan Robinson）则分别在《垄断竞争经济学》和《不完全竞争经济学》中对完全竞争的理想市场状态提出了挑战。1954年萨缪尔森（P. A. Samuelson）发表《公共支出的纯理论》[④] 一文，分析了公共产品的最优供给问题。

而市场失灵（Market Failure）一词首次见诸文献资料是在1958年美国《经济学季刊》秋季号，在麻省理工学院国际研究中心贝特（Bator）教授发表的《市场失灵》一文中，贝特教授正式将外部性、公共物品和不完全竞争概括为市场失灵。此后，学者们开始广泛地使用这个概念，以微观经济领域，即能否实现“帕累托最优”的资源配置效率作为研究背景，探讨市场失灵。

从20世纪70年代中后期开始，经济学家开始把“市场失灵”的内涵向宏观经济领域拓展。1977年，美国经济学家加尔布雷思（Galbraith）在《不确定的年代》中把“宏观经济不稳定”、“微观经济无效率”、“社会不公平”看作是市场缺陷的三个重要表现。1985年，萨缪尔森和诺德豪斯（Nordhaus）在《经济学》第12版中认为“市场经济有时会产生难以接受的收入和财富的不平等、商业周期和低经济增长等宏观经济问题”。在他们看来，上述这些“不完美”是市场机制的“三种始终存在的失灵之处”[⑤]。

---

① Alfred Marshall. Principles of economics [M]. Beijing : China Social Sciences Pub. House, 1999.

② （英）庇古. 福利经济学 [M]. 北京：商务印出版社，2003.

③ Edward Chamberlin. The Theory of Monopolistic Competition. 1st Ed. 6th Ed. [M], Harvard University Press, 1948.

④ Samuelson. The Pure Theory of Public Expenditure [J]. Review of Economics and Statistics. 36. November 1954, 387.

⑤ 萨缪尔森，诺德豪斯. 经济学（第12版）[M]. 北京：中国发展出版社，1992.

到了90年代，得到拓展的市场失灵内涵被越来越多的学者接受，1992年科勒在《经济学》教科书中把市场失灵描述为："市场经济显示出被叫做市场失灵的若干典型的缺点……这些缺点的任何一张清单都必定包括无效率、不公平和不稳定。"很明显，这种市场失灵所涉及的问题已经不是市场机制本身缺乏效率的问题，而是市场机制自身无法解决的问题。

综上所述，我们可以将市场失灵的内涵界定为两层：第一，是指由于市场机制本身的某些缺陷和外部环境的某些限制，单纯的市场机制不能或难以达到最优状态所表现出的微观失灵，包括公共物品、垄断、信息不充分、外部性等；第二，是市场机制达不到国家在经济总体上的宏观要求而产生的失灵，与市场机制自身有无缺陷无关，主要指通货膨胀、收入分配不公、经济不稳定等，这是随着人们认识的深入，内涵得到拓展的市场失灵，也可以称之为宏观失灵。

2. 市场失灵的表征

虽然国内外专家、学者对市场失灵表征及成因的研究表述不尽相同，基本观点却大同小异。本书主要依据农业的实际情况，阐述外部性、公共物品、收入分配不公、信息不充分四种市场失灵表现。

(1) 外部性或外部效应（Spillover effects）

完全竞争要求成本和效益内在化，产品生产者要负担全部成本，收回全部收益，当市场活动中存在没有得到反映的经济交易成本或效益时，外部性就产生了。如果外部性发出主体的行为给他人带来未获补偿的效用或产量的损失，称为负外部性或外部不经济；带来未付报酬的效用或产量的增加，称为正外部性或外部经济。

按照布坎南和斯塔布尔宾的定义，给他人带来未获补偿或未付报酬的效用的外部性，即存在于消费领域的外部性可以表述为：一个消费者的效用函数中包含了受控于其他经济主体的变量，其公式表达为：

$$U_A = U_A (X_1, X_2, \cdots, X_n; U_B) \quad \cdots\cdots (2.1)$$

其中，U_A是消费者A的效用函数，X_1，X_2，…，X_n是消费者A所消费的商品量，U_B是另一经济主体B的效用或产量。该式表明，消费者A的效用函数中包含了一个受控于经济主体B的自变量，而A没有得到B的报酬或补偿。

相应地，给他人带来产量增减的存在于生产领域的外部性被描述为：一个厂商的生产函数中包含了受制于其他经济主体的变量，公式表达为：

$$F_A = F_A (L_A; F_B) \quad \cdots\cdots (2.2)$$

其中，L_A表示厂商 A 的要素投入，F_B表示厂商 B 的产量。该式表明，厂商 A 的生产函数中包含了一个受制于厂商 B 的变量，而厂商 A 没有得到 B 的补偿或报酬。

综合上述两种表达，当一个经济个体 A，受到经济个体 B 的影响，又没有相应的经济报酬或补偿，个体 B 就对 A 产生了外部效应。这种外部性的存在，使价格机制扭曲，产生没有补偿的经济交易，使社会经济资源无法得到合理的配置，也就无法达到市场的有效状态。

（2）公共物品

萨缪尔森在《经济学》第 14 版中这样定义公共物品："公共物品是这样一些产品，不论每个人是否愿意购买它们，它们带来的好处不可分割地散布在社区里；……公共物品的有效率供给通常需要政府行动。"相对于私人物品而言，公共物品具有消费上的非竞争性和非排他性。即消费者的增加不引起生产成本增加，而且一个人对公共物品的消费并不妨碍其他任何人对该物品的享受。这就意味着：一方面，并不是只有付费者才能获得该物品，未付费的个人可以很容易地"免费搭车"，所以这种物品由私人通过市场提供很困难；另一方面，受益者无需花费代价就可以得到该物品，那么市场就不能通过索价方式来调节物品的使用，因此，相对于需求，这种物品永远是稀缺的。综合两方面考虑，在公共物品领域，市场交换制度是失效的，依靠市场的力量无法解决公共产品的有效供给问题。

（3）信息的不完全性

完全竞争市场有效运行的一个前提是假定个人和厂商具有完全信息，而具有完全信息是一种理想状态，在实际经济活动中，由于产品和市场的复杂性、信息流动的不充分性和获取的有偿性等原因，市场参与者拥有的信息往往是不充分的和不对称的。一方面，个人因为不能掌握所有必要的信息而难以判断商品的"真实价格"、购买的潜在利益和成本；另一方面，厂商因为信息不完全难以定位市场需求，作出利润最大化的决策，而且个别厂商还有可能利用信息的不对称进行不完全竞争，误导消费者，导致市场上同质不同价，产生价格的分散性，从而使社会资源无法实现最优配置，破坏社会利益最大化原则。

（4）收入分配不公平

在市场经济中，市场利用价格和竞争机制，使各种生产要素和资源集中于高效率的地区、部门和产业；同时社会成员根据市场对生产要素的评价获取报酬，按照其劳动投入的数量和质量以及资本投入的多少获取收入。但由于市场机制过多地强调效率，在参与市场竞争的每个成员的个人天赋、受教育程度和私人财产等要素占有存在严重不均等的现实情况下，社会成员之间的收入差距必然拉大，导致社会分配的不公平，而社会分配的不公平性最终会影响经济效率的提高，甚至引发社会动荡，出现市场的失灵。

3. 市场失灵的政府干预手段

市场失灵的存在意味着政府干预的必然。按照西方经济学家的观点，市场机制不能完美发挥作用的领域，政府应利用微观和宏观的手段和政策进行干预。

（1）微观规制手段

微观规制通常是指各级政府或其附属机构制定法律法令、规章制度对微观经济主体的经济活动进行规范所采取的一系列行政管理与监督行为。是以经济主体为干预对象，以解决微观市场失灵为目的一种管理活动。政府可以通过参与市场经济活动，直接干预市场配置机制进行规制；也可以通过制约经济主体的行为，间接改变企业和消费者供需决策来进行。

①外部性的微观规制手段。第一，政府可以借助行政手段，依靠外部强制力量来调节经济主体的行为；第二，利用财政、税收手段。一方面，政府通过各种奖励性政策来鼓励和保护正的外部性，使收益外溢者得到补偿而增加其供给；另一方面，通过征税使成本外溢者付出代价，限制经济主体具有负的外部性的行为。第三，通过公共管制、拍卖许可证、实行企业合并或产业重组等使外部效应内部化。

②对于公共产品，如国防、社会秩序、基础科学、公共教育、文化事业、公共卫生等，政府可以通过组织公共生产进行直接提供。道路交通等基础设施、水、电、煤气等城市公用事业产品和服务，政府可以通过直接建立国有企业、允许私人参股、委托非政府企业等办法组织生产和供给。

③降低信息不充分性、不对称性，政府应该发挥强有力的作用。利用管理者的身份收集、整合信息，通过各种传媒渠道充分传播信息，使消费者和投资者得到便于正确决策的足量信息；加大产品的质量管理、质量监督力度，通过规范企业产品质量、营销行为及财会信息披露制度，使买方得到完整的信息信号，降低信息的不完全性。

④对于收入分配不公问题，政府可以运用税收政策和社会福利政策，来缩小高低收入者之间的收入差距，正确处理平等和效率的关系。税收手段主要包括：通过间接税调节各类商品的相对价格，从而调节各类经济主体的要素分配；通过企业所得税调节公司的利润水平；通过个人所得税调节个人的

劳动收入和非劳动收入，使之维持在一个合理的差距之内；通过资源税调节由于资源条件和地理位置条件而形成的级差收入；通过制定和征收遗产税、赠与税调节个人财产分布。社会福利手段包括：向低收入社会成员发放救济金、补贴，提供最低生活保障、就业机会、医疗、教育援助等，使每个社会成员得以维持基本的生活和福利水平。

（2）市场失灵的宏观调控

宏观调控是国家依据市场经济的一系列规律，运用调节手段和调节机制，实现资源的优化配置，为微观经济运行提供良性的宏观环境，使市场经济得到正常运行和均衡发展的过程。宏观调控的作用机制不同于微观规制。微观规制是政府运用价格、数量管制和质量控制等手段直接参与或干预微观经济，解决微观失灵和资源未最优利用的问题，规制的对象是经济个量；而宏观调控是国家根据经济发展战略，在发挥市场机制调节资源配置的基础上，运用计划、财政和金融手段影响经济主体决策的外部社会经济条件，进而间接引导其决策结果的行为。它着重解决的是市场机制引起的宏观失灵和社会资源未充分利用的问题，调控的对象是总供求及国民经济结构、物价总水平、社会总就业量等经济总量。宏观调控的主要内容包括：第一，制定经济、社会发展战略和经济政策。制定产业政策，包括产业结构、组织、布局和技术政策等，引导和调控产业发展方向，规划和调整产业布局，形成合理的产业结构；制定财政政策，通过调整国家预算收支、税收、政府投资和国债等政策手段，调节积累和消费之间的比例关系，实现社会总供求的平衡；制定货币政策，利用存款准备金率、再贴现率、公开市场业务、汇率、利率等货币政策工具，控制货币发行，稳定物价。第二，运用价格、税收、利率、汇率、信贷等经济杠杆，调节国民收入的初次分配和再分配，引导、协调和控制社会再生产各个环节。第三，根据国内外经济发展形势和变动趋势，科学编制国民经济发展的各项计划，优化资源的中长期配置，弥补完全依靠市场配置资源的缺陷。

二、农业保护与支持的涵义、动因及手段

1．农业保护与支持的涵义

从可查阅到的文献看，国内外很多学者对农业保护和农业支持的涵义进行了界定。

传统观点认为，农业保护就是政府在工业化过程中，为发挥农业的基础作用，确保农业与其他产业发展相适应而对农业采取的一系列支持与保护措

施的总称。这种观点对农业保护和农业支持不进行区分，认为农业支持是农业保护的内容或一种形式。

在WTO农业协议签署后，一些学者倾向于区分农业保护和农业支持，他们认为保护和支持的内涵是不同的，保护（protect），其英文解释是“keep somebody or something safe”，是庇护、使安全的意思；支持（support），英文解释是“help somebody to live by giving practical help”，是给予实际的帮助、使强大的意思，二者都与幼小、弱质对象相联系，但后者更强调为其创造条件、坚实基础、使其健康发展的意思。由保护和支持的本意，我们可以这样定义农业保护与农业支持。

农业保护是政府以实现农业和粮食生产安全，发挥农业基础产业作用为目标，利用行政或法律强制力所采取的使农业生产者以高于市场均衡水平的价格实现农产品价值的所有措施的总称。其基本特征是政府通过提高农产品价格和发放要素价格补贴来直接增加农民收入，进而提高粮食产量，保证国家的粮食和农业产业安全。按照WTO农业协议的框架，农业保护由农产品边境措施和要求减让承诺的国内支持（domestic support）政策两部分组成，前者包括农产品国际贸易的关税壁垒和非关税壁垒；后者包括粮食保护价收购、农业投入品价格补贴和农产品营销贷款等，同WTO农业协议黄箱政策的范围部分重合。实行农业保护会改变市场机制条件下农产品之间原有的比价关系，通常会对农产品产出结构和农产品市场造成直接的明显的扭曲性影响，违背自由竞争、自由贸易的精神，被WTO农业协议所限制并要求各国政府削减。

农业支持则是指政府为改善农业生产，特别是自然再生产条件，对农业基础设施，农业科技、教育，农业资源和环境保护等进行支持而采取的所有投入措施的总称。它的基本特征是通过改善农业的基本生产条件，为农业生产夯实基础，增加后劲，实现农业可持续发展。在WTO农业协议框架下，农业支持措施所改善的农业生产条件作用于所有农产品，具有公共产品的性质，对农业部门内部的产出结构和农产品市场不产生直接而明显的扭曲，为WTO农业协议所允许，是WTO各成员国增加农业补贴的合理合法的途径。农业支持由改善农业基础条件的投入政策和改善、提高农业生产要素质量的投入政策两部分组成，具体措施与WTO《农业协议》中可免除减让承诺的国内支持措施“绿箱政策”的内容基本重合，包括：与价格脱钩的直接收入支持，政府农业基础设施、科研、教育等一般服务，粮食公共储备；国内粮食援助；农业收入保险和收入安全网计划；自然灾害救济支付等。

2. 农业保护与支持的动因

就市场经济的内在属性而言，是提倡竞争，排斥人为保护和行政干预的。但在实行市场经济的国家和地区，对于农业领域，各国几乎无一例外地进行了不同程度和方式的干预及保护，主要原因如下：

(1) 农业的弱质性

农业的弱质性首先体现在农业的基本产业属性上。农业以土地作为最基本的生产资料，以动植物等有生命物质作为自己的产出，与其他产业相比，第一，具有明显的季节性，依赖自然条件，产品不宜保存，品质不均等自然属性；第二，具有周期性，市场敏感度不高，固定投资风险大等生产属性；第三，具有运输相对困难、运费相对较高（农产品一般体积大、易腐烂、储存损耗大）的交换属性；第四，具有需求价格弹性小的消费属性。这些产业特征使农业在与其他产业的竞争中处于弱势地位，成为农业保护与支持存在的决定性因素。

其次，农业投资回报率低且报酬递减。农业生产周期长，农用生产资料和基础设施资金投入规模大、周转速度慢，剩余劳动力转移滞后，劳动生产率低，等量资金投资于农业的回报率往往达不到社会平均利润率水平；在农业生产函数中，供给价格弹性几乎为零的土地是最大的制约因素，在土地资源总量一定的情况下，随着劳动力和资本的追加，全部土地的投入产出比下降，必定出现资源报酬递减，甚至造成土地肥力的破坏。

再次，农业技术革新和推广缓慢。农业科研周期长，新的动植物品种从培育到推广需要十年甚至几十年的时间，技术进步相对缓慢。农业生产对区域性的水土、气候条件较为敏感，针对农业生产研发的农业技术也具有较强的区域性特征，要想在一个国家全部领土范围内推广必须要经过一个地方化的改良阶段，推广速度慢，难度大。因此，相对于其他产业农业在生产力上也处于弱势竞争地位。

(2) 农业的高风险性

农业生产同时面临着自然、市场和社会三重风险，属于典型的高风险行业。

第一，自然风险。农业生产是自然再生产和经济再生产交织的过程，它的生产对象——动植物的生长发育特点是长期自然选择的结果，受地形、温度、气候、植被、土壤等自然条件的影响极大，而自然条件是变化无常的，因此，农业生产必然承担着较大的自然风险，而且农产品的生产周期越长风险越大。面临高自然风险的同时，由于农业生产的基本生产资料——土地数量有限，质量、位置相对固定，因此，通过生产要素流动来抵御旱、涝、风、雹、病虫害等自然风险的途径也基本不可行，农业更多的只能是被动承受自然风险。

第二，市场风险。一是农产品生产周期长，农户按照上一个生产周期农产品的价格进行当期决策，一旦种植，生产品种、规模随即确定，即使市场价格信号较上一个周期发生变化，也不能随时调整；在农产品收获后，由于其大多具有易腐烂，储存费用高的特点，在任何价格水平下农户都不得不出售，否则农户的前期投入都将成为沉没成本。可见，在没有其他制度安排和组织支持的情况下，农户单方面抵御市场风险的能力较差。二是农产品需求弹性小，市场供求平衡实现难度大，价格不稳定性明显。而且由于生产周期长，决策主体多且分散，当某些因素导致价格和产量一定程度波动时，农产品的蛛网效应呈发散状态，即价格波动相对其他产品会更剧烈，价格在不同年份甚至同一年的不同季节容易出现大起大落，在农产品市场结构基本接近完全竞争的情况下，农户只能作为价格接受者被动地承担市场价格波动带来的风险而无能为力。

第三，社会风险。由于农业的比较利益小，经济效益低，生产者收入增长乏力，农业非但吸收不来资金和劳动力对农业的投入，甚至还难以阻止本来就稀缺的农业资源反向流出。而且随着经济的发展，城市和非农业用地需求不断增加，地价持续上涨，土地用于房地产等非农产业的收益远远高于农业，农业用地因此会大量流失。上述几方面综合作用，造成了农业资金短缺，高素质劳动力缺乏，耕地数量不足，难以发展甚至萎缩的局面。

（3）农业的不稳定性

首先，农业生产是自然与经济生产交织的过程，自然环境的波动变化直接导致农业生产不稳定。自然界大范围的长期变化，如地壳运动、温室效应、土地荒漠化等无疑都会对农业生产方式、动植物种类、栽培技术产生长远影响，短期天气变化，如冰雹，暴雨、飓风等也可能导致农业生产年度间的剧烈变化。其次，经济周期波峰和低谷的变化也会冲击农业生产而出现较大波动。经济高涨时期，在比较利益的驱使下，大量农业劳动力选择涌入非农产业，可能出现农业劳力紧缺，耕地无人管理，产量下降；经济萧条时期，失业率较高，农业剩余劳动力转移困难，可能导致农户收入减少。再次，由于土地因素和农业生产季节性、周期性的限制，农产品的短期供给弹性较低，而且复杂多变的自然因素又使农产品供给稳定性较差，所以市场价格机制难以自动调节农产品的供给；同时，农产品的需求弹性低，呈刚性特征，供求弹性在蛛网定理的作用下，会造成农产品过剩和短缺效应放大，加剧了农业生产的波动幅度。

(4) 农业的基础产业特性

首先，农业为工业生产提供原料，是食品等轻工业发展不可替代的原料来源；同时农业又是农用生产资料等工业品的重要市场；其次，从各国发展进程看，不管是现在的发达国家，还是发展中国家，在经济发展的初级阶段，都经历了一个或长或短的从农业汲取剩余价值，为工业化发展积累资本的时期，可以说农业是各国工业化的基础。再次，农业是人类生存不可或缺的衣食之源，人类维持生命可以没有工业品，却不可以没有粮食，这一点在现在和今后很长一段时期内都将是不可跨越的现实。第四，农业是吸纳劳动力的重要产业部门，在发展中国家更是如此，而且即使是发达国家，在农业及其关联产业就业的劳动力平均也要达到总人口的20%。第五，随着农业功能的多样化，它不仅给我们提供食物、原料、就业机会等，还为人们提供旅游、休闲的美好环境，为人类的文化传承提供载体。正因为农业具有上述如此重要的产业地位，所以各个国家在对农业进行保护时往往不仅仅从经济效益出发，而更多的是考虑到农业提供的诸多社会效益。

当然，除上述原因外，政治原因也是各国政府支持农业的一方面原因，有时甚至是主要原因，政府往往从政治选票角度考虑接受农业利益集团对农业进行保护的要求，以期获得农业生产者的支持在政治博弈中获胜。另外，从市场失灵角度看，农业具有的外部性、公共产品性、农业信息不充分、农业和非农业生产者收入差距扩大等亦为政府对农业支持和保护的主要因素，也是本书撰写的着力点，因后文分章详析，在此不做赘述。

3. 农业保护与支持的手段

随着乌拉圭回合谈判签署的《农业协议》对世界农产品贸易和各国农业政策的约束性影响越来越大，《农业协议》对农业保护和支持措施的划分标准为理论界和越来越多的政府实践部门所认可，本书采用这一分类口径对农业保护和支持措施进行介绍。《农业协议》将农业保护与支持措施分为农产品边境措施和国内支持措施两种，农产品边境措施是各国为保护本国国内市场和开拓国外市场而对农业给予的支持和保护措施的总称；国内支持措施是对国内农业生产采取的保护与支持措施，包括被WTO农业协议要求减让的措施和不要求减让的措施[1]。

（1）农产品边境措施。包括限制进口和鼓励出口两方面：

第一，限制农产品进口的措施，主要包括征税和设置非关税壁垒两种手段。征税是通过征收进口关税、进口附加税等，抬高国外农产品价格，削弱其竞争力，限制其进入。非关税壁垒指除关税以外的一切限制进口的措施。由直接限制措施和间接限制措施构成，直接限制分为直接数量限制和直接价格限制，直接数量限制就是直接规定允许进口商品的数量，如进口配额制。直接价格限制，是直接要求出口国采取出口最低限价的措施；间接限制进口的非关税壁垒包括苛刻的技术标准，烦琐的海关手续、进出口的垄断经营、外汇管制等。

第二，促进出口的措施。主要包括：出口价格补贴，即通过发放价格补贴，降低农产品出口价格，加强本国农产品在国际市场上的竞争力；扩大出口需求措施，即一国政府通过广告宣传、信息和贸易服务以及技术援助等非价格手段，开发国际农产品市场，增加其他国家对本国农产品需求的一种促销计划；增加出口机会，即一国政府通过为本国出口商或外国进口商提供出口信贷，增加本国农产品的出口机会。

（2）要求减让承诺的国内支持措施

WTO要求各国作削减和约束承诺的国内农业支持措施主要指的是有可能对农业生产和贸易产生扭曲作用的政策，《农业协议》将其称为“黄箱政策”（Yellow Box Policies），以补贴和价格支持为主，根据《农业协议》附件三的规定，黄箱政策所包括的措施有：对农产品价格实行的直接补贴；对农产品给予的营销贷款；按产品种植面积对生产者或个人给予的补贴；按畜禽数量对生产者或个人给予的补贴；对农民使用种子、肥料、农药、灌溉等投入给予的补贴；某些有补贴的贷款计划等。这些政策可以快速地促进农业生产发展，提高农产品的竞争能力，在各国政府财力悬殊的情况下，如果不加以限制对财力薄弱国家的农业生产者不公平，所以WTO《农业协议》要求各国政府对黄箱政策措施作出削减承诺。

（3）可免除减让承诺的国内支持措施

WTO《农业协议》附件二规定：政府执行某项农业计划时，其费用应通过政府供资的计划提供，而不涉及来自消费者的转移，没有或仅有最微小

① 世界贸易组织．WTO农业协议［EB/OL］.［1995－01－01］．http：//www. lawtime. cn/info/wto/WTOxieyi /20100608880．html.

的贸易扭曲作用，对生产的影响很小，不具有给生产者提供价格支持的作用，所有这类的补贴措施均被认为是可免除减让承诺的国内支持措施，又称“绿箱政策”（Green Box Policies）。具体措施包括：一般政府服务，如研究、病虫害控制、培训服务、技术推广和咨询服务、检验服务、市场营销和促销服务、基础设施建设服务等；以粮食安全为目的的公共储备；国内粮食援助；对生产者的直接支付；不挂钩的收入支持；政府财政参与的收入保险和收入安全网计划；自然灾害救济支付；通过生产者退休耕计划提供的结构调整援助；通过资源轮休计划提供的结构调整援助；通过投资援助提供的结构调整支持；环境计划下的支付；区域援助计划下的支付等。

第二节　市场失灵及农业保护与支持的相关理论

一、市场失灵的相关理论

1. 外部性理论

马歇尔在《经济学原理》（1890）一书中首次提出了“外部性”的概念。从产业角度探讨了外部性问题，提出相似性质的企业集聚可以在生产工具、技能的研究和交流，配套服务产业出现，专业技术工人共享三方面产生外部经济。但是马歇尔对外部经济研究的贡献仅仅是作了产生原因上的理论抽象和概括，而对“外部不经济”即“负的外部性”等外部性基本概念并没有提及。

1924 年，马歇尔的学生庇古在其《福利经济学》中引入“社会边际净生产价值”和“私人边际净生产价值”的概念，认为当两者相等时，资源实现最优配置，“国民福利最大”，“看不见的手”自然成立；当两者之间存在差异时，就产生“外部性”，前者大于后者产生“正的外部性”，如果小于则产生“负的外部性”，此时国民福利受损，只有对资源重新安排才能实现最优配置。换句话说，“负外部性”的存在有可能导致市场失灵。对于外部性问题的解决，庇古提出政府可以用补贴和税收将正、负外部性内部化。

1924 年，奈特（Knight）提出对稀缺资源缺乏产权界定是“外部不经济”产生的原因，若将稀缺资源划定为私人所有，“外部不经济”将得以克服。奈特对“外部不经济”原因的认识已经提及到产权，扩大了对“外部性”研究的视野，为“外部性”问题内部化的研究提供了理论基础。

1943年，埃利斯（ElliS）和费尔纳（Fellner）将污染等问题与“外部不经济”联系起来，而且与奈特一样认为“外部不经济”与产权有关。

20世纪50年代后，“外部性”概念的表述出现宽泛化趋势，甚至被等同于市场失灵来看待。但是在宽泛化的潮流中，西多夫斯基发出了不同的声音，他认为“外部性”不等于市场失灵，但无疑二者之间存在某种关系，只不过我们对此关系尚未认识清楚，所以不存在统一的概念界定。

20世纪60年代，科斯在《社会成本问题》[①]一文中提出“交易成本”的概念，并证明无论最初的产权如何分配，当事人可以通过交易成本的选择、私人谈判和产权市场的交易，最终实现资源的最优配置。若谈判或交易成本为零，则由外部性引发的社会成本将被纳入交易当事人的成本函数，政府无须对生产进行干涉，只需适当界定产权，私人交易就完全可以实现外部性内部化。

1970年，张五常发表《合约结构与非专有资源理论》一书，提出每一种经济行为都有效应，之所以有些行为产生外部性效应，是由于缺乏签约权；合约存在，但条款不全面；或者有些条款与某些边际等式不相符。他认为传统的“外部性”理论概念模糊不清，应该用“合约理论”代替。

1988年鲍默尔在总结前人“外部性”论述的基础上，将之概括为：“如果某个经济主体的福利（效用或利润）中包含的某些真实变量的值是由他人选定的，而这些人不会特别注意到其行为对于其他主体的福利产生的影响，此时就出现了外部性；对于某种商品，如果没有足够的激励形成一个潜在的市场，而这种市场的不存在会导致非帕累托最优的均衡，此时就出现了外部性。”[②] 因这一概括比较全面，为很多教材所选择用以对外部性进行描述。

2. 公共产品理论

公共产品最早是由兰度尔作为与私人产品相对应的经济范畴提出来的，后来又有很多学者先后从不同角度对其进行了各有侧重的探讨，其中以萨缪尔森（1954）在《公共支出的纯理论》中的论述最具代表性，最受经济学家推崇。他概括的公共产品为这样一种产品：“它是所有成员共同享用的集体消费品，每个人对这种产品的消费都不会导致别人对该产品消费的减少。即

① Coase. The Problom of Scocial Cost [J]. Journal of Law and Economics. Octorber, 1960 (10).

② Baumol and Blinder. Economics——Princociples and Policy. 7th [M], NewYork: Dryden Press , 1997.

在将该产品的效用扩展于他人时，供应者的边际成本为零，且无法把他人排除在受益范围之外。”① 这一表述不仅给出了公共产品的经典性定义，同时也隐含了公共产品区别于私人产品的最大特征：消费上的非竞争性和非排他性。非排他性，指公共产品的消费是集体进行的，其效用在消费者中不可分，一些人享用公共物品带来效用的同时不能排除其他人从公共物品中受益。这意味着公共产品容易产生免费搭车现象，排除不付费的消费者要么技术上不可行，要么经济成本太高，得不偿失。非竞争性，是指消费者的增加不会降低原有消费者的消费水平，或者说，提供公共物品的边际生产成本和边际拥挤成本为零。

对于公共物品的分类，根据非排他性和非竞争性的具备程度，可以分为纯公共物品和准公共物品。纯公共物品同时具备非排他性和非竞争性，如国防、治安、环境保护以及交通、排水排污系统、有效率的政府和制度、公平的收入分配体系、天气预报等。绝大多数公共产品都仅部分满足非排他性和非竞争性，属于准公共产品：它们或者消费上非竞争，但可以排他，如电影院、港口、公园、图书馆、高速公路等；或者消费上具有一定竞争性，却不能有效排他，如公共渔场、公共草地、公共湖泊、地下水等。

对于公共物品供给方式的选择，西方经济理论认为，纯公共物品和准公共物品要区别对待。

纯粹公共产品的非竞争性和非排他性特征，导致免费搭车不可避免，成本收益对称的市场激励原则失效。作为理性的经济人，不仅不会主动提供这种产品，反而希望由别人提供，自己能免费享用。当然存在个别经济人因迫切需要而不在意别人搭便车的可能性，但这种偶尔个别提供的情况难以保证公共产品的充足有效供给。因此，在靠市场满足社会对公共产品的需求缺乏效率的情况下，政府提供成为较好的选择，故萨缪尔森说“公共产品的有效供给通常需要政府行动”，由政府出面组织，全额负担。

对于准公共产品的供给方式，公共物品理论认为，对于在一定容量范围里具有非竞争性，但在技术上能够轻易排他，且排他成本较低的准公共物品，如果由政府免费供给，易于出现过度使用现象，加大拥挤成本。因此，有必要对使用者收取一定费用，而当收费成为必要时，利用收费弥补提供成本赚取利润便成为可能，也就是为利用市场机制，通过私人部门来供给提供

① Samuelson. The Pure Theory of Public Expenditure [J]. Review of Economics and Statistics. 36. November 1954, 387.

了可能。但是完全依赖市场机制，私人部门根据边际成本等于边际收益原则确定收费标准，又会造成实际费用较高，消费者剩余大幅度下降，社会福利净损失，影响使用效率，所以还不能完全脱离政府。目前，可供选择的现实供给方式是：由政府用统一征税的办法筹集资金进行提供，使用者缴纳一定的使用费用；或者由私人部门供给，收取以不出现过度拥挤为标准的使用费用，不足以弥补直接固定成本的部分，由政府以购买服务等方式给予财政补贴。

消费具有非排他性和竞争性的公共资源类准公共物品，易于出现集体非理性消费，造成公共资源过度滥用甚至破坏，形成“公共的悲剧”。然而对于悲剧的避免，市场机制无能为力，它既不能使理性经济人主动投入资金维护这类公共产品，也不能限制消费者进入，所以需要政府通过强制的、法律的手段以法规、行政命令等形式制止公共资源的过度消费，为此所需资金也应由政府支出。

3. 不完全信息理论

所谓不完全信息（Incomplete Information）是指市场参与者不拥有某种经济环境状态的全部知识。早在 1927 年，帕累托在《政治经济学手册》中就指出，“想查到我们所需要的一切数据资料是荒谬的”，实际上他已经触及到了不完全信息的概念，但是他并没有继续对此进行深入论述。1945 年哈耶克最早考察了市场经济中的不完全信息问题，他认为人们从事经济活动所需要的信息往往不是以集中完全的形式出现的，相反，总是以分散不完全的形式出现。这些信息分散在各个市场参与主体手中，每一个参与者都不可能获得它的全部①。乔治·施蒂格勒（1961）分析了价格、劳动力市场和广告的不完全信息性，并且首先提出信息搜寻成本的概念，指出人们获得信息是有成本的，包括搜寻信息所耗费的时间、金钱和脑力等，这种成本的高低决定了信息的价值和价格②。

20 世纪 70 年代，一些学者开始对信息不完全的典型形式不对称信息进行研究，其中最有代表性的是乔治·阿克洛夫（1970），他在《柠檬市场：质量不确定和市场机制》一文中揭示了不对称信息导致的逆向选择问题。当市场参与者中一方拥有的信息比另一方多，就存在信息不对称问题，拥有信

① Hayek, Friedrich. A. The Use of Knowledge in Society. American Economics Review. 1945, 35 (4): 519—530.

② （美）乔治·施蒂格勒. 信息经济学 [M]. 上海：上海三联书店. 1989.

息多的一方处于市场优势地位，而另一方处于不利地位，而且一般情况下卖方总比买方掌握更多的信息。当市场存在信息不对称时，买者如果无法辨别商品的内在质量，卖者就会以次充好，最终导致高质量的产品被低质量的产品驱逐出市场[①]。后来的学者针对逆向选择问题提出了不同的解决方法。

迈克尔·斯宾塞提出利用信号传递模型解决逆向选择问题，斯宾塞主要研究了劳动力市场上在雇主与雇员之间存在的信息不对称现象，并在《劳动市场的信号》一文中指出，市场中的信息优势方可以通过行动向信息劣势方传递他们的私人信息，以证明他们的市场能力，如在劳动力市场，劳动力通过向雇主展示自己的受教育程度，就可以向雇主传递自己劳动能力的有效信息。

约瑟夫·斯蒂格利茨研究了保险市场存在信息不对称时出现的逆向选择和道德风险。提出通过设计一种激励机制来改善委托人和代理人之间的信息不对称问题，以实现委托人与代理人之间目标的一致性[②]。

4. 收入分配理论

(1) 古典经济学的收入分配理论

古典经济学的创始人亚当·斯密把社会总产品分为工资、利润、地租三种收入形式，指出工人、资产阶级、地主分别以这三种收入为生，其他收入如利息等都是由这三种收入派生的，在此基础上斯密创立了工资理论、利润理论和地租理论[③]。大卫·李嘉图继承了斯密的三种收入观点，认为三种收入都是由劳动创造的，其中工资在分配中起决定作用，利润就是商品价值超过工资的余额，地租则是商品价值超过工资加利润的余额。李嘉图强调三种收入中利润对促进社会生产力发展的作用，认为利润增加才能增加资本积累，促进生产力发展。

(2) 新古典经济学的收入分配理论

新古典经济学的代表人物马歇尔在均衡价格的基础上探讨了收入分配问题，认为劳动、资本、土地和企业家才能四种生产要素的供求关系决定了要素的均衡价格，而要素的均衡价格就是这四种生产要素的收入。约翰·贝茨·克拉克则提出了边际生产力理论来分析和论述分配问题，他认为，生产

① Akerlof. The market lemons: Quality Uncertainty and market mechanism. Quarterly Journal of Economics 1970 (89).

② Sliglitz, J. E. (1985) Information and Economics Analysis: A Perspective. Economic Journal, Conf Paper: 21—41.

③ (英) 亚当·斯密. 国民财富的性质和原因的研究 [M]. 北京: 商务印书馆, 1972.

要素的报酬是由最后一单位生产要素所能生产出的商品的价值决定的，即由要素的边际生产力决定的。他还指出当资本数量一定时，工资水平与工人的人数成反比；当劳动数量一定时，利息与资本的数量成反比①。

（3）当代西方主要收入分配理论

当代西方经济学对收入分配问题从宏观层面和微观层面进行了探讨。宏观层面主要研究社会成员之间的收入分配关系及其变动趋势，微观层面主要研究企业的分配问题。

①从宏观研究理论来看，主要代表人物有庇古和库兹涅茨等人。庇古将福利分为个人福利与社会福利，认为社会福利是个人福利的加总，而个人福利大小取决于个人收入分配的合理性，所以社会经济福利的增减最终决定于个人收入分配是否合理。他由边际效用递减规律得出，一单位货币带给穷人的边际效用大于富人，因此，通过税收和转移支付手段将货币由富人向穷人转移，可以增加社会总效用，有利于收入公平分配，可以增加社会福利，反之，则减少社会福利。

诺贝尔经济学奖获得者库兹涅茨在《经济增长与收入不平等》一文中提出："在从前工业文明向工业文明极为快速转变的经济增长早期，不平等扩大；一个时期变得稳定；后期不平等缩小。"他用一条呈倒"U"型的曲线描述公平与发展之间的这种关系，人们称之为库兹涅茨倒"U"型曲线，它说明了收入分配不平等的长期演变趋势②。

②在微观研究层面上，诺贝尔经济学奖获得者舒尔茨创立了人力资本理论。认为人力资本是劳动者具有的知识、技能和健康等，它和其他资本一样可以为劳动者带来收益。随着经济增长方式的转型，人力资本逐步对利润的高低起决定作用，所以，企业应该支付较高的报酬给高素质的劳动者，以提高企业利润水平。

20 世纪 70 年代，美国学者威茨曼提出了劳资共享收益理论。威茨曼认为应该将工人工资与企业效益通过某种指数建立直接联系，确定工人和企业主分享收入的比率。这样可以缓和劳资矛盾，刺激经济增长，降低失业率。

美国学者詹森和麦克林提出了著名的委托—代理理论。他们认为，委托人（董事会）和代理人（经理）之间，存在的利益不一致和信息不对称，将

---

① （美）约翰·贝茨·克拉克．财富的分配［M］．上海：南海出版社，2007.

② （美）库兹涅茨．经济增长与收入不平等［J］．美国经济评论．1955．45（1）．

导致代理人追求自身利益最大化而忽略或损害委托人利益，应该建立一种既能监督约束、又能激励代理人的机制，减少代理成本，提高企业效率。他们提出这种机制就是通过股票期权让经理层的报酬和股东收益之间保持联动，这样既有利于缓和董事会和经理层的对立，又利于明晰公司内部治理结构。

二、农业保护与支持的相关理论

1. 基础产业理论

该理论认为，农业是人类获取食物的唯一生产部门，是人类社会存在的基础，同时它也是国民经济其他部门产生和独立存在的基础，并制约着其他产业的发展速度。在第一次产业分工之前，只有农业劳动生产率提高到了一定的水平，能够经常提供剩余产品时，工业以及其他部门才能相继脱离农业而独立；在工业化推进期间，如果农业不能继续提供有保障的食物，以及部分原料、市场和要素贡献，工业化将急刹车或停滞；在工业化基本完成之后，则要以工业反哺农业，进一步推动农业的发展。

2. 要素贡献理论

要素贡献论来自西蒙·库兹涅茨在《经济增长与农业的贡献》一书中的“经典分析”，指的是农业对经济增长所具有的产品、市场、要素和外汇四大贡献。

(1) 产品贡献

产品贡献首先表现在食品上，人们生活中消费的食品主要来源于农业。其次，农业部门所生产的农产品对增加国民生产总值具有重要作用。再次，体现在对国家工业发展所做出的原料贡献上，一般国家工业化进程中的现行产业都是以农业原料为加工对象的。

(2) 要素贡献

指劳动力、资本和土地等生产要素由农业部门转移到非农业部门，推动其发展。第一，随着农业生产力的提高，农业产生大量剩余劳动力并向非农产业转移，为非农产业的发展提供最基本的生产要素。尤其在现代经济发展初期，农业为非农产业部门大规模扩张源源不断地补充了所需的劳动力，使非农业的发展得以顺利进行。第二，由于农产品的收入需求弹性小，新增资本的资本产出比率低，所以对资本的吸引力差，在工业化过程中，逐利资本在市场机制、价格信号的作用下由农业部门向非农产业部门转移，为工业化准备了资金条件。第三，伴随国民经济其他部门的发展和城市化进程加速，生产和生活场所的扩大成为必然，这势必增加对土地的需求，一般而言，在土地资源数量有限且基本开发殆尽的现实条件下，这种需求只能靠农地非农化，也就是土地从农业部门转出来得到满足。

(3) 市场贡献

农业对国民经济发展的市场贡献包括两个方面的含义：一方面作为买者，购买生活消费品和农业投入品，扩大了工业品市场，进而带动工业和其他非农产业的发展；另一方面作为卖者，农民在市场上向非农产业部门的生产者和消费者出售粮食等农产品，满足了市场对农产品的需求。随着农业生产规模的扩大和农产品商品化程度的提高，农产品市场流通量增加，不但可以促进相关运销业的发展，而且有利于农业要素市场体系和农产品市场体系的完善。

(4) 外汇贡献

在一国经济发展早期阶段，工业基础薄弱，科学技术落后，工业品国际竞争力不强，往往要通过出口具有比较优势的农产品为国家经济建设赚取外汇，购买先进的技术和机器设备，促进本国民族工业的快速发展。这一点已经为发展中国家经济发展的实践充分证明。

3. *弱质产业理论*

弱质产业理论认为农业天生具有弱质性，无法在市场经济中与其他产业平等竞争。主要体现在以下几个方面：

(1) 农业生产面临自然和市场双重风险，而其他产业面临的主要是市场风险，自然风险较小。而且单就市场风险而言，由于农产品的需求价格弹性小，价格容易大起大落；收入弹性小，产值在国民经济中的比重趋于下降，比较效益低于其他产业；再加上易腐烂，生产周期长，市场调节滞后，农业生产面临的市场风险必然比其他产业更大。

(2) 农业市场结构接近于完全竞争，生产者多且分散，产品基本同质，农户只能被动接受市场价格，没有价格决定权。其他产业竞争程度要低于农业，生产者能一定程度控制价格。所以在竞争过程中，趋于分散的农业相对于其他产业处于不利地位。

(3) 农业生产对时间、空间有严格的要求，外界环境必须适合动植物的生长发育需要，有较强的季节性和地域性。而非农产业的生产对象是无生命的产品，对时间、空间几乎无选择性。从技术进步来看，生物体的技术革新周期要比非生物体长得多，等量时间内产生的农业新技术的数量要大大少于非农产业，而且受农业生产地域性、季节性限制，大面积、长期推广比非农产业难度大，所以农业劳动生产率要比非农产业低得多。

(4) 农业投资风险大，固定资产利用率低，资金周转慢，土地生产要素稀缺，投资报酬递减，这些不利因素构成了农业投资增长的瓶颈，限制了人们对农业的投入，使农业生产投资增速慢于非农产业。

农业的弱质性决定了不管是发达国家还是发展中国家政府都必须对这一市场条件下的弱势产业进行扶持。

4. 多功能性理论

多功能性的概念首先出现在20世纪80年代末90年代初日本的“稻米文化”中，之后又在联合国文献《21世纪议程》、《罗马宣言和行动计划》之中相继出现，逐渐发展为一种理论。所谓农业多功能性，是指农业不仅具有提供食物和纤维等商品的功能，还具有经济、社会、环境等方面的非商品产出功能，它除了生产作为贸易对象的有形农产品，还通过持续的生产活动生产农产品以外的无法通过市场交易和产品价格来体现的有形或无形的价值。该理论认为，农业所具有的非商品产出功能可概括为五个方面：环境保护、社会、粮食安全、经济和文化功能。环境保护功能包括农业景观提供和各种生态问题的缓解；社会功能，指农业为农村居民提供谋生手段、就业机会、生活和社交场所，替代社会福利保障，保持社会稳定的功能；粮食安全功能是指农业生产可以保证一国粮食自给水平，减少国际依赖，增加粮食安全的保障；经济功能指农业具有保障就业、经济缓冲、保持国土空间上的协调发展等功能；文化功能是指农业在形成和保持农村传统独特的历史文化，维护文化的多样性方面具有的功能。农业多功能性理论促使人们重新审视和认识农业这一古老产业，为各国政府制定新世纪的农业发展战略，确保农业的可持续发展提供了理论基础，同时也成为发达国家对农业实行保护政策的理论依据之一。

小　　结

对市场失灵和农业保护与支持的相关概念和理论进行界定与阐释，是后文进一步深入分析农业市场失灵及相应农业保护与支持政策体系的基础。西方经济学界对市场失灵的认识经过了一个从微观到宏观的过程，学者们较早地认识到了市场机制本身缺乏效率导致的公共物品、垄断、信息不充分、外部性等市场失灵。20 世纪 70 年代后，经济学家逐渐把“市场失灵”的内涵向宏观经济领域拓展，认识到了通货膨胀、收入分配不公、经济不稳定等市场经济缺陷导致的宏观失灵，并创立了相应的微宏观市场失灵理论。

对于农业保护与支持，传统理论往往不加区分，但是 WTO 农业协议签署后，对各种农业保护与支持措施进行了界定，并采取了不同的减让处理措施，所以学术界也开始区分农业保护与农业支持，将政府干预农产品价格、发放和价格挂钩的补贴等措施归为农业保护，而将为农业生产创造基础条件的措施归为农业支持，同时理论界针对实行农业保护的原因提出了农业弱质论、要素贡献论、基础产业论、农业多功能论等理论，为各国实行农业保护与支持政策提供了理论依据。

第三章　美国农业保护与支持政策的历史演进

作为发达市场经济体，目前美国农业现代化水平很高，但从历史上看美国农业也同样经历了一个由不发达到发达的过程，在这一历史进程中美国政府根据不同时期农业发展的实际情况，如土地、人口和气候等自然因素，价格、农产品供求等市场因素，结合国际政治经济形势的变化，在充分考虑本国尤其是主要集团利益的基础上，20 世纪 20 年代以前，基本上选择了支持农业生产基础条件促进农业发展，但对农产品市场自由放任的政策；20 世纪 30 年代以后，选择了通过财政补贴等手段干预农产品市场的政策；1996 年之后政府弱化了对农业的干预，在政策运行中强调发挥市场机制的作用；2002 年以后政策取向又出现了向农业保护回归的趋势。

第一节　着力构建农业生产基础条件阶段

建国初期到 20 世纪 20 年代，是美国政府通过土地政策、建设基础设施、建立农业教育、科研和推广体系，保护与支持农业发展基础条件的阶段。根据美国经济史学家福克纳的考察，从 1783 年到第一次世界大战的一百三十多年间，美国政府实施了以私有制为基础的自由竞争农业政策，但这种表面上的自由竞争、自由放任并不意味着政府无所作为，恰恰相反，由于早在 18 世纪 70 年代独立战争前的殖民地时期，美国就是一个典型的农业社会，农产品的生产和出口是其经济命脉，而且即使到 19 世纪初叶农产品出口仍占美国出口价值总额的 75%，农业劳动力占全国劳动力的 41%，所以美国政府在建国之初就通过不断占领和开发西部领土及资源，改革土地政策和投资政策，大力发展交通运输设施等保护措施，初步建立了以私人农场为主的美国农业经济制度，直接或间接地促进了美国农业的发展，为后期工业发展奠定了坚实的基础。

一、农业保护与支持的背景

随着西进运动，农业可耕地面积大幅度增加，为大规模农业生产提供了基础，但是生产规模的扩大导致了农产品价格的下跌，需要政府采取一定的支持措施。另外，扶持农业使其为工业提供更多的剩余也构成了这一阶段美国政府支持农业的经济背景。

1. 美国农业由传统农业阶段向半机械化阶段过渡

从建国之初到1840年农业半机械化开始之前，美国农业属于使用历史上传承下来的耕作方法和农业技术，以人力操作和铁木农具从事生产活动的传统农业阶段，农业生产力水平低，农产品产量小。建国初期，随着西部领土开发，农场规模大幅度提高，但由于劳动力稀缺，农业生产主要以广种薄收的方式进行。到19世纪以后，随着商业性农业的发展，农民受利润驱动耕种更多土地的需求越来越强烈，美国农业劳动力不足的矛盾愈加突出，再加上南北战争以后，美国资本主义工业、交通运输业的迅速发展，也使得粮食、原料和劳动力的短缺日益严重，单凭人力和手工工具从事生产的传统农业，已不能适应社会经济进一步发展的要求，农业革命势在必行。

1840年美国农业适应时代要求实现了从手工工具到畜力机械的变革，进入以畜力为动力的农业半机械化时期。这一时期畜力代替人力成为农业生产的主要动力，农业生产中开始大量使用的马拉的农业机具，如多铧犁、收割机、脱粒机等，农业生产规模有了较快增长，要求政府提供相适应的公路、铁路等运输设施解决农产品运销问题。

2. 农用可耕地面积大幅度增加

建国之后，美国一方面通过对当地印第安人和邻国的战争掠夺，另一方面通过从法国、西班牙等殖民者手中购买，使美国国土面积由1776年宣布独立时的36.9万平方英里扩大到了1853年的302.68万平方英里[①]。随着疆土的开拓，19世纪后半期，美国的可耕地数量也增长了两倍，形成了密西西比大平原和五大湖流域等世界上少有的优良农耕基地。可耕地数量的增加促使美国政府出台多部赠地法案，鼓励向西部移民，为美国农业中家庭农场制度的形成奠定了基础，也为农场大规模组织生产提供了制度保障。

---

① 徐更生．美国农业政策［M］．北京：中国人民大学出版社，1991.

3. 美国的工业化进程

19 世纪初期到 90 年代美国处于工业化进程的初级阶段，从各国工业化发展历程看，这一阶段的典型特征是工业从农业榨取剩余，积累发展资金。美国对农业进行保护的第一阶段正好和其工业化早期重合。但是美国政府不但没有像其他国家政府那样，通过征收农业税或采用行政手段硬性压低农产品价格来让农业贡献剩余，反而采取了发展家庭农场，支持农业基础设施建设，促进农业技术进步等保护性措施。当然，表面上看确实如此，但实质上，美国政府对农业扶持的态度，只不过说明它是以一种积极的方式从农业榨取剩余，它通过扶持措施提高农业劳动生产率，增加农产品供给，从而使国内农产品能维持一个较低的市场价格，为工业提供廉价的原料供应，这和其他国家压低农产品价格，通过工农产品价格剪刀差为工业提供剩余实质上是一样的。但是美国方式的结果不仅为工业化提供了所需资本，还使农业本身也得以发展。可以说，政府为发展工业而扶持农业是美国这一阶段实行农业保护政策的深层次经济背景。

二、农业保护与支持的政策措施

这一阶段是美国农业发展的早期，美国政府主要是通过免费赠送，拍卖出售国有土地资源，发展公路、铁路设施，建设农用水利和灌溉设施，提供农业教育科研推广服务等为美国农业生产快速发展奠定制度和基础设施条件。

1. 土地分配政策

公有土地的出售是美国建国初期的一项重要农业财政政策，这一政策使农民能够有能力购买土地，从而促进了美国西部大规模农场的建立，为资本主义在农业产业的发展提供了条件。

(1) 土地分配政策的目标

美国早期的土地分配政策不仅对创立和巩固美国家庭农场制度，而且对美国农业以至整个国民经济的发展都具有重要的意义。政策目标主要有以下几个方面：出售给私人，通过私人购买土地建立起农场主自己拥有产权的家庭农场制度；分配给州政府用于发展教育、运输、河流改良等公用事业；用于支持铁路建设；作为给军人的奖赏；无偿赠给拓荒者，鼓励人们开发西部土地资源。从实际效果来看，美国早期的土地立法和土地政策较好地实现了上述目标[①]。

（2）土地分配政策的内容

①1785～1861 年的土地立法和土地政策

这一阶段美国联邦议会通过了七部主要的农业土地法律，主要以拍卖形式公开出售公有土地，政策目标是迅速把土地转移到私人手中，鼓励所有农民购买土地，吸引人们去开发西部土地，推进小农场的发展。1785 年土地法颁布正处于美国建国初期，由于购买力有限，所以即使政府出售土地的价格只有每英亩 1 美元，但是由于是以 640 英亩为 1 单位进行出售，所以还是只有少数人能负担得起，为了扩大土地私有化速度，1800 年以后的土地法都逐渐降低了最低购买单位的面积，到 1854 年出售土地的最小单位只有 40 英亩。出售地块规模降低的同时，土地售价逐渐下降。1854 年土地法采用分等定价法，规定 10～14 年未卖出的土地每英亩 1 美元，20～24 年未卖出的土地每英亩 0.5 美元，30 年以上的每英亩只有 0.125 美元。

表 3.1　1785～1862 年美国主要土地立法及内容[②]

年代及立法名称	最低售价	出售地块规模
1785 年土地法	每英亩 1 美元	640 英亩
1796 年土地法	每英亩 2 美元	2880 和 640 英亩
1800 年哈里森土地法	每英亩 2 美元	640 和 320 英亩
1804 年印第安纳授权法	每英亩 1.64 美元	至少 160 英亩
1820 年土地法	每英亩 1.25 美元	160 或 80 英亩
1841 年先买权法	每英亩 1.25 美元	不多于 160 英亩
1854 年分等减价出售土地法	分等定价	40～320 英亩

通过土地政策美国吸引了大批外国移民，1790～1860 年到美国就业的外国移民达 400 万以上，人口数量大规模增加，到 1860 年总人口已经由 1790 年的 393 万人增加到 3144 万人[③]，为家庭农场的发展提供了劳动力基础。

---

① 王华巍．世界主要发达国家农业政策的比较研究［D］．长春：吉林大学，2005.

② 徐更生．美国农业政策［M］．北京：中国人民大学出版社，1991.

③ 资料来源：《美国统计摘要》1988.

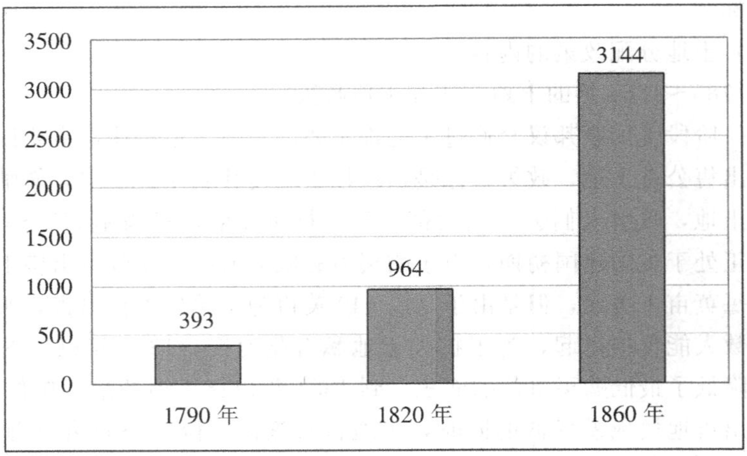

图 3.1　1790～1860 年美国人口规模

②1862 年～20 世纪 20 年代末的土地立法和土地政策

这一阶段土地政策重点转向了向拓荒者免费赠送土地。

美国国会于 1862 年 5 月 20 日通过了《宅地法》，法律规定移民只要交 10 美元手续费，便可占用不超过 160 英亩的荒地，且耕作 5 年后即成为自己的财产。随着《宅地法》的实施，移民和农业人口的增加，以及奴隶的解放，大量荒地被开垦。1886～1910 年，美国吸引外来移民 2859.3 万人，使美国人口总数从 1860 年的 3144.4 万人增加到 1910 年的 9197.2 万人，农业人口从 1880 年的 2197.3 万人增长到 1914 年的 3232 万人。随着土地的私有化和人口的增长，美国农场总数从 1860 年的 204.4 万个增加到 1910 年 636.6 万个。在 1900 年 574 万个农场中，土地完全自有的农场占 55.8%，土地部分自有、部分租佃的农场占 7.9%，经理人农场占 1%，全部租佃土地的农场占 35.3%。1862 年以后美国又陆续通过 6 部主要的土地法律，规定了拓荒者在旱地上植树，灌溉土地，林地和沙石地，只适于放牧的土地的相关出售和赠送条款，以家庭农场为主的农业生产经营制度在美国正式确立[①]。

① 徐更生. 美国农业政策［M］. 北京：中国人民大学出版社，1991：132.

表 3.2 1862 年～20 世纪 20 年代末美国土地立法情况[1]

年代及立法名称	最低售价	出售地块最小规模
1862 年宅地法	免费	160 英亩
1873 年植树法	免费	160 英亩
1877 年沙漠土地法	每英亩 1.25 美元	640 英亩
1878 年林地和沙石地法	每英亩 2.5 美元	160 英亩
1909 年扩大的宅地法	免费	320 英亩
1912 年三年宅地法	免费	320 英亩
1916 年畜牧业宅地法	免费	640 英亩

（3） 土地分配政策的特点

公有土地的最低售价从 18 世纪末以后趋于下降，每英亩售价从 2 美元降到 1820 年和 1841 年的 1.25 美元，到 1854 年分等售价，分别降到每英亩 1 美元、0.5 美元和 0.125 美元；公有土地出售的最小地块的规模也逐渐缩小，即从 640 英亩逐渐减少到 80 英亩和 40 英亩；支付的条件也有放宽的趋势，即在公有土地的出售中允许购买者有较长的支付期限。所有这些变化，都表明政府出售公有土地向小农倾斜，对形成美国中小家庭农场起到了积极作用。

2. 政府支持农业基础设施建设

（1） 支持运河设施建设

19 世纪初，中西部地区农业生产的迅速发展使得农产品的外运量大大增加，提高了对东西部地区之间运力的要求。以 1825 年美国第一条运河——伊利运河由纽约州修建完成为开端，美国政府掀起了一股修建运河的热潮，到 1840 年全国修建的运河已达 5353 公里，为农产品向东部地区和城市的运输打通了水路通道。

（2） 支持铁路运输设施建设

1825 年世界上第一条铁路在英国投入运行，它的快速高效激发了美国政府修建铁路的热情，并于 1830 年建成巴尔的摩至俄亥俄州的美国第一条铁路，之后美国掀起了一股比修建运河热潮更持久的修建铁路的高潮，到 1840 年，全国已修建铁路 5356 公里，不仅在长度上超过了运河，而且把全

① 徐更生. 美国农业政策［M］. 北京：中国人民大学出版社，1991：132.

国建设运输设施的注意力吸引到了铁路上来。

1840年后美国进入农业半机械化时期，农业商品化程度不断提高，农业大规模生产迅速发展，按人均计算的谷物产量从1839年的869公斤增加到1899年的1376公斤。为适应农业生产形势的变化，美国政府大力协助铁路规划和建设，1862年国会通过《太平洋铁路法》，决定修建一条贯穿美国的铁路通道，为此联邦政府和各州政府向铁路公司提供了部分贷款和10万平方公里的公有土地，在政府的支持下，美国铁路建设高速进行，到1916年时，美国的铁路长度达到40.9万公里，铁路网的建设把农业和其他部门紧密联系在一起，大大地降低了农产品的运输成本，加速了农产品的流通，把农业商品化提高到一个新高度，从而提升了美国农产品在世界市场上的竞争力。

（3）支持农业灌溉设施建设

随着农业逐步向西部干旱地区发展，农田灌溉设施建设显得越来越重要，美国政府开始支持灌溉事业的发展。美国灌溉设施建设一般由州政府或私人灌溉公司承办，其资金来源是政府安排的灌溉基金和向农场主收取的水费。政府灌溉基金源于出卖公有土地的收入，当时美国联邦政府为了提高州政府对农业进行支持的资金实力，根据法律规定，将一部分公有土地分配给各州，各州政府可以出售土地，将所得收入用于农业基础设施建设和支持农业教育，这就为美国农业基础设施建设提供了可靠的资金保障。

3. 政府支持农业教育、科研和推广

（1）联邦议会于1862年5月5日通过法案，成立美国农业部。农业部的具体任务是：收集、整理、出版统计农业信息资料；引进和推广新的作物和动物品种；向农场主提供有关咨询；试验和推广农具；对土壤、谷物、水果、作物、蔬菜和肥料进行化学分析；开展植物学和昆虫学研究；建立农业图书馆和博物馆。在1862年之后的30年里，美国农业部的支出以年均13.2%的速度增长，为美国政府制定和执行农业政策，支持农业教育、科研提供了组织和财力保障。

（2）美国国会于1862年6月通过《莫里尔法》（Morrill Act of 1862），又称《赠地学院法》，法律规定，联邦政府向签署这项法律的各州按议员数量拨给一定规模的公有土地，各州可以用出售这些土地的所得创办和维持至少一所农学院或设有机械课程的大学，从事农业科学和机械方面的教学工作，从而开始了美国政府建立和完善农业教育体系的工作。

（3）1887年，美国国会通过《哈奇法》（Hatch Act of 1887），又称

《农业试验站法》，由政府从出售公有土地的所得中向各州拨款，建立州农业试验站，专门从事与各州农业生产有关的农业科学技术研究。该法的出台催生出了大量农业科技成果，如小麦、玉米良种、贮藏青饲料的密封地窖、鸡雏孵化器具，诊断牛结核病的结核菌苗，防治猪霍乱的疫苗等，对美国农业技术的研制发挥了重要作用。

（4）1914 年，国会又通过了《史密斯—利弗合作推广法》（Smith—lever Extension Act of 1914），由政府向各州提供资金，在各州和县建立农业推广体系，从事最新的农业科学技术的推广工作。从而最终在美国建立并逐步完善了“三位一体”的农业教育、科研和推广体系，把农业科学研究同教育与生产结合在一起，为农业生产的科学化和现代化做出了重大的贡献①。

4. 通过关税政策保护本国农业

由于这一时期美国农业生产力不够发达，经济实力比较脆弱，加之内战的影响，在对外贸易方面，贸易保护理论占据了主导地位。为了保护本国农业发展，美国国会 1789 年通过了第一部关税法，对包括农产品在内的一般进口商品征收 5%的进口税；1816 年为限制英国农产品的大量涌入，国会又通过了第一个保护主义关税法，对啤酒、杏仁、奶酪、棉花、无花果、食糖等农产品课征特别关税。此后美国逐渐加大对农产品的关税保护力度，到 1828 年，关税法规定的关税率平均已达到商品价值的 50%～60%。1833 年在南方的反对下，妥协关税法案将平均进口税率由 40%以上降到 20%～30%之间，贸易保护主义的势头有所遏制，但为支付内战的必要费用，1864 年美国关税水平又上升到 47%。此后直到大危机之前，美国除 1883、1894、1913 年关税法进口关税率有所降低以外，对农产品的关税率基本上维持在 50%～60%的保护关税率水平上。

第二节　强化政府干预的农业保护阶段

20 世纪 30 年代到 90 年代中期是美国强化政府干预的农业保护阶段。20 世纪初以前，农业作为美国的主导产业是国民收入的主要来源，农产品是主要出口物资。一战结束后，因战争而膨胀的美国农业，不能适应国外市

① 吉力，林桢. 美国的农业财政政策及借鉴 [J]. 世界农业. 2003 (7).

场需求紧缩的变化，于1920年陷入农业危机。随之而来的1929～1933年经济危机，进一步恶化了农业生产环境，几百万农场主濒于破产。在此背景下，美国政府认识到对农业进行干预和支持的重要性，开始调整只对农业基础设施进行投资，促进农业技术进步，不干预农民种植面积、作物种类和收入水平的自由放任农业政策，1933年罗斯福政府颁布《1933年农业调整法》，以提高农民收入作为农业政策的重点，开始实施农产品价格和收入支持政策，干预农业及农产品市场运行。

一、强化政府干预的背景

1. 农产品过剩，价格下跌

由于第一次世界大战期间粮食短缺，价格上涨，美国谷物的生产和出口大规模膨胀，在大战的初期，美国农业的净收入为36亿美元。到1919年，达93亿美元。但战后随着欧洲国家农业生产迅速恢复，美国农产品的外部需求急剧缩小，导致国内农产品大量过剩，价格下跌。1923年，每公斤小麦的价格只有1.2美分，棉花13.3美分，稻谷2美分，为1899年以来的最低点，农场主的收入下降到1918年的三分之一，生产积极性严重受挫，农业总收入也急剧下降至37亿美元，农业陷入危机之中。20年代农业收入逐步回升至61亿美元，但到1932年再度跌至20亿美元。雇用劳动力占美国四分之一的农业在国民收入中的比例仅占7%。导致这次农业危机的直接原因是农产品价格大幅度下跌。按不变价格计算，1932年的小麦价格仅为1925年价格的四分之一。1929～1932年，棉花、小麦、稻米等农产品平均价格下降了二分之一，1蒲式耳玉米的价格1929年是80美分，到1932年只有32美分。

2. 工农产品价格差扩大，农场主购买力下降

在美国农产品价格下跌，农业陷入危机的同时，工业部门凭借大于农业部门的供给弹性，通过削减生产压缩供应的办法使工业品价格下跌有限，工农产品价格差距扩大，农场主处境困难，农用生产资料购买力下降。虽然胡佛总统上任后签署了农产品销售法，授权成立为农场主合作社提供贷款的联邦农场局，修建贮存过剩农产品的仓库设施，但是由于农业危机深重，农场局资金不济，支持农场主的预定目标并没能实现，没有解决美国农业生产过剩的问题。

3. 经济大危机进一步打击了美国农业生产

1929～1933年蔓延整个资本主义世界的经济大危机，使美国农业受到

进一步打击。如果把1967年农产品生产者价格指数看作100的话，1928年这一指数为64.8，1932年已经下跌为29.5，其中谷物和牲畜的价格指数分别下降了63%和56%。农场生产规模大幅度缩减，仅1933年农户就犁毁了400万公顷棉田，相当于全年种植面积的四分之一。农场主的现金收入也从1929年的113亿美元降至1932年的47.5亿美元，农场纯收入由61.5亿美元降至20.8亿美元，分别下降了58%和67%。

4. 美国经济社会发展具备了实行农业保护政策的条件

澳大利亚学者基姆·安德森的研究表明，一国农业支持水平的高低决定于该国农业比较优势的大小，二者之间存在负相关关系。当一个国家的工业化程度、国民收入及人均收入水平相对较高，而农业生产出现农产品过剩，价格、农民收入和农业产值降低时，说明这个国家农业的比较优势很小，政府有必要对农业进行保护和反哺。美国学者西蒙·库兹涅茨等人的研究也表明，当20世纪30年代前期美国政府采取现代的农业支持政策时，美国农业在国民生产总值中的份额已降到12%以下，农业就业人数在社会总就业人数中的份额已降至25%以下，工业与农业的产值份额比例已变为80%∶20%，城市人口在全国总人口中的份额已超过50%，人均GNP按1967年的美元价格计算已超过了1800美元，基本上具备了实现这种转变的经济条件。

5. 土地资源破坏严重

19世纪开拓垦殖的西进运动促进了美国经济的起飞，加速了美国工业化的进程，但在开发利用自然资源过程中的乱开滥采，也造成了巨大的浪费和破坏。到20世纪30年代，由于长期不重视土壤保护，大量开发土地，砍伐森林，美国水土流失现象加剧，再加上农业生产中大量化学制品的应用，土壤破坏进一步加剧。1934年5月11日干旱的南部地区出现“尘暴”，吹走了大平原麦地上3亿吨肥沃的表土，而密西西比河的冲刷，也把失去植被保护的4亿吨土壤冲进了墨西哥湾。伴随着土地资源的破坏，美国气候也出现异常，连续三年特大干旱，所有这些迫使政府开始重视土壤保护，出台农业保护政策进行调整以适应资源保护的需要。

二、农业保护政策调整的主要内容

1933年，为了摆脱农产品过剩问题，提高农民收入，罗斯福颁布了奠定美国农业政策基本走向的第一部农业基本法——《农业调整法》。该法的基本思想是通过控制过剩农产品，实现农产品价格和工业品价格的“平价”[①]。与此同时，联邦政府通过行政命令和相关法律，成立商品信贷公司和联邦剩余商品救济公司，收购并向农场主提供抵押贷款，向广大缺粮民众分发食品。

1. 解决农业生产能力过剩的措施

解决农业生产能力过剩，无非是从控制供给和扩大需求两方面采取措施。

（1）限制农产品播种面积，控制农产品供给

①生产控制计划。1933 年农业调整法规定小麦、棉花、玉米、稻米、烟草、猪、牛奶及乳品共 7 种农产品为“基本商品”，属于生产控制范围，分别制订生产限制计划，一方面制订播种面积配额，规定停耕面积比例；另一方面规定与种植面积相联系的销售限额，限制允许农民在市场上销售农产品的数量。对自愿限制生产的农场主，政府保证他们生产的农产品可以按目标价格销售，并且可以按略低于目标价格的贷款率从政府的农产品信贷公司取得无追索权贷款。第二次世界大战的爆发和战后的朝鲜战争刺激了农产品的需求，农业生产能力过剩问题得到缓解，在这种条件下，20 世纪 40 年代到 50 年代初期，美国农业生产控制计划暂停。

②自愿的土地停耕、退耕制度。20 世纪 50 年代中期，为解决战后重新尖锐的农产品供求矛盾，也为了保护土地资源，美国通过《1956 年农业法》确立了允许生产者短期内停耕土地的耕地面积储备制度和把农场部分土地长期退耕植树的土壤保护储备制度。政府以原来的土地生产率为依据向退耕农民支付补助款，农场主可以用整个农场或农场的部分土地参加退耕储备项目。

③自愿生产控制计划。由于《1956 年农业法》确立的两项制度在削减农产品的产量、稳定主要农产品价格方面的效果不明显，1960 年后美国又实施了一种新的自愿生产控制计划，规定农民应停耕至少 20％的耕地，政府可给予已停耕土地正常产量 50％的实物或现金补偿，但前提是农场主必须将这些耕地用于土壤保护目的。

④强制性生产控制。在 1962 年的食品与农业法案中，国会授权总统可以实施强制性生产控制，作为自愿性土地退耕计划的替代方案。该法案规定

---

① 即通过对农业种植面积的调整，把农产品对工业品的相对价格维持在 1909～1914 年农业繁荣时期的水平，恢复农业的购买力。

如果某项农产品三分之二的生产者在投票表决中同意对某种农作物实行种植面积分配时，总统就有权实行强制生产计划，对种植面积超过该作物分配面积的生产者实行罚款。

（2）建立农产品储备制度，调节市场供求关系

为了减少收获季节农产品集中上市对价格的冲击，美国政府实施了农产品储备制度，制定了目的在于控制农产品上市量的销售规程和销售协议等行政法规，建立了专司调控的商品信贷公司，实行农产品的缓冲储备，调节市场供应，稳定农产品价格。当市场供大于求，价格下跌时，商品信贷公司在市场上买进农产品以提高价格；反之，商品信贷公司就抛售自己的储备以稳定价格。20 世纪 70 年代，美国开始建立农场主自有谷物储备作为联邦储备的补充。由政府向农场主支付一定的储存费，使农场主暂时把农产品储存起来，等待有利的销售价格。凡自愿参加储备计划的生产者，可以得到无追索权贷款，同时可以就其储存的产品得到一定比率的补贴。

（3）扩大农产品需求的措施

①扩大农产品出口和粮食援助。农业出口与粮食援助政策是美国农业保护政策的一部分。1935 年农业法修正案第 32 条款就规定，政府用海关收入的 30%设立基金，用于鼓励农产品出口、农产品消费以及恢复和提升农场主购买力，其中对棉花、烟草、谷物、水果、鸡和鸡蛋等产品的出口补贴是很重要的一项。二战后，美国 1949 年农业法第 416（b）款、1954 年农业贸易发展和援助法（通常被称为 480 号公法）、1966 年和 1968 年粮食用于和平计划，又授权美国政府可以向发展中国家“按优惠销售”和“馈赠”等方式输出剩余农产品。到 80 年代以前，美国玉米、大豆和小麦出口额分别占世界同类产品出口额的 60%、63%和 30%，绝对数也从 50 年代平均每年不足 40 亿美元增长到 70 年代末期每年近 300 亿美元。

②扩大农产品的工业用途。1935 年农业调整法规定用海关收入的 30%来鼓励使用剩余农产品，发展加工工业，促进国内消费和出口。经过 50 年的发展，美国以农产品为原料的加工业产值约为农业产值的 4 倍。1996 年，美国用于食品消费的实际支出超过 5000 亿美元，其中农业价值仅占 24%，加工、贮运、批发和其他服务环节所取得的农产品附加值为 76%。

③实行国内的食物分配计划。美国政府为了解决农产品积压和实现社会公平，1933 年成立联邦剩余救济公司，用征集到的农产品救济穷人，开始实行营养补贴计划，妇幼儿童的特别补充食品计划，在校儿童早餐、午餐计划，暑假食物供应计划，特别牛奶计划，直接食品分配计划等。1961 年为

了消化商品信贷公司所持有的剩余谷物，美国开始实施向贫穷阶层提供免费食品的食品券计划，成为食物分配计划中规模最大的项目，以1983年数据为例，参加该计划低收入个人每月平均达2163万，政府发放的食品券金额达112亿美元，大大提高了对粮食的需求。

2. 农产品价格和收入支持措施

（1）“平价”收购政策

为了保证农民相对收入和农产品相对价格不低于1909～1914年农业繁荣时期的水平，美国政府保证按“平价”买进农民生产的农产品。“平价”收购成功地提高了农民收入，但很快面临生产过剩，财政支出负担沉重的问题。

（2）政府贷款价格支持制度

政府成立由联邦金库提供资金支持的商品信贷公司（The Commodity Credit Corporation，CCC），向农场主发放以稳定价格为目标、用农产品作抵押的无追索权贷款。具体做法是，农场主在农产品收获之后将之封存入仓，然后以其作为抵押，向商品信贷公司按政府规定的每一单位农产品的贷款价格申请贷款（贷款的数额等于封存谷物的数量与贷款价格的乘积）。贷款到期后，生产者可根据市场行情选择是归还贷款本息，还是以抵押的农作物进行偿还。如果农产品市场价格高于贷款价格，农场主可选择出售农产品以现金归还贷款；反之，农场主则可用抵押的农产品偿还贷款，这就相当于政府以高于市场价格的价格收购农产品，这项贷款的目的是通过提供贷款，使农场主在农产品价格最低的收获季节不急于出售，而是等到市场价格比较有利时再出售，借此调节农产品供应。

（3）目标价格和差额补贴

为了既继续实行“平价”的保护原则，又减轻财政负担和生产过剩压力，从20世纪70年代起，美国政府放弃支持价格的“平价”收购政策，取而代之以直接收入支持为目的的目标价格保护政策。它和“平价”的区别是，政府不以“平价”为计算标准，而是每年设定农产品目标价格，目标价格以生产成本加上一定的生产利润为基础确定。如果市场价格高于目标价格，农场主就出售农产品，获取利润；如果市场价格低于目标价格，二者差额由政府给予补贴，即差额补贴。目标价格与市场平均价格之差乘以农产品销售量的积就是差额补贴的数额。差额补贴的产品涵盖范围主要是小麦、玉米、花生、棉花及乳制品等基本农产品，并且只有与政府签订休耕计划和销售合同的农场主，在合同面积之内生产的上述农产品才有资格获得价格补贴。作为七八十年代重要的收入支持手段，美国政府对农民的差额补贴均在100亿美元之上，1987年的支付额甚至接近170亿美元。目标价格和差额补贴政策实质上相当于政府为农场主承担了市场价格波动的风险。

3. 资源保护政策

20世纪30年代初美国的农业政策总体上以反危机为中心，但同时强调自然环境保护，资源政策也从单纯注重公有资源的开发利用转到资源的保护方面。

（1）土地资源保护政策

1933年罗斯福总统上任后通过的工业复兴法，首次提出了控制土壤侵蚀计划，成立自然资源保护团，招募18～25岁的待业未婚男青年在国家森林和国家公园修筑道路和森林防火线，修建水坝，种草植被。1933年自然资源保护团在全国境内建成了41项示范工程，成功激起了公众对保护自然资源的兴趣。1935年国会又授权在农业部内设立土壤保护局，作为拯救土壤的常设机构，同时，还扩大了自然资源保护团的规模。仅1935年，两个部门就修建了151项示范工程，29.4万座控制冲沟的小型防护坝，在8200万平方米的冲沟堤上种植了草木，完成了大量挖渠、排水和筑坝工作[①]。此后，美国加速了土壤保护的步伐，出台了多部相关法律，制订了高度流失的草地、沼泽地保护计划和土壤保护储备计划等，采取的保护措施主要包括：限制过度放牧和采伐树林，防止水土流失；利用价格支持和销售限额控制消耗地力的农产品（谷物、棉花、烟草等）的生产，保护土壤有机物和耕地的生产能力；政府建设示范工程，兴修水坝水渠，在水土流失的地区种草植被；向农民提供有关水土保持的技术援助等。

20世纪50年代美国开始实行土地银行计划，政府通过提供租金从农场主手里租回为期5～15年的土地，使农场主休耕、退耕种植过剩农产品的土地，专门作土壤保持之用，一般政府提供的租费都相当于土地在10年期内所产的价值。在1960年，大约有2800万英亩的农田根据这个计划租给了政府[②]。

（2）水资源保护政策

美国水资源保护政策的提出晚于土壤资源保护，始于20世纪70年代初

---

① J. T. 施莱贝克尔. 美国农业史（1607－1972年）[M]. 北京：农业出版社，1981：274～275.

② 沃尔特. W. 威尔科克斯. 美国农业经济学 [M]. 北京：商务印书馆，1987.

的水资源污染治理。1972年美国国会通过联邦水污染控制法和联邦杀虫剂法两项水资源保护的主要立法，规定禁止或限制使用部分杀虫剂以减轻因化学试剂滥用而引起的水污染；规定大型牲畜饲养基地要建立污染源的处理系统，减轻牲畜粪便和其他废料对水资源的污染；鼓励积蓄、合理利用天然降水和天然湖泊，保护森林等。

4. 建立和完善农业信贷制度，为农场主提供金融支持

为促进农业经济发展，解决危机后农场主生产性资金缺乏的困难，1933年农业调整法提出了资助联邦土地银行之外的抵押贷款机构，向农场主提供抵押贷款的规定，解决了农场主急需抵押贷款的问题；同年6月通过的农业信贷法，授权建立两组新的信贷机构：一是12家地区合作社银行和1家中央合作社银行，专门向农业合作社提供贷款；二是12家生产信贷公司，由他们来组织、监督、资助地方上的生产信贷协会，使农场主通过生产信贷协会从联邦中间银行取得生产贷款，解决了农场主长期以来不能从联邦中间银行取得贷款的问题，完成了农业信贷体系的组建工作。经过半个世纪的发展完善，到20世纪80年代，一个完整、行之有效的农业金融体系已经建成，该体系主要由互助合作性质的农业信贷机构和政府农业信贷机构组成。前者由联邦土地银行、联邦中间信贷银行和合作银行组成，向农场主提供长期不动产抵押贷款、生产和销售的中短期贷款等；后者由农民家计局、商品信贷公司等组成，主要负责配合政府种植面积分配及销售计划，向农场主提供短期生产性信贷和农产品储备贷款。

5. 科研、服务支持

(1) 农业科技推广补贴

先进农业科学技术的研制与快速推广应用是实现农业现代化的必要条件，美国政府对此非常重视。一方面，通过联邦政府拨款为农业科研提供经费保障，国际上一般用农业科研的公共拨款占农业GDP的百分比，即农业研究强度作为判断一个国家对农业研究支持度的主要指标。美国的农业研究强度，20世纪60年代为1.6%，80年代就上升到了2.4%。另一方面，政府通过农业科技推广补贴对农业科技推广给予资助。例如1977年联邦预算中与州合作的农业推广经费就达2.4亿美元。

(2) 农业服务支持

为了更好地发挥政府在分散农业风险、农场建设、农产品营销、动植物卫生检查等方面的服务功能，政府以补贴的形式加大了对上述方面的支持力

度。第一，农作物保险补贴。农业生产面临的自然风险较高，为了减轻因自然灾害给农业造成的损失，美国联邦政府对农业或农牧场主提供生产保险。1938年，美国国会授权拨款1亿美元，建立了联邦作物保险公司，农场主支付保险费后，就可以享受该公司提供的由于气候和无法避免的自然灾害所造成损失的全风险作物保险。从1980年起，为减轻农场主负担，政府对这部分保险费给予40%～60%的补贴。第二，农场经营建设贷款补贴。对农场经营建设过程中发生的防灾、救灾、农场经营、所有权保持、经济危机处理、土壤改良、灌溉设施建设和水资源保护等费用，政府可为农场主提供低息贷款。第三，运输补贴。为降低运费，对农产品的营销环节进行支持，联邦政府对于内陆水路和铁路的运行、维修和运输系统的建设给予了补贴支持。第四，检查补贴。为保证食品安全，在生产销售环节对农产品进行检查必不可少，但检查费用势必增加农场主的成本负担，为此，政府对包括联邦粮食检查机构、食品安全机构、包装管理机构的开支进行资金支持以降低检查费用。

三、农业保护政策调整的特点

1. 建立农业政策的法制机制

1933年《农业调整法》出台，标志美国历史上第一部系统的农业法案诞生，此后，美国农业政策立法必须经过法律提案提出、辩论、国会通过和最后签署等环节，严格遵循法律程序。随着农业经济发展需要和国内外经济环境的变化，美国政府着眼于当前或可预见的未来一段时间内所要解决的迫切问题，先后于1935、1938、1941、1942、1948、1949、1956、1962、1964、1965、1970、1973、1977、1981、1984、1990年等年份对农业法案进行调整和修订，最终形成了以法律为依据的农业保护支持政策体系。

2. 强化了政府对农业生产的干预

这一时期美国政府制订了各种农产品计划和价格支持措施，间接干预农业生产。

(1) 针对生产过剩导致的农产品价格下跌和农场主收入下降这一美国农业的主要问题，这一阶段农业保护和支持政策的核心是制订各种“农产品计划”，把其他纳税人和消费者的一部分收入转移到农场主手里，具体包括农产品生产控制计划、农产品储备调控计划，休耕计划、农业贸易发展计划、海外食物援助计划等，通过限制农产品种植面积和结构，调节农产品供求和价格[①]。

（2）保护与支持政策手段以价格支持为主。从20世纪30年代到60年代中叶，为实现农产品计划和保护目标，美国政府采取了直接与市场价格相挂钩的农产品价格支持制度，以1909～1914年农业繁荣时期工农产品的相对价格为“平价”保证农产品的收购，成立政策性商品信贷公司提供以稳定价格为目标的农产品抵押贷款，从70年代起，为应对来自欧共体国家农产品出口扩张的压力，提高美国农产品国际竞争力，美国政府放弃农产品“平价”政策，代之以生产成本加上一定生产利润的目标价格，就其与市价的差额直接向农户发放现金补贴。政府的这些价格支持手段，为调节农产品市场供求关系、稳定农产品价格发挥了积极作用，但也体现了政府对市场的干预性。

第三节　重新强化市场导向阶段

经过国会内部和会府之间各利益集团的相互妥协，1996年克林顿政府通过了《联邦农业完善和改革法》，对20世纪30年代以来沿袭近70年的农业保护政策进行了重大变革和调整，开始了从1996年至2002年以重新强调发挥市场机制作用为重点的农业保护与支持阶段。《联邦农业完善和改革法》涉及农业市场过渡、农产品贸易、营养援助、农业和农村发展、农业信贷、农业研究推广和教育等领域。核心的内容是在7年过渡期（1996～2002年）后，取消联邦政府对农场主提供的价格和收入补贴，增加农民的种植自由度和弹性种植面积，让农场主参与市场自由竞争。改革主旨在于加强农业生产的市场导向，提高农场主自主竞争能力，同时使政府的农业预算固定可控，摆脱沉重的财政补贴负担。

一、加强农业保护政策市场导向的背景

1996年《联邦农业完善和改革法》之所以改变了传统农业政策的基本

① 黄季焜．增加收入、市场化：美国农业补贴政策的历史演变［N］．中国社会科学报，2009－11－19．

方向，有其深刻的经济原因。

1. 顺应贸易自由化的背景环境

如果说不同的农业政策是农业生产周期和国际农业生产环境变化的结果，那么美国 1996 年农业法案就是贸易自由化大背景下，提高农产品竞争力，进一步增强美国优势的产物。二战以来，欧、日等发达国家一方面采用补贴扶持本国农产品出口，另一方面构筑贸易壁垒限制外国农产品进入。美国为了扩大市场，打破各国的农产品贸易壁垒，维护它在国际农产品供应中的优势地位，力促其他国家同意农产品贸易自由化。1986 年在美国倡导下乌拉圭回合谈判首次将农业问题列入主要谈判议题，并于 1993 年底形成协议文件《农业协定》，各国就修正国内有关农业政策，削减农业补贴，降低农产品关税达成一致。1996 年农业法的调整和修订，目的就是为了配合美国在 WTO 农业谈判中的立场，与《农业协定》限期实现农产品贸易自由化的允诺衔接，为在以后的国际农产品谈判中迫使各国向美国开放市场争取主动，这也是美国此次调整农业法的最直接或最重要的原因。

2. 农业保护违背公平竞争原则，损害美国农业国际竞争力

美国学者历来认为只有经典的自由竞争的市场经济才能不断地优化资源配置，增强经济活力，提高产品竞争优势。而长期以来美国政府执行的农业补贴政策不仅有违市场经济的公平竞争原则，而且使最新科学技术的推广和应用受到了一定限制，进而降低了美国农产品在世界市场上的竞争力。因此，美国农业的最佳出路就在于通过竞争淘汰掉效率低下的生产者，使资源向现代高效的生产者流动。

3. 联邦政府的财政负担沉重

1933 年农业调整法最初设想以农产品加工商和销售商购买农产品时缴纳的税款来进行农业价格支持，不需要增加政府的开支。但实际执行情况是价格支持政策所需资金大大高于税款，而且支出规模日益增加，政府财政不堪重负。1986～1995 年十年间，美国政府用于农业直接补贴的金额达 1081 亿美元，相当于同期农场现金总收入的 6.3%。鉴于日益加剧的财政困难，美国国内反对农业价格支持政策的呼声越来越高。而且随着美国城市化的进一步发展，美国的农场数已经减少到 200 万个左右，用城市纳税人的钱去补贴少数的农场主，很多人认为是社会不公平的表现，建议取消。

二、注重市场导向的政策调整措施

在上述背景下，美国出台《1996年联邦农业完善和改革法》对其农业补贴政策进行了重大调整，其中体现其强化市场机制作用的主要措施如下：

1. 以过渡期弹性生产合同补贴取代农产品目标价格和差额补贴

《1996年联邦农业完善和改革法》，首次从法律上把政府对农业的支持和补贴同农产品价格脱钩。规定从1996年起取消长期实行的农产品目标价格和价格差额补贴，到2002年停止向农场主提供农产品价格和收入支持补贴，使美国农业"完全过渡到市场经济"[①]。为此给农民收入造成的损失，在过渡期内政府设立"弹性生产合同补贴"进行弥补。只要农场主自愿执行政府制定的环境资源保护计划和沼泽地保护条款，保证不改变农用地用途，并与政府签订为期七年的"弹性生产合同"，就可得到按平均补贴基准和合同种植面积计算的补贴额，该补贴额由政府逐年以现金形式支付给农民，数量固定不变，不受农产品价格变动的影响，这项措施实质是以直接固定收入支持替代了目标价格支持，弱化了补贴同市场价格的联系。法案还规定，在1996年到2002年七年期间，政府对农民的现金补贴总额为360亿美元，其中玉米、小麦、棉花、水稻分别占46.2%、26.3%、11.6%和8.5%，其他作物占7.4%，大大低于1990年至1995年6年间政府对农民的实际现金补贴552亿美元[②]，这一法案当时被誉为美国政府自新政以来最重要的农业市场导向改革法案。

2. 修订有关休耕及备用地计划

1996年法案中对农作物种植总面积具有显著影响的备用地保护计划进行了修订，规定农场主可自愿与政府签订长期合同，申请将易发生水土流失或者具有其他生态敏感性的耕地休耕，时间为10～15年，该生产者可获得租用同等面积耕地所需租金的补贴。但获得前提是农场主要对休耕的土地采取植被绿化措施，包括种植多年生的草类、豆科植物、灌木或林木等。该计划总备用地保护面积不超过1470万英亩，对每个农场的补贴数额在50～

---

① 高峰，王学真．中国农业保护、发展和微观粮食安全［M］．北京：中国经济出版社，2008：38—39.

② Economic Research Service/USDA：Value added to the U.S. economy by the agricultural sector.

50000美元之间，全国平均为5000美元。新法案还规定在一定条件下，保护地可以退出保护状态复耕，这就意味着农民可根据农产品价格变化，自由决定符合耕种条件的土地是否进行生产。因此，这一法案下的保护地面积具有比以往法案更大的不确定性，从而使市场信息直接影响到作物的种植面积。

3．取消了大部分农作物种植面积的限制

按照旧的农业法，农场主必须休耕一部分土地和种植规定的作物才可享受补贴。而新的弹性生产合同补贴给予了农场主更大的生产灵活性，签约者在不违反国家有关保护地和湿地规定的前提下，有权在其所有的耕地面积上种植除水果蔬菜以外的任何农产品，不影响其获得收入补贴的权利。农场主有了更大的种植自由度，可以根据市场的需求状况自己决定种植什么和种植多少，但市场风险完全自己承担。

4．取消农场主储备补贴

20世纪70年代中期出台的农场主储备补贴，刺激了农产品生产，形成了美国存粮于民的体系，但由此带来了巨额的财政补贴，《1996年农业法》取消了农场主储备补贴，仅保留用于国际人道主义食品援助的400万吨粮食储备，且将以往库存只限定小麦一个品种扩大到玉米、稻米、高粱四个品种，此举意味着美国政府将更多地依靠市场来储备粮食。

三、强化市场导向政策的运行实践

《1996年联邦农业完善和改革法》并没有得到很好的贯彻实施，主要原因是1997年亚洲爆发金融危机、1998年美国国内发生大面积自然灾害、2001年美国本土发生“9.11”恐怖袭击事件，世界经济环境与政治局势剧烈动荡，许多国家和地区支付能力下降，国际农产品价格持续下降，美国农业生产者的收入得不到保障。因此，为了稳定农业经济，保证农户的收入，在实践中，美国政府又在1998年、1999年和2000年出台了“直接补贴”的临时法规，把预先确定的“直接补贴”分别提高了50％、100％和100％。1996年农业法案规定直接补贴金额将从1996年的56亿美元，降至2002年的40亿美元。但实际执行情况是1996～2001年，美国在“农产品计划”的实施中，年均支出约160亿美元。2002年5月，美国总统乔治·布什签署新的农业法案，即《2002年农场安全与农村投资法案》。该法案规定，将在以后10年内增加对谷物、棉花、油料作物和其他农产品的补贴，总额达1900亿美元，比旧农业法案的开支增加80%，美国农业市场化改革严重受挫，农业政策重又回到保护主义轨道上来。

第四节　农业保护与支持的回归阶段

从2002年到现在，美国颁布了两个主要的农业法案，《2002年农场安全与农村投资法案》（简称“2002年农业法”）和《2008年食品、保护、能源法》（简称“2008年农业法”），这两个法案都体现出农业保护强化的特点，也标志着美国农业保护与支持的回归。

2002年5月13日美国正式颁布2002年农业法，对1996年农业政策进行重新调整和改革，该法案包含农产品计划、环境保护计划、贸易计划、营养计划、信贷、农村发展、研究和教育事项、林业发展、能源发展、作物保险和灾害救助等十项内容，规定美国政府在以后的10年中拨付1900亿美元用于支持农业发展，为农场主提供可靠的收入安全网，从本质上讲是向美国农业长期保护政策回归。2008年6月18日，经过农场主、经营者、消费者、加工商、贸易商等不同利益集团的博弈，美国国会最后通过了《2008年农业法》，不仅延续了2002年农业法对农业保护的基本指导思想和支持框架，而且扩大了补贴范围，进一步强化了政府对农业的保护。

一、农业保护与支持政策回归的原因

1996年以来美国农业市场化改革的政策取向在2002年农业法案中被终止，政府对农业的保护得到加强，这种政策回归的原因有美国经济结束十年的高速增长，陷入衰退的宏观经济背景因素；也有农产品价格下降等微观市场因素；还有美国政府对WTO农业谈判的利益考量因素。

1. 21世纪以来美国扩张性财政政策的延续

经历了20世纪90年代的持续增长，在经济周期的作用下美国经济在世纪之交陷入衰退，为了刺激经济，布什政府选择了扩张性的财政政策，推出了1.8万亿美元的刺激方案。2002年农业法案只不过是美国政府扩张性财政政策的延续，体现了美国政府通过增加农业保护支出，带动农业恢复发

展，拉动美国经济走出衰退的思路。2007年，美国次贷危机爆发并迅速演变为蔓延全国甚至全球的金融危机，大量金融机构倒闭，美国国内实体经济受到波及，经济整体陷入衰退，布什政府再次选择了减税、增加政府支出的扩张性政策，大力对金融机构、企业进行救助。在这种经济大环境下，美国政府通过2008年农业法案再次增加农业保护力度的做法也就同2002年如出一辙了。

2. 农产品出口下降，农民收入减少

1996年农业市场化改革试图通过逐步削减政府补贴，强化市场在美国农业生产中的调节作用，通过市场竞争增强美国农业活力，提高农业领域经济效率。但是，1998年后国际市场农产品价格下跌，而美国政府减少了补贴，导致美国农产品价格在国际市场上的优势降低，出口竞争力下降，出口量减少。根据美国农业部经济研究局的数据，如果以1987年美国谷物及饲料出口量为100的话，1998年出口只相当于1987年的90%，1997年和2001年出口量也都低于1987年的水平。出口量下降的同时，农作物的产值也基本呈逐年下降趋势，最低的2001年只有1048亿美元，比1996年下降了24.7%。从农场主的收入水平看，农场主总收入和净收入最低分别下降到2708亿和550亿美元。所以，农业利益集团增加了院外活动力量，游说政府在新农业法案中增加对农业的保护，最终在农场主、经营者、消费者、加工商、贸易商等农业利益集团的博弈中美国农业政策回归到保护的老路并进一步强化。

表3.3　1996～2001年美国农作物产值、出口指数及农场收入

时间	农作物总产值（亿美元）	谷物出口指数 1987=100	农场总收入（亿美元）	农场净收入（亿美元）
1996	1392	113	2838	709
1997	1331	96	2815	607
1998	1194	90	2720	551
1999	1069	107	2708	550
2000	1071	105	2726	572
2001	1048	99	2757	605

数据来源：Economic Research Service/USDA：Farm income and balance sheet indicators，1929～2010.

3. WTO多哈回合农业谈判启动的影响

在WTO历次贸易谈判中，农业问题都是各国争论的焦点。2002年美国农业法出台之前，WTO多哈发展议程已经确定在2003年进行新一轮贸易谈判，谈判确定了八项议题，农业和非农产品市场准入是其中很重要的两项。WTO发展中成员更关注农业议题，希望美欧降低农业补贴并开放农产品市场；发达成员更关注非农产品市场准入，希望进一步打开发展中成员的工业品和服务市场。美国作为发达成员方，要想在非农产品市场准入问题上取得进展，就必须要在农业补贴上做出让步，美国政府非常清楚这一点，因此，它通过提前在2002年国内的法案中大幅度增加农业补贴，就可以增加将来在贸易谈判中让步的余地，提高讨价还价的筹码，使美国在谈判中占据主动，实现借助国内立法迫使其他国家开放工业品和服务市场的策略。

二、农业保护与支持政策内容的调整

从2002年和2008年农业法案规定的农业保护与支持政策的内容看，政策涉及的主题与1996年农业法没有大的区别，但是政策支持的重点、涵盖范围和操作方式进行了较多改革，新法案在继续支持商品价格计划的同时，更强调在WTO规则范围内对农民收入的直接支持，加大了食品营养、农村发展、海外市场开拓、教育、科研和推广、作物保险和灾害救助等绿箱政策的作用力度。

1. 固定直接支付取代过渡期弹性生产合同补贴

1996年美国农业法取消了原来的农产品目标价格和差额补贴等价格支持政策，将其转变为过渡期弹性生产合同补贴项目，有效期从1996年到2002年。2002年新农业法案制定时，过渡期弹性生产合同补贴项目已经到期，所以新农业法案又将其转变为固定直接支付补贴，支付方法还是延续了过渡期弹性生产合同的补贴方式，按照基期的种植面积与产量计算补贴额，与当年的生产情况和市场价格无关。支付金额由支付产量、支付面积和政府规定的支付率三者相乘得出。但是固定直接支付将没有包括在过渡期弹性生产合同补贴中的大豆、花生和其他油料作物覆盖进去，并且提高了原有产品的直接支付率，说明政府保护的范围和力度有所加强。

2. 设立新型的反周期补贴项目

反周期补贴是2002年农场法案新设计的补贴工具，由市场损失援助政策演变而来，是当农产品有效价格低于目标价格时对生产者提供的一种直接收入补贴，实质上是一种最低价格保护制度。反周期补贴也是依据固定的作物产量和种植面积进行计算，和当年的面积和产量无关，但是它和农产品价格挂钩，当农产品的有效价格低于目标价格时，政府向农民支付反周期补贴弥补两者之间的差额；如果有效价格高于目标价格，则不支付反周期补贴。2008 年农业法对反周期支付的操作方式进行了调整，设立平均作物收入选择计划，实质上是一种基于收益的反周期支付。即当农场主获得的实际收益低于目标收益时，就有资格获得平均作物收入补贴弥补收益损失。该措施使农场主无论是因价格下降导致收入减少，还是由于产量下降导致收入减少，都能得到补贴，更有效地保证了农户收入安全网的稳定性。

3. 调整了营销援助贷款和贷款差额支付项目的贷款率

为了降低营销援助贷款和贷款差额支付的市场扭曲度和不确定性，2008 年农业法以农产品五年平均价格的 85%作为借贷率的确定标准，使借贷率更加接近市场价格，同时规定了最高借贷率。具体覆盖作物的贷款率调整变化为，2010 ～ 2012 作物年度小麦、大麦、燕麦、其他油籽、等级品羊毛和蜂蜜的贷款率上涨 5%～15%，干豌豆、扁豆的贷款率下降 13.2%和 3.8%。2008 年农业法还规定如果生产者选择参加平均作物收入选择计划则从 2009 作物年度可享受的贷款率下调 30%。

4. 设立新进入农户的直接支付计划

针对农业人口流出问题，美国为鼓励新农户进入农业领域，2008 年农业法设立了新进入农户的直接支付计划，协助新进入农户解决进入初期面临的障碍，如高昂的地价、较高的农业机械费用等。农业法规定新农户从事农业生产的第一个 5 年内，可享受的直接支付率为正常支付率的 1.2 倍，同时新进入农户申请贷款，可以按规定贷款利率的一半支付贷款利息，所借款项还可以延期一年归还。2008 年政府用于该项目的预算补贴达 2.5 亿美元。

5. 增设了加强生态保护支付项目

为了促进农场主自觉在生产过程中保护环境和资源，2008 年农业法增设了加强生态保护支付项目，规定完成特定生态保护要求的农场主，可以获得相当于一般补贴率 1.1 倍的直接支付率，而且直接支付的最高限额也上调 10%。2008 年农业法该项目预算为 5000 万美元。

三、农业保护与支持政策的特点

1. 强化了对农业的保护倾向

(1) 扩大了农业保护与支持的范围

2002年和2008年的农业法案出台前，美国农业保护范围主要覆盖在传统的大米、小麦、玉米、棉花、高粱等农产品上，而现在美国的农业支持几乎涵盖了所有主要农产品。第一，2002年农业法案将大豆、油籽、花生扩大进固定直接支付和反周期支付的范围；第二，2008年农业法又把干豌豆、扁豆、两种埃及大豆等4种豆类产品追加到反周期支付范围；第三，非等级品羊毛、蜂蜜、杂豆在2008年农业法中被增加进营销援助贷款项目；第四，将原本不属于政府保护范围的蔬菜和水果，纳入消费补贴支持范围；第五，扩大了乳品支持的范围，由对牛奶转为对奶制品提供价格支持，把奶油、块式奶酪、罐式奶酪、脱脂奶粉都纳入补贴范围。

(2) 加大了农业保护与支持的力度

在扩大保护范围的同时美国还通过提高目标价格和贷款率、增加保护项目等措施，强化补贴规模。根据2002年农业法授权，2002～2011年，美国农业支持总规模可以达到1900亿美元，比1996年农业法预算增加约830亿美元，年均补贴规模达190亿美元。如果按照1996年农业法预算，2002年至2007年六年间农业支持最高为666亿美元，而实际美国支持额达到940亿美元，超过了41%①。

2. 农业保护更加关注收入支持目标

为减少价格支持政策对农业生产和贸易的扭曲影响，规避WTO农业规则的限制，减少在WTO谈判中来自发展中国家的压力，美国2002年农业法案确立的指导思想就是要建立保护农场主收入的安全网，在支持措施上由以价格支持为主向以收入支持为主转变，设立了直接支付补贴、反周期支付、平均作物收入选择计划为主的三重收入保障项目。直接支付补贴根据历史种植面积和产量发放，而不和现实的种植面积、产量挂钩，保障农场主即使颗粒无收也可以获得最基本收入；反周期支付为农场主提供了农产品的最低保护价，保证农场主在市场价格下降的情况下可以按照政府规定的较高的目标价格获得收入；平均作物收入选择计划则保证了农场主收入不会下降到目标

① Economic Research Service/USDA：Direct Government Payments，2002—2011F.

收益以下。而且除了直接收入支持补贴外，美国政府还通过为农场主提供营销援助贷款，设立各种农业保险项目等措施辅助稳定和提高农场主收入水平。

3. 支持工具以绿箱政策为主

2002年农业法案包含的农业保护与支持项目主要包括农产品计划、环境保护计划、贸易支持、营养计划、信贷、农村发展、研究和教育事项、林业发展、能源发展、作物保险和灾害救助等十项内容。其中环境保护计划、营养计划、农村发展、研究和教育事项、林业发展、能源发展、作物保险和灾害救助等项目属于WTO农业协议规定的绿箱政策工具，是WTO鼓励成员国保护农业使用的工具，不受削减承诺限制；农产品计划、贸易支持、信贷支持、农场保护等项目属于黄箱政策工具，属于WTO规则限制使用工具。表3.4是2002～2009年美国绿箱和黄箱政策主要补贴支付项目的规模，在8年中，除了2002年和2005年之外，其余6年绿箱政策规模都高于黄箱政策规模，2008年二者差距最大达74亿美元，可见，美国现在的农业支持是以绿箱政策为主，虽然加大了补贴力度，但更倾向于在不扭曲市场机制作用的基础上进行农业保护与支持。

表3.4　2002～2009年美国绿箱和黄箱政策补贴规模

单位：亿美元

年度	绿箱政策					黄箱政策		
	固定直接支付	环保支付	合计	贷款差额支付	营销援助贷款	牛奶收入损失支付	反周期支付	合计
2002	3.67	19.66	23.33	11.97	4.60	8.60	2.03	27.2
2003	67.03	21.67	88.7	5.76	1.98	9.13	23.01	39.88
2004	52.42	23.20	75.62	28.65	1.31	2.06	11.22	43.24
2005	51.99	27.67	79.66	50.80	3.69	0.10	40.74	95.33
2006	50.52	29.74	80.26	7.30	1.88	4.31	40.36	53.85
2007	50.60	30.72	81.32	0.54	2.72	0.74	11.25	15.25
2008	51.10	31.55	82.65	0.85	0.34	0	7.12	8.31
2009	47.27	28.36	75.63	1.56	2.52	8.80	11.70	24.58

数据来源：Economic Research Service/USDA：Direct Government payments by program，United States，1996-2009.

4. 加大了对农业综合开发的支持力度

2002年农场法从长远战略角度出发，加大了对农业自然资源保育和种养结构调整，食品安全和监管，生态农业和环境保护、农业保险、出口市场开拓和农业信息化发展等有助于提高农业综合发展能力项目的支持力度。

（1）加大农村发展投入，为农业生产提供良好的基础环境。农业是带动农村经济繁荣的主要力量，而农村的通讯、交通设施等外部环境因素也制约着农业发展的速度。出于对农业和农村经济发展之间相辅相成关系的深刻认识和把握，美国2002年农业法案把农村发展作为农业保护的一个重要方面，成立农村发展署负责支持农村战略性发展工作。加大了对农村生产和生活设施、生态环境建设方面的投资，如增加了对农村供水、供电、以电信和互联网为主体内容的农村通讯设施，农村居民住房、图书馆、资料室的投资力度，并为农业人口创业活动提供信贷担保支持，从长远入手解决农业收入增长问题。

（2）增加资源环境保护项目的补贴，谋求农业发展和环境建设的有机结合。2002年农业法案加大了对农业环境保护的资金和技术支持力度，规定2002年至2007年投入资金171亿美元支持农业资源保护与环境建设，设立了完善的土地休耕、土壤保持、湿地保护、草场保育、野生生物栖息地保护、环境质量激励等生态保护补贴项目，以现金补贴援助和技术援助的方式，支持美国农业向生态农业、循环农业、有机农业过渡。据美国农业部经济研究服务局数据，2002～2007年美国对农业资源和环境保护方面的实际支持总额达240亿美元，超过2002年农业法预算规模70亿美元，但因为这项支持属于绿箱政策工具，所以，美国政府通过扩大该项支持措施既提高了农场主收入，促进了美国农业的可持续发展，又不受WTO农业协议限制。

（3）增加了政府一般性公共服务支持力度。2002年农业法案规定，2002～2007年，农业综合开发资金支持规模要比1995年农业法案规定的补贴增加190亿美元。主要用于农业科研、教育和技术推广，食品安全和营养、农业保险、自然灾害救济，食品检验检疫等项目的支持规模，目的在于提高农业的综合发展能力。

小　结

从建国初期开始到现在，美国农业保护与支持政策经历了一个清晰的发展过程：初期仅支持农业基础设施、教育、科研活动，不干预农业生产——1933年后建立以价格、商品计划为主体的保护体系，干预农业生产经营活动，解决农产品过剩，提高农场主收入——1996年逐渐减少政府对农业生产的干预和对农场主收入的补贴，强调发挥市场机制对农业生产的作用——2002年后农业市场化改革倒退，政府对农业的保护从规模和范围上进一步强化，既进行价格支持又注重利用直接支付提高农场主收入。在这一发展历程中，政府和市场不同时期表现出强弱不同的关系，但是这种强弱变化不是无意义的反复，美国政府通过这种关系调整逐渐形成了完善的农业保护与支持政策体系，通过弱化影响市场发挥作用的政策措施，强化在农业基础条件建设、资源环境保护、公共产品提供、提高农场主收入等方面的支持手段，使美国的农业保护与支持政策既减少了对市场经济效率的影响，又对市场失灵领域进行了较好的纠正。

第四章　农业外部性及美国的农业保护与支持政策

基于经济学视角，外部性是一个微观经济主体对另一个微观经济主体的福利所产生的不能通过价格机制传递的影响，按照这种影响产生效果的正负，又分为正的外部性和负的外部性。一般说来，任何的生产经营活动都会对周边有联系或无联系的主体产生一定的外部性，作为国民经济基础产业部门的农业，其生产经营活动也具有这种明显的外部性。

第一节　农业的正外部性分析

农业的外部性是指农业部门的活动，给他人主要是非农业部门带来了不能从货币或市场交易中反映出来的外部影响，按照这种影响带来的效用和利益的正负，又分为农业正外部性和负外部性。农业的正外部性是指农业部门的活动，给他人主要是非农业部门带来了额外的收益，而他人对得自于农业部门的收益却不需要作对等的给付。农业正外部性主要体现为农业对其他产业近乎无偿的支持，对生态环境近乎无偿的保护以及对人文社会环境近乎无偿的促进作用。

一、国民经济基础产业的正外部性

1. 为国民经济其他产业部门提供存在前提和发展基础

作为整个社会的决定性生产部门，农业生产几乎是古代社会生产的全部内容。直到原始社会末期，农业生产力不断提高，农业剩余产品逐渐增多，为人类提供了经常的、可靠的食物，一部分农业劳动力才从农业中分离出来，从事农业以外的生产活动，手工业、商业等经济部门也才得以先后独立出来。近现代，随着其他部门的发展，农业在国民经济总量中的比重越来越小，但各国发展经验表明，农业的发展速度还是制约着其他产业，特别是工业部门的发展速度，农业增长率高的国家，其经济增长率也高，反之亦然。

具体到美国，19 世纪 80 年代之前，农业在美国经济中处于绝对优势地位，1879 年，按当年价格计算，美国农业增加值为 26 亿美元，占国内增加值总额的 49.1%，而当时制造业的增加值只有 19.6 亿美元；19 世纪 80 年代后制造业增加值逐渐超过农业，此后随着工业和其他部门的发展，农业的比重越来越小。现在美国直接从事农业生产活动的劳动力和农村人口在全国劳动力和人口总数中的比重以及农业产值在国内生产总值中的比重都只占 2%左右，但如果把间接和农业相关的生产活动考虑在内，美国 1/5 的就业和 1/6 的国民经济总量都是靠农业带动的①。

2. 为经济、社会提供稳定的基础环境

迄今为止，人们的许多生活资料都可以被替代，但唯独人类生存的必需品——粮食没有替代品，就目前的技术水平而言，农业是唯一能够生产粮食的部门，或许随着科学技术的进步，将来可以用工业方法合成粮食，但这种可能性还相当小，甚至也许根本不会成为可能。因此，不论过去还是可以预见的未来，农业都是人类所需要的最基本的生活资料的主要提供部门，农业发展的好坏直接影响国家的粮食安全、经济安全，充足稳定的农产品供给是人们生活稳定的保证，从而也是社会安定、经济稳定发展和在外交上不受制于他国的保证。

美国农业现代化和劳动生产率水平高，农产品供给充足，甚至长期生产过剩，这就不仅为美国生产和生活提供了安全稳定的基础环境保障，还为美国利用粮食武器，实现其国家宏观战略提供了条件。

3. 为工业部门提供积累资金、原材料和市场

在工业化初级阶段，农业在整个国民经济中占有绝对地位，承担着为工业提供资本积累的任务，虽然美国在工业化第一阶段对农业剩余的汲取主要并不是通过传统的工农产品价格“剪刀差”的形式进行的，而是依靠培植农业剩余生产能力来实现的，但这种农业利益外溢的情况直到 20 世纪 80 年代在美国依然存在。据美国农业部统计，1989 年农场主出售农产品所得的价格指数为 673（以 1910～1914 年为 100），而购买工业品所支付的价格指数则高达 1220（以 1910～ 1914 年为 100），平价率为 55%，即 1989 年农场主出售一定数量的农产品所换回的工业品只相当于 1910～1914 年出售同样数

① 徐更生. 美国农业政策［M］. 北京：中国人民大学出版社，1991.

量农产品所换回工业品的55%[①]。

从农业与工业的前向联系看，在工业化进程中，以农业原料作为生产对象的农产品加工业往往成为先行产业，农业的发展状况密切影响着工业原料的获得程度。虽然农业产值占国民生产总值的份额一般来说会随着实际人均GDP的增长而下降，可由于以农产品为原料进行生产的工业品的需求收入弹性一般大于原料本身的收入弹性，所以，如果考虑到食品加工、服装、制鞋、饮料工业、烟草工业的发展，农业相对重要性下降的速度就缓慢得多了。

从农业与工业的后向联系看，农民作为买者，购买服装、家具、日用工业品、耐用消费品等生活用品，购买农药、化肥、种子、农膜、农用机械、电力等农业生产投入品。农民对这些工业品的消费扩大了工业品的市场，而工业品市场的扩大又会刺激工业和其他非农产业的扩张。一般说来，在经济发展的初期，农业部门是经济当中的主要部门，工业刚刚起步，这时期即使新兴的产业部门中就业人员的人均收入可能高于农民的人均收入，但是由于农业部门的绝对规模大，农业必然是国内工业品的主要市场。随着经济发展水平的提高，农业劳动力不断转移到非农产业部门就业，农村人口不断迁移到城市居住，一方面，农业人口份额的下降会使农村市场的重要性降低，另一方面，农民收入水平的增加和消费水平的提高又会推动农村消费市场的扩大。而且农业现代化的推进也会使农业生产投入越来越多的农业生产资料，对农药、化肥、农业机械等农用工业品的需求增加。因此，总体上说，农业对工业的后向联系会愈益增强。

农业作为国民经济基础性产业部门的外部性，难以用货币来作出准确的衡量。因此，农业生产经营部门也就难以确定一个具体的标准来向社会及其他有关部门索取补偿。显然，在这里，农业所提供的这些利益无形中无偿地“外溢”到社会和各个非农部门中去了，需要政府采取措施进行调节。

二、自然景观和生态环境的正外部性

农业是生物与生物之间，生物与自然和社会经济环境之间的生产系统。农业生产是自然再生产与经济再生产交织在一起的过程。因此，农业的稳定必然伴随着土壤、水利、气候及生态环境等自然条件的良性循环。农业对生

① Faulkner, Harold Underwood. American Economic History, 7th Ed [M]. Harper Brothers Publishers. NewYork, 1954.

态环境的正外部性主要表现在提供景观功能以及生态环境价值等方面。

1. 自然景观提供

农业是国家的绿色资源，草原、林地、湿地、森林、绿洲、湖泊、耕地等景观的无偿提供对净化空气、保护植被、防止水土流失、保持生态平衡，发展观光旅游和假日休闲经济都起到了积极作用，社会公众也因此而无偿获益，具有明显的外部经济性。而且经济越发达，农业自然景观在休闲、旅游等方面的价值就越重大。在美国，从20世纪70年代以来建立了大量的假日农场，主要以农业新技术、新品种、农事活动的展示示范和农业休闲为主要内容，把观光旅游和农业结合为一体，让游人在体验农事中享受休闲、观赏的乐趣。美国农业景观的具体提供方式包括：

（1）观光农园，在城市近郊或风景附近开辟特色果园、菜园、茶园、花圃等，让游客自己摘果、种菜、赏花、采茶，享受田园乐趣。

（2）农业公园，按照公园的经营思路，把农业生产场所，农产品消费场所和休闲旅游场所结合为一体，例如葡萄公园，将葡萄园景观的观赏、葡萄的采摘、葡萄制品的品尝以及与葡萄有关的品评、绘画、写作、摄影等活动融为一体。现在美国的农业公园除了果品、水稻、花卉、茶叶等专业性公园外，还有大量的综合性农园，农园设施齐全，功能全面，包括服务区、景观区、草原区、森林区、水果区、花卉区及活动区等，可以满足人们欣赏和体验方面的不同需求。

（3）森林公园，是具有多变的地形、开阔的林地、优美的树木和山谷、奇石、溪流等多景观的大农业复合生态群体。在树种结构上针叶树、阔叶树与果树树种相结合，在土地资源利用和空间布局上，林、果、渔、菜、花相结合，以森林风光与其他自然景观为主体，配套一定的服务设施，必要的景观建筑，在适当位置建设有狩猎场、游泳池、垂钓区、露营地、野炊区等，是人们回归自然、休闲、度假、旅游、野营、避暑、科学考察和进行森林浴的理想场所。

农业自然景观提供虽然不能直接增加社会产品的供给，但是对于满足人类的精神生活需求起着重要的作用，是农业正外部性的突出表现。

2. 农业的直接环境收益

农业对环境的直接收益体现在：通过管理土壤和植物，可以减少污染，净化水质和空气质量，涵养水源；在耕的土壤是有着巨大固碳潜力的碳库，通过多种作物轮作和有机肥料施用，可以增加生物量和养分固定量，利于植物和土壤有效固碳以及地域能源和资源的有效循环利用；通过控制土壤侵蚀技术提高生态系统弹性，保护土壤和植被；通过耕种土地，可以保留和提供各种可再生的生物资源，为野生动物提供了栖息地，有利于保持生物多样性。以牧场为例，美国共有牧场770万英亩，覆盖了整个国土的30%[①]。畜牧业生产与野生动物种群的延续是牧场提供的主要经济和环境利益，另外，牧场在旅游、娱乐休闲、矿产和能源生产、可再生能源及其他自然资源的使用等方面的意义也非常重大。

当农业在发挥水土保持、涵养水源、维持生物多样性、缓解气候变化、防治荒漠化、减少水污染、保护野生动植物栖息地、净化空气等环境效能时，整个社会都从中受益，却不需为此付出费用，所以这些贡献就具有正外部性的特点。

三、人文社会环境的正外部性

1. 文化正外部性

农业文化历史悠久，其正外部性主要表现在彰显文化价值、形成和保持文化的创造性、多样性、稳定性和永续性等方面。由于农业生产活动与农村生活是固有文化传承的依托，所以，农业对形成和保持特定的传统文化、维护文化的多样性具有重要作用。另外，农业还提供社会交流和有利于身心健康的休闲空间，具有传承民间文艺、丰富艺术题材等作用。

2. 教育正外部性

如美国的教育农园，具有窗口农业的作用，由于现代化程度高，对其他地区起到样板、示范作用。它是兼顾农业生产与科普教育功能的农业经营形态，即利用农园中所栽植的作物、饲养的动物以及配备的设施，如特色植物、热带植物、农耕栽培、传统农具等，进行农业科技示范、生态农业示范，也可对城市居民进行农业知识教育，培养国民的韧性和创造性。

3. 社会的正外部性

由于农业所具有的地域性特点，农业不仅为农村居民提供了谋生手段和就业机会（尤其是增加了高龄者及女性的雇佣机会），而且为他们提供了生活和社交场所，有助于形成和维持农村生活模式以及农村社区活力，具有减少农村人口盲目向城市流动、消除社会的单一性和不稳定性、形成社会资本的功能。特别是对贫困人口集中又缺乏必要的社会福利保障体系的地区，农业还具有消除贫困和替代社会福利保障的功能。

---

① The United States Department of Agriculture 官方网站：Range Resources.

第二节 农业的负外部性分析

农业对外界的影响，虽然以正外部性为主，但是，不合理的农业活动也会给生态系统和自然资源带来负的外部效果，包括农用化学品等带来的水资源污染、水土流失、种植系统弹性和多样性消失、土壤结构破坏、动物栖息地减少等。

一、污染和破坏水、土、空气资源

1. 水资源的污染

农业活动中各种沉积物（包括盐、酸、各类金属等）、化学物（农药等）、过量的营养物（氮、磷等）通过纵横交错的水网和渠道流入江河湖海，造成水资源的污染。

首先，非定点污染源污染水质。主要指雨水和灌溉水经过耕地，然后夹杂着杀虫剂、大量养分未被作物和土壤吸附的肥料、废物，以非点源污染物的形式被排放到水体中，农药的流入直接对水生动植物构成生命威胁，过剩的营养物则引起藻类的大量繁殖，消耗水中的氧，给鱼类带来毁灭性的灾难。据美国国家环保局监测，农业是目前美国地表水受污染的主要原因，例如在美国切萨皮克湾，由于海水长期遭受污染，海藻大量繁殖，占据了大面积海域，使海水变色，导致鱼类和贝类大量死亡。

其次，点源污染和过度利用地下水。大型牲畜饲养基地的粪便以及其他肥料往往对水和环境造成污染，是农业的定点污染源。在美国，这种饲养基地主要指肉牛、奶牛、猪、羊和家禽的生产育肥基地，由于畜禽养殖场的粪便废水中含有大量养分和固体悬浮物，如果不被处理或仅作简单处理后就直接排入河流、湖泊中，极易引起水体污染和富营养化。以美国肉牛饲养为例，美国现有的肉牛育肥场数量大约有 42000 处，其中规模最大的 200 处集中了美国肉牛总数的约 50%。这些大规模养殖场给环境带来的问题，一是厩肥处理困难，造成地表水污染；二是饲养用水量多且集中，造成饲养区采水过量，水源日趋枯竭。美国肉牛育肥场主要集中的中西部和西部 13 个州，依靠一个横跨 8 个州的地下蓄水层供水，现在，其中 3 个州的地下水已开采了一半，长此下去，即使这是世界上最大的蓄水层，也有枯竭之虞。

再次，农用化学品污染地下水资源。在美国，影响农作物产量增长的害虫大约有1万种，真菌8000多种，杂草2000种。为了控制害虫、真菌、线虫、杂草、鼠类以及各种食草兽类，增加农作物产量，从1950年以来，美国杀虫剂和除草剂的使用量分别增长了10倍和20倍。杀虫剂的广泛使用在增产的同时，也引发了一系列环境污染和社会福利损失问题，成为农业外部不经济性的主要关注点，尤其是对水资源的污染。含有农药、化肥等的农业废水通过地表的渗透严重地污染地下水资源，直接危及到人畜饮水。如美国艾奥瓦州大泉盆地，从1958年至1983年的25年中，由于大量施用化肥，地下水中的硝酸盐浓度增加了3倍，像这样的情况在美国31个州都存在。另据美国国家环保局1988～1990年对美国全国井水的抽样调查显示，有一半以上含有硝酸盐。同时在国家公用水井中，有1/10发现了杀虫剂的残留成分。这种渗透在美国南部和西部的沿海平原尤为突出，主要集中在密西西比河河谷地区、内布拉斯加州中部和加利福尼亚的中部山谷地带。尽管人们还不能完全确定污染的程度，但是杀虫剂以及硝酸盐长期对地下水的渗入会导致水资源的污染日益加深是毋庸置疑的①。

2. 对土壤的破坏

(1) 对土质的破坏

为提高土地肥力和产量而大量使用化肥，对土质造成了严重的破坏。1993年美国全国研究理事会的一份报告显示，20世纪90年代，随着农业化学用品施用量的增加，全美耕地板结、盐碱化、有机物丧失、土壤中生物活动性削弱等现象越来越突出，地力大幅度下降，而地力的下降，又反过来迫使农民为了增产使用更多的化肥。与此同时，土壤中生物活动的减少还直接降低了化肥的效力，农民为了达到更好的效果不断加大化肥用量，最后出现了化肥的滥用，造成对土质的严重破坏。

(2) 造成土壤侵蚀、流失

第一，现代农业的无节制开发，不合理的耕作方式，如过度垦荒、草场过牧、乱砍滥伐、陡坡耕作、单一耕作等都会加重水土流失。专家们发现，历史上任何一次农业的跨越性发展，都是以大量土壤流失、湿地丧失为代价的。美国现代化农业的耕作特点是：大面积连年单作，大量使用化肥、除草剂，田间管理高度机械化，这些特点无一例外地都会加剧土壤侵蚀、流失，引起下游水体淤积、污染和富营养化。以艾奥瓦州为例，经过长期现代化农

① 程宇光. 论农业补贴的农村环境保护功能——以欧美农业补贴制度的比较为视角 [J]. 河北法学，2010 (8).

业运作，原本十分肥沃的土壤，表土已经损失了一半，农民平均每生产一蒲式耳的玉米，要流失一蒲式耳的表土；再比如美国中西部一带的农田，曾经是世界上罕有的肥沃土壤，表土深达 6 英尺，但目前只剩下 6 英寸，其余的都在冲刷过程中流失。

据专家估计，20 世纪 70 年代，美国每年流失的土壤达 31 亿吨，由此造成的直接和间接经济损失，每年超过 400 亿美元。到 90 年代，这种情况更加严重，平均每年每英亩（一英亩约等于 6 亩）土地流失土壤 3.16 吨，全国每年流失 69 亿吨。表 4.1 反映了 1992 年美国各种类型土地的面积及土壤侵蚀的数量情况。1992 年美国耕地面积 3.82 亿英亩，牧场面积 3.99 亿英亩，二者之和占国土总面积的 40 %左右。耕地因为侵蚀流失土壤 12 亿吨、因为风蚀流失 9.3 亿吨，合计流失土壤 21.3 亿吨。牧场因为侵蚀流失土壤 4 亿吨，因为风蚀流失 17.5 亿吨，合计流失量达 21.5 亿吨，耕地和牧场成为土壤侵蚀的主要发源地。从每英亩土地的流失量看，耕地和牧场每英亩侵蚀及风蚀流失土壤合计都高达 5.6 吨，草场相对而言流失数量较少为每英亩 1.1 吨，共计流失为 1.4 亿吨[①]。

表 4.1　1992 年美国不同类型土地的侵蚀情况表

侵蚀类型及源地		土地面积（亿英亩）	年侵蚀量（亿吨）	每英亩侵蚀量（吨）
片蚀和细沟侵蚀	耕地	3.82	12	3.1
	草地	1.26	1.3	1.0
	牧场	3.99	4.0	1.2
风　蚀	耕地	3.82	9.3	2.5
	草地	1.26	0.1	0.1
	牧场	3.99	17.5	4.4

3. 对空气的污染

首先是温室气体的排放。研究表明，农业是温室气体排放的第三大源头，大气中约有 20%的 CO_2、70%的 CH_4 以及 90%的 N_2O 来自农业，具体来源包括：稻田、施肥农地、生物质燃烧、反刍动物和畜禽粪便等。其次，

① 蒋和平，宋莉莉. 美国建设现代农业模式的借鉴及启示［C］. 中国农业技术经济研究会. 2007 学术研讨会本书集. 2007（11）.

生物质燃烧不光产生温室气体，其中大量的有害气体还会污染空气，形成的烟雾还有可能影响交通、延误航班。再次，农业生产中所释放的氨气对大气的污染。畜牧业养殖过程中，动物反刍和排泄物会释放大量氨气，不仅具有温室效应，而且导致水土资源酸化。

二、威胁人类身体健康

农用化学品，特别是农药、各种激素的投入对人类健康有着显著的负面影响：

首先，过量施用农药使有害物质沿食物链进入人体，对人类健康构成威胁。目前，在美国环保署注册的杀虫剂配方有35万种以上，根据环境质量委员会的估计，相信其中1%新合成的化学药剂对人体是有害的，可能造成人体发生癌变，有致畸等危险。而且这些物质除了危害直接接触的人和牲畜外，还有可能通过污染水源危害更多的人和牲畜。

其次，大量使用化学农药，对于农业工人的健康也造成直接的危害。美国农业工人伤亡率仅次于建筑业、采矿业，被列为三大危险行业之一。

第三，养殖业现代化大规模集中饲养，使多种化学药物的使用成为防治疾病和刺激生长的必然选择。例如，组织代谢类固醇可以使肉牛增重5%～20%，提高饲料利用率5%～12%，增加瘦肉率15%～25%，因此被广泛地采用。美国95%以上的肉牛育肥场使用各种生长激素，1988年，全美肉牛饲养使用的抗生素饲料添加剂重量达到1500万磅，长期食用利用激素和各种化学药物生产的肉类，毫无疑问对人类健康是不利的。

三、弱化遗传和生物多样性

第一，农药可能杀死一些有益的非靶标生物和害虫的天敌，增强害虫抗药性，甚至产生新的变种。而且杀虫剂、杀菌剂和除草剂的使用会威胁土壤中的动物及微生物安全，导致农业生物多样性减少。据估算，喷洒到农田的农药有40～60%进入土壤，影响其中的动物和微生物，其他部分则以各种形式对环境造成污染。

第二，由于人类长期单一种植，生物品种资源的遗传多样性减少。传统农业往往小面积种植众多的本地品种，而现代化农业则是少数几个品种的大规模种植，农业经营种类的倾斜减少了遗传的多样性，一旦遇到病虫害爆发，很可能导致大面积绝收。如1970年，美国玉米叶枯病使全美15%的玉米产区颗粒无收，就是因为所有种子都是来自一个易感叶枯病的品种。

第三，由于人类农业生产范围的扩大，森林、草地、湿地的过量开垦，导致一些物种的栖息地退化、破碎甚至被破坏，生物物种消失。

第三节 农业外部性内部化的美国农业保护与支持政策

一、外部性传统解对农业外部性的适用性

1. 传统解对农业外部性的适用性

外部性问题的传统经济学解是让外部性内部化，即通过特定的经济（制度）安排将外部性制造方造成的社会收益或社会成本转化为私人收益和私人成本。理论上的解决方法有补贴、征税、政府直接干预、产权交易和私人谈判等，但是具体到农业外部性而且是美国农业外部性的解决就不是所有理论上的措施都能行得通了，比如征税、政府直接干预、产权交易和私人谈判。

首先是征税，用收税的方式解决负外部性是国际社会通行的做法，农业负外部性主要表现为污染，所以根据污染所造成的危害对排污者征税，用税收弥补私人边际成本和社会边际成本之间的差距，理论上可以纠正农业的负外部性。但是由于农业的弱质性，为了保护农业使其能与其他产业同步发展，在实践中很少有国家会通过对农场征税解决农业负外部性，在美国税制中根本没有专门针对农业生产开征的税种，而且只要涉及农业生产的税收都存在着对农业的特殊税收优惠条款，所以征税在解决农业外部性领域是不适用的。

其次是政府直接干预，政府可以通过实行国有化和颁布禁令实现最优的正负外部性，但无论是国有化运作还是禁令，其可行的前提是政府能够找到最优外部性，并能以最小执行成本实现。但政府也存在失灵情况，所以能让我们坚信政府行为一定能满足这个前提的理由显然不那么充分，因此，政府直接替代市场解决外部性的可信度也就值得商榷了。另外，农业污染隐蔽性强，点多面广，隐性污染源大大超过显性污染源，政府监管成本较高。而且，由于农业生产的地域性强，不确定性大，政府难以制定一套能适应全国具有普遍意义的禁令用于指导农业环保实践，立法部门和执法部门技术操作难度也较大。

再看看产权交易和私人谈判，农场主通过私人谈判购买排污权解决负外

部性基本不可能，因为农业生产活动覆盖的地域辽阔，农业污染表现出污染源多、波及范围广的特点，农场主寻找、选择谈判对手的搜寻成本较大，而这种谈判对手的模糊性又会进一步增加谈判成本，所以科斯所给的产权交易路径存在的前提条件交易成本为零不能满足，也就意味着这个办法失灵。

当其余的解决方案都或行不通或有待观察的时候，唯一剩下的方法——补贴就成了政府的理性选择。补贴，解决思路是把农业外溢出去的收益通过转移支付以补贴的形式返还给农业，纠正农业的正外部性。很明显，补贴既适应农业弱质性，比较利益低的实际，又能对农业的正外部性进行补偿。但问题的关键是补贴针对的是正外部性，那么在农业负外部性领域它是不是也能发挥作用就成了我们必须回答的问题。对于这个问题美国政府的解决政策做了很好的回答。

2. 美国政府的现实选择

美国农业补贴计划始于经济大萧条时期，当时农场主收入受到全球经济危机的极大影响，罗斯福总统推出了农产品计划以提高农场主收入，由农产品目标价格补贴、差额补贴、农产品营销贷款以及自然灾害补贴四部分组成。之后美国政府陆续设立了一些有环保作用的资金补贴项目，其中历时较长、覆盖面积较大的是“减耕计划”和 1956～1972 年的“土壤银行”项目。20 世纪 80 年代以后随着环保主义的兴起，美国将农业的支持与环境保护进行捆绑，逐步将农业补贴转化为农业污染补贴，农民只有遵守与农业生产相关的农业环境保护法律，才具有申请上述补贴的资格。1985 年农场法案首先设立了退（休）耕还草还林项目，并首次规定若农民不采取适合高度易侵蚀土地的耕作方式，则丧失获得当年农业补贴的资格。1990 年《食品、农业、环境保护和交易法》增设了湿地恢复项目，一方面，将不遵守环境保护条款即丧失补贴资格的农业补贴范围由价格支持贷款补贴、农场存储补贴、联邦作物保险补贴、自然灾害补贴扩大到农业环境保护补贴、紧急事件补贴上；另一方面将补贴申请者范围扩大到土地租种者，规定如果土地租种者遵守了环保条款，即使土地所有者没有遵守，土地租种者也具有申请补贴的资格。1996 年美国《联邦农业改革法》规定，如果农民为了获得更多的补贴，采取将自然湿地填埋成为农业耕种土地的“围湖造田式”做法扩大种植面积（因为补贴金额与耕种面积成正比），将丧失获得价格支持补贴的资格；《2002 年农场安全与农村投资法》显著加大了农业生态环境保护的力度，新增农业生态环境保护计划补贴 171 亿美元，使 2002～2007 年间的农业生态环境保护补贴总额达到了220亿美元[①]；《2008年食品、环境保护和能源法案》除了继续增加补贴资金外，还新增了农村水质强化项目，扩大了农业环境保护范围。通过上述措施，美国将农业补贴与环境保护紧密联系在一起，使补贴成为既解决农业正外部性又能有效抑制污染，纠正农业负外部性的双刃剑。

二、农业外部性内部化的美国农业保护与支持政策

在美国，农业保护与支持政策和环境保护政策是有机融合的，联邦政府通过实施土地休耕、土壤保持、湿地保护、草场保育、野生生物栖息地保护、环境质量激励等方面的生态保护补贴项目，以现金补贴援助和技术援助的方式既让农民直接受益，又保护了生态环境，将农业的正负外部性内部化。

美国现行农业环境保护与支持政策主要体现在各部农业法的保护方案中，可分为四大类：

退（休）耕项目，包括保护储备项目和湿地储备项目；

在耕地管理和保护项目，包括环境保护激励项目、养护管理项目、野生动物栖息地激励项目、农业管理援助项目、保护私人牧地项目；

农田和放牧土地保护项目，这类项目通过购买开发权阻止对农用土地的开发性利用，包括农场和牧场保护项目、草原储备项目、健康森林储备项目；

养护技术援助项目，主要指保护私人牧地项目。

这四类项目由农业部农场服务局与自然资源保护局负责执行，前者主要负责提供资金支持，后者负责提供技术援助。

1. 退（休）耕项目

(1) 保护储备项目（The Conservation Reserve Program，CRP）是农场主自愿参加的美国最大的农业环境保护项目。由1985年农场法案授权设立，1986年开始实施。参加项目的农场主将高度侵蚀和环境敏感的农田和牧场退出农业生产，由商品信贷公司每年根据土地的农业地租价值为其发放退（休）耕补贴；如果农场主长期对退耕的土地种草植树，还可以得到50%的成本分担援助。CRP项目期限为10～15年（以10年居多），期满后农场主可以选择复耕也可以选择再次申请参加项目，但重新耕种时必须遵守

① 张玉环．美国农业资源和环境保护项目分析及其启示［J］．中国农村经济，2010（1）．

生产规范化条款的规定。CRP 项目的目的是通过退（休）耕还草还林，减少水土流失和沉积，保护地下水，提高湖泊、河流、池塘和溪涧的自然条件，增加野生动物种群。

1986 年 CRP 项目启动时覆盖面积为 1.9 亿英亩高度易侵蚀耕地。1990 年农场法案对 CRP 项目进行了调整：一是把部分联邦政府重点生态环境保护区和州重点水质保护区[①]划入 CRP，项目范围扩大到 3.2 亿英亩；二是扩展了项目目标，从减少水土流失扩大到包括净化水质在内的其他生态环境效益指标；三是调整了批准申请项目用地的考察指标，从单一的土壤易侵蚀程度扩充为一套生态环境效益指标体系，包括：保护和改善野生动物栖息地、提高空气质量、净化水质、减少水土流失、恢复和保护植被后能提供的永久性生态环境效益等。农业部农场服务局根据指标评估结果，对申请参加项目的农场主在全国范围内排队，优先接受生态环境效益高、项目成本低的地块。但是，下述三类地块不用排队，随时申请，随时接受，并可获得额外的一次性和（或）年度补贴：①项目建成生态用地的地块，②联邦和州两级政府划定的生态环境重点保护地区内的地块，③把已开垦耕地恢复为原有湿地的地块。

CRP 项目最初设计自 1986 年起每年退（休）耕土地 500 万～1000 万英亩，到 1990 年累计达到 4000 万～5000 万英亩。之后项目面积几次修定：1992 年下调到 3800 万英亩，1996 年进一步下调到 3640 万英亩，2002 年回调到 3920 万英亩，2008 年又下调到 3200 万英亩。从表 4.2 实际运行数据看，CRP 项目自 1990 年达到 3252 万英亩以后，除 1999 年外，项目面积基本保持在 3000 万～3700 万英亩之间，政府每年项目资金支持在 17 亿美元左右，平均每英亩支付补贴在 50 美元左右，没有大的波动，一直是美国最大的资源环境保护支出项目，约占总支出的 50%。

表 4.2　1986～2010 年 CRP 项目合同面积、租金支付

年　份	合同面积（英亩）	每年支付的租金（亿美元）	每英亩支付租金（美元/英亩）
1986	1，929，064	——	——
1987	15，348，819	0.83	42.99

① 州重点水质保护区包括切萨皮克湾、长岛海峡和大湖流域。

续 表

年　份	合同面积 （英亩）	每年支付的租金 （亿美元）	每英亩支付租金 （美元/英亩）
1988	23，870，635	7.55	49.18
1989	28，876，201	11.58	48.52
1990	32，522，380	14.11	48.85
1991	32，995，796	15.95	49.04
1992	33，993，313	16.20	49.11
1993	35，015，042	16.80	49.41
1994	35，015，042	17.44	49.81
1995	34，977，682	17.44	49.81
1996	34，503，815	17.42	49.80
1997	32，817，135	17.18	49.79
1998	30，337，463	16.20	49.37
1999	29，823，429	13.84	45.63
2000	31，425，584	13.47	45.15
2001	33，608，344	14.20	45.20
2002	33，964，386	15.58	46.35
2003	34，111，135	16.03	47.19
2004	34，707，287	16.26	47.66
2005	34，902，300	16.66	47.99
2006	36，003，300	16.90	48.43
2007	36，770，984	17.63	48.95
2008	34，612，696	18.19	49.47
2009	33，720，252	17.57	50.76
2010	31，298，245	17.37	51.50

注：①合同面积为按年累计的数量；②租金在次年支付；③计算支付租金的面积数为上一年的面积。

数据来源：FSA/USDA：Conservation Reserve Program：Summary and Enrollment Statistics 2010.

（2）湿地储备项目（The Wetlands Reserve Program，WRP）由1990年农场法案授权设立，是农场主自愿参加的支持项目。主要为土地所有者和印第安部落保护、恢复、改善湿地提供技术和资金支持。项目的目的是把已开垦为耕地的湿地、易受洪灾侵害的低洼耕地或牧草地恢复为湿地，最大限度地增强湿地功能和价值，使参与项目的土地为野生动物提供最佳的生存环境。

①湿地储备项目的支持方式

WRP为土地所有者提供三种可选的支持方式：

一是永久地役权项目，政府出资购买项目土地资源的永久使用权（开发权），农业部支付100%的地役权价值和高达100%的湿地恢复费用；

二是30年地役权项目，政府出资购买项目土地资源30年的使用权（开发权），支付75%的地役权价值和75%的湿地恢复费用。

永久地役权和30年地役权项目中，农业部承担与登记地役权相关的所有费用，包括登记费、勘察和鉴定费、产权保险等。以上两种地役权方式，项目土地的所有权和非开发性使用权仍然归土地所有者所有，在不改变湿地形态、不影响湿地功能的前提下，土地所有者可以在项目土地上从事垂钓和狩猎等娱乐性营利活动，也可以将湿地出租或转让。另外，对于地役权价值的支付，农业部规定价值在50万美元及以上的要分至少五年支付。

三是恢复成本分担协议项目，就是对参加恢复或改善湿地功能和价值，但不出售地役权的土地项目，农牧场主可以继续在项目土地上从事农业生产，但至少要花10年时间恢复湿地，恢复费用的75%由农业部提供支持，但每年支付不得超过5万美元。

②湿地储备项目的发展过程

WRP实行初期，湿地恢复工程的人工干预痕迹较少，主要是在项目土地上修建直线型堤防和水坝，靠湿地自动恢复功能。项目支出基本上每英亩在1000美元左右。1996年以后，政府加大了人工干预力度，不仅以蜿蜒曲折形堤防和水坝代替直线型，而且通过工程措施改变项目土地的地表形态和水文条件，以此适应各类动植物生存需要，发挥项目最大的自然生态效益，项目支出也有所增加，2010年达到每英亩2200美元左右。目前，农业部门和参与者正在为使两栖动物、爬行动物和鸟类的生存环境更适宜，生物多样性进一步提高而努力改善项目区地表形态和水文条件①。

③湿地储备项目的规模现状

由于湿地环境价值巨大，不仅为鱼类和野生动物，其中包括受威胁和濒危物种提供栖息地；过滤沉淀物和化学物质，改善水质；减少洪灾；补给地下水，保护生物多样性；而且提供了教育、科学、休闲娱乐活动的空间，近年来该项目面积和支出不断增加。1991 年 WRP 开始实施，前两年仅在少数州试点，1994 年全面投入运作，项目面积上限为 100 万英亩，2002 年面积上限上调到 227.5 万英亩，2008 年农场法授权该方案的总数可以达到 304.12 万英亩，比 2002 年农场法增加了 76.62 万英亩。项目支出资金 2006 年为 1.58 亿美元，2007 年达到 2.19 亿美元，2010 年增加到 5.9 亿美元。下表是1992～2007 年 WRP 项目合约，面积和支出情况的具体数据，1992～2007 年 WRP 项目累计和农场签署项目合同 10164 份，覆盖湿地面积达 192 万英亩，支持资金为 21.65 亿美元，年均 1.35 亿美元。2010 财年 WRP 项目单年合同数增长到 1410 份，覆盖面积扩大到 271 万英亩，资金支持达到 5.925 亿美元，说明该项目扩张较快。2010 财年美国 WRP 项目增加了 30 年租金合同的方式，但目前只在蒙大拿州有 4 份合约，合同面积为 453 英亩，占比较小。

表 4.3 WRP 项目合约、面积和支出

合作方式	1992～2007 年			2010 年		
	合约数量（份）	年均面积（万英亩）	补贴资金（亿美元）	合约数量（份）	面积（万英亩）	补贴资金（亿美元）
30 年地役权	1，392	25.58	1.72	428	61.94	—
永久地役权	7，570	149.12	19.42	951	206.18	—
成本分担协议	1，202	17.41	0.51	31	4.19	—
合 计	10，164	192.11	21.65	1，410	272.72	5.93

数据来源：Natural Resources Conservation Service /USDA：2010 WRP Data—Contracts and Funding.

① Natural Resources Conservation Service /USDA：Wetlands Reserve Program，2008.5.

2. 在耕地管理和保护项目

（1）环境质量激励项目（The Environmental Quality Incentives Program，EQIP），由 1996 年农场法案授权设立，代替原来的农业保护项目（The Agricultural Conservation Program，ACP），是对农业生产者规划农业用地和非工业私有林地，并采取措施保护土壤、水、植物、动物、空气和相关资源提供财政和技术援助的自愿参加项目，项目最长期限为 10 年。2002 年与 2008 年农场法中 EQIP 的支持力度大幅增加，是美国当前最大的在耕地保护项目。2008 年农场法案授权 2008～2012 年度 EQIP 项目资金共 72.5 亿美元。目前，2010 年项目预算为 12 亿美元、覆盖约 1640 万英亩的土地，其中 60%的资金用于支持和家禽、牲畜生产有关的资源保护项目，其余的用于在耕地保护项目。

EQIP 项目采用成本分担和奖励金两种方式运作，成本分担适用于支持农场的保护设施和种植植被，例如草地水道、过滤带，废物贮存设施，围栏等，分担比例一般为 50%，但是处于不利生产条件的生产者分担比例可高达 75%；奖励金主要是鼓励生产者采用合乎环保要求的规范化的方式管理土地，如营养管理，病虫害综合防治管理，灌溉用水管理，野生动物栖息地管理等。

EQIP 项目的目的是为农牧场主提供技术和资金支持，帮助其在保持原有生产的同时，改善环境质量，以满足联邦、州、部落和当地的环保法规要求。目前，农业用水提升计划、养护创新资助、空气质量倡议、科罗拉多河流域盐度控制项目等是 EQIP 项目支持的主要方案。

①农业用水提升项目（The Agricultural Water Enhancement Program，AWEP）是一个自愿性的节约倡议，主要对农业生产者改进农业用水活动，保护地表水和地下水，改善水质提供财政和技术援助。作为环境质量激励项目的一部分，AWEP 通过与项目区实行保护措施的生产者签订成本分担协议进行运作，但项目只接受生产者有组织的申请，而不接受单个生产者的申请。在每个财政年度，由农业部自然资源保护局给参与核准的 AWEP 项目区的土地所有者和运营商提供财政和技术援助。2008 年农业法案规定 2009、2010 财年 AWEP 项目的资金支持额度为 7300 万美元，2011 财年为 7400 万美元，2012 及以后每一财年为 6000 万美元。AWEP 2009 财年核准的项目共计 65 项，篇幅限制下表列举了前 4 项项目的申请组织和项目名称及政府支持的额度。

表 4.4　2009 财年 AWEP 计划核准支持的项目略表

单位：万美元

组织或合作伙伴	项目名称	项目介绍	项目额度
阿拉巴马州农民联合会	阿拉巴马州农民联合会 AWEP 建议	通过扩大灌溉能力提高农业生产效率的生产者援助	291.5
白河流域灌溉分布区	白河流域灌溉分布区	约 1000 个农场安装测量与监测技术设施，如流量计、土壤水分传感器、电井泵等	445
Sutter 县资源保护区	Gilsizer 灌溉区	安装 40 个高效率的灌溉系统（节省 50%的水），40 生产者采用养分和虫害管理的做法，40 个植被覆盖作物和安装滤纸条	575
美国加利福尼亚州土地管理学院	美国加利福尼亚州土地管理学院	增加农业供水的可靠性，提高流量和水质，提高水的利用效率等	570

资料来源：Natural Resources Conservation Service/USDA：AWEP Project Proposals Approved for Fiscal Year 2009.

②养护创新资助（Conservation Innovation Grants，CIG），是一项自愿性项目，旨在利用联邦投资改善和保护环境的同时，激发结合农业生产的创新保护方法和技术的研发与应用。在 CIG 项目下，环境质量激励项目的资金以对非联邦政府组织或非政府组织、印第安部落或个人的竞争性拨款的形式发放，即项目申请之后要经过一个竞争过程，由农业部按照项目的成本收益情况进行审核，最终决定批准项目结果。据美国农业部数据，2011 财年 CIG 项目支持量约为 2500 万美元，提供国家级基金技术支持项目 18 项，重点关注切萨皮克湾流域和密西西比河流域；地方政府项目 43 项，金额 1226.82 万美元。下表列出国家级项目前 6 项的信息。

表 4.5　2010 财年 CIG 计划资助部分项目略表

单位：万美元

组织单位	项目标题	资助额度
RC&D 联邦协会	对社会弱势农民和印第安部落的节能宣传和技术转移	24.67
全国野生火鸡联合会	长叶松生态系统的当地性	9.93
国家专有技术中心	NRCS 程序下可持续发展和有机农业整合	50.27
乳品科学研究所，DBA 乳业研究院	农场能源数据审计培训计划	22.50
Xerces 协会	帝王蝶和其他途径授粉增加不常见的乳草物种的种子供应	11.80
环境保护基金公司	美国牧场固碳协议和会计处理方法的发展	63.88

资料来源：Natural Resources Conservation Service/USDA：the Fiscal Year 2010 Conservation Innovation Grants National Component awardees.

③空气质量倡议（Air Quality Initiative，AQI），是 2008 年农业法案设立的为土地所有者和生产者改善空气质量提供财政和技术援助的保护方案。由自然资源保护局 EQIP 项目支持，帮助生产者和土地所有者制订全面的空气质量管理计划和改进方案，在确保农业可持续发展的同时改善空气质量。项目的重点放在协助生产商和土地所有者管理土地上，主要的支持管理项目包括：残余物和耕作管理、覆盖作物管理、地面灌溉管理、营养管理、虫害综合管理、防风林、防护林带、生物过滤建设等。

④科罗拉多河流域盐度控制项目（Colorado River Basin Salinity Control Program）。一直以来，有超过 3300 万的美国人和 300 万墨西哥人的农业、市政和工业用水完全或部分依赖于科罗拉多河，科罗拉多河含盐度过高每年导致超过 3 亿美元的损失。为了控制交付给美国和墨西哥用户的水体的含盐度，1944 年美国农业部和美国环保局设立科罗拉多河流域盐度控制项目，该项目通过对改善灌溉措施、管理植被、控制咸水泉等活动提供支持，减少表土中的盐分溶解流入科罗拉多河，降低科罗拉多河的含盐度。目前，自然资源保护局 EQIP 项目在西部科罗拉多州、犹他州、东部和西南部怀俄明州支持了十个控制农场盐度的项目。

（2）养护管理项目（The Conservation Stewardship Program，CStP）是对保护措施操作良好的农场主提供财政和技术支持的自愿参加性保护计划。目的是鼓励生产者全面解决资源问题，参加者必须具备以下资格：整个农场已经解决至少一个资源关注的问题和在5年的合同期限内同意解决至少一个额外的优先资源关注问题[①]。CStP项目由2008年农场法授权设立以替代保护安全项目（The Conservation Security Program，CSP），项目支付水平取决于当地土地租金以及整个农场保护活动的成本、农场主的收入损失和预期的环境收益。参加者的保护程度越高，获得的支付比例越高。但5年内参加者获得的支付不能超过20万美元。部落、私人农业用地和所有50个州及加勒比、太平洋群岛地区的非工业私人林地都可以参加该项目。2008年农场法规定CStP项目覆盖1277万英亩土地，每英亩平均每年支付成本为18美元。2010年该项目预算为4.47亿美元，约覆盖1280万英亩土地。

（3）野生动物栖息地激励项目（The Wildlife Habitat Incentive Program，WHIP）是帮助土地所有者发展和改善农业用地、非工业私有林地和印第安部落土地上的野生动物栖息地的援助项目。由2008年农业法案在1985年食品安全法基础上重新修订设立，自然资源保护局负责管理并提供技术援助和高达保护成本75%的资金援助。项目的目的是建立和改善鱼类和野生动物栖息地。表4.6可以反映2005～2010财年WHIP项目的规模。2008年农场法案对WHIP项目调整之前，该项目覆盖面积由2005年的45万英亩减少到2007年的35万英亩。调整之后，项目面积逐年提高，到2010年达到105万英亩，支持的资金也由4000万美元提高到6200万美元。很明显，2008年农场法增加了对WHIP项目的支持力度。

表4.6　2005～2010财年WHIP项目面积、数量、补贴金额

年度	项目面积（万英亩）	项目数量（份）	补贴金额（万美元）
2005	45.77	3，342	3，436.05
2006	32.50	2，717	3，155.41
2007	35.77	2，107	3，991.55
2008	64.65	3，495	5，780.00
2009	81.25	3，706	5，780.00
2010	105.41	4，731	6，286.248

数据来源：Natural Resources Conservation Service/USDA：NRCS Wildlife Habitat Incentives Program FY－2005－2010 Contract Information.

① 美国农业部对资源问题关注优先次序为：水质，空气质量，土壤质量，环境质量的其他方面。

2011财年WHIP项目的重点是：促进正在减少的或重要的原生鱼类和野生动物栖息地恢复；保护、恢复、发展或改善鱼类和高风险的野生动物物种栖息地；减少入侵物种对鱼类和野生动物栖息地的影响；保护、恢复、发展或改善正在减少的，或重要的水生野生动物物种的栖息地和其他野生生物的迁移及运动通道。

(4) 农业管理援助（Agricultural Management Assistance，AMA），是政府向主动将水资源管理、水质管理、控制水土流失纳入日常经营的农业生产者提供成本分担的资金援助项目。由于AMA项目的目标是援助、鼓励和帮助生产者采取保护自然资源的措施和投资策略，减少和减轻农业企业的风险，所以，项目援助的地理范围只包括联邦农作物保险项目参与率最低的16个州：康涅狄格、特拉华、夏威夷、缅因、马里兰、马萨诸塞、内华达、新罕布什尔、新泽西、纽约、宾夕法尼亚、罗德岛、犹他、佛蒙特、西弗吉尼亚和怀俄明州。

AMA项目资金支持的范围包括：第一，生产者兴建或改善水资源管理设施或灌溉设施；第二，生产者种植树木防风或改善水质；第三，生产者通过生产多样化或保护资源减轻风险，其中保护资源的活动包括控制水土流失、病虫害综合防治、向有机农业过渡等。援助办法是为参加者提供相当于生态管理成本75%的财政补贴，但每个参加者在任何财政年度获得的总金额不得超过5万美元。

AMA项目对生产者的资格要求是从事畜牧业或农业生产，每年潜在的销售额在1000美元及以上；有意愿在农业经营过程中采取AMA项目规定的农业生产操作规范；在拟议合同期内对土地进行控制管理；遵守保护租户和佃农利益的规定（包括公平、公正地分享AMA支付资金）。对土地的资格要求是上述16个州中从事农业商品或牲畜生产的农田、草场、牧场、草地；用于维持生存的私有非工业林地或生产农产品、牲畜或相关林产品的土地；通过经营多元化或改变资源保护措施可以降低生态风险的土地。

2008财年16个州参加AMA计划的合约共计276个，政府支持资金575万美元，到2010年项目合约数达到426个，支持资金为604万美元，覆盖面积达1.1万英亩。2008～2010财年各州的合同数及补贴额度、合同面积详见下表。

表 4.7　2008～2010 财年 AMA 项目合约、面积及金额

州	合约的数量（个）			财政补贴金额（万美元）			2010 年项目面积（英亩）
	2008	2009	2010	2008	2009	2010	
康涅狄格	7	7	7	16.10	30.65	8.64	139
特拉华	20	7	4	21.92	13.17	95.03	721
夏威夷	2	5	4	14.92	14.46	29.70	49
缅因	0	6	19	0.00	26.51	17.23	385
马里兰	28	9	61	50.65	31.22	41.34	386
马萨诸塞	6	11	13	19.61	14.01	22.35	168
内华达	8	5	20	25.50	37.96	78.92	1，113
新罕布什尔	6	6	11	9.24	12.24	13.33	38
新泽西	9	10	17	25.57	26.13	32.47	473
纽约	37	37	58	77.10	92.09	52.86	526
宾夕法尼亚	28	33	113	93.77	107.51	85.51	942
罗德岛	8	6	6	6.64	7.80	8.11	97
犹他	28	6	18	60.15	69.03	48.19	1，335
佛蒙特	13	8	19	21.95	20.05	24.21	135
西弗吉尼亚	8	19	21	27.32	37.14	27.36	819
怀俄明	68	39	35	105.18	76.16	105.12	3，774
共计	276	214	426	575.61	616.10	604.84	11，102

数据来源：NRCS：Agricultural Management Assistance FY－2008－2010 Contract Information.

3．*农田和放牧土地保护项目*

20 世纪 90 年代后，美国农业和农村土地转换为城市用途呈上升趋势。美国国家资源库的数据表明，1992 年至 2002 年之间被作为城市用途开发的土地，平均每年增加 210 万英亩。虽然与全国 1.03 多亿亩农田、草地、牧场的规模相比，这个开发数量的年增长率只有不到0.2%，不会威胁到国家的粮食生产能力，然而如果把生物多样性，固碳、观赏空间、野生动物栖息地等环境效益考虑在内，进行干预就自然而然了。农田和放牧土地保护项目正是通过购买农业用地的开发使用权，控制农用地向非农用地转换的项目。

（1）农场和牧场土地保护项目

农场和牧场土地保护项目（The Farm and Ranch Land Protection Program，FRPP）是对州政府、印第安部落或地方政府和非政府组织，从土地所有者手里购买保持农业生产用途的农场和牧场的地役权（开发权）提供资金援助的项目，支持比例为购买成本的50%。该项目最初由1996年农场法授权设立，称为农田保护项目（Farmland Protection Progrom，FPP），2002年农场法把FPP项目范围扩大到牧场，称为农场和牧场土地保护项目。该项目的目的是通过对州、印第安部落、地方政府和非政府组织购买农地开发权提供配套资金支持，限制农业用地向非农用地（主要是城市用地）流转。虽然不直接增加环境收益，但是通过购买农地开发权保留了土地的农业用途，间接保证了资源环境收益不减少。从1996年到2007年，已经有51个州的400多家实体，超过53.3万英亩农地获得了FRPP项目支持，2008年农场法增加了该项目保护农地表土的任务，授权未来的5年内该项目可支配7.43亿美元的资金。从下表看，2008和2009财年为适应增加的任务，项目的支持资金数量由2007年的9900万美元增加到2009年的1.13亿美元，覆盖的面积也达到8.85万英亩。

表4.8　2005～2009财年FRPP项目资金量、支持面积

年份	获得项目的州和地区（个）	总资金支持量（亿美元）	分配登记的项目数（个）	项目面积（万英亩）
2005	51	1.11	——	——
2006	51	0.72	——	——
2007	50	0.73	——	——
2008	36	0.99	306	7.73
2009	40	1.13	375	8.85

数据来源：NRCS：Farm and Ranch Lands Protection Program FY 2007 Financial and Technical Assistance Dollars to States；2009 Contracts and and Enrollment Data.

（2）草地储备项目（The Grassland Reserve Program，GRP），是2002年

农场法授权设立的自愿保护项目，强调支持合理的放牧措施。目的是帮助土地所有者和经营者恢复和保护草地（包括牧场、草场、灌木林），增强动植物的生物多样性，保护草地不被转作城市发展和其他非放牧用途。参加者在平时有采用日常方式放牧和生产饲草、种子的权利，但要自愿限制土地未来的发展和种植用途，在鸟类筑巢季节要按照放牧管理项目适当限制生产活动。

GRP 运作方式有两种：长期地役权和租金协议。长期地役权包括 30 年和永久地役权；租金协议包括 10 年、15 年、20 年和 30 年四种。购买永久地役权，农业部提供地役权公平市场价值 100%的一次性支付援助；购买 30 年地役权，农业部提供土地公平市场价值 30%的支付援助。这两种地役权项目，美国农业部承担登记地役权的所有管理费用，包括鉴定费、调查费、产权保险、登记费等。对于租金协议，美国农业部每年提供不超过土地放牧价值 75%的租金援助。

GRP 项目由自然资源保护局与农场服务局共同管理，农场服务局负责合同管理与资金支持，自然资源保护局提供技术服务。2003 年 GRP 项目开始实施，2006 财年项目资金支持为 1177 万美元，2010 年已经上升到 5400 万美元，约覆盖 31 万英亩的土地。由于资料的可得性，下表列出 2009 财年永久性地役权项目在美国各州的登记面积和资金支持数量，这一项目在 GRP 中占大约 40%的比例，可以在一定程度上反映 GRP 项目在各州的面积和资金分布情况。2009 财年 GRP 项目永久地役权数量各州共计 72 份，登记的合同面积为 56691 英亩，土地价值为 2287 万美元，因为购买永久性地役权是由农业部提供地役权公平市场价值 100%的一次性支付援助，所以，就意味着 2009 财年政府对 GRP 永久性地役权合同的援助金额为 2287 万美元。从合同在各州的分布看，南达科塔州、艾奥瓦州、密苏里州、德克萨斯州登记合同数量较多，但合同面积不高。其中南达科塔州合同数量最多，为 14 份，但合同面积只有 4150 英亩，在各州中处于第 5 位。相反新墨西哥州只有两份购买合同但面积最大，达到 11960 英亩。从援助额度上看，佛罗里达州获得的资金最高，为 317 万美元。

表 4.9　2009 财年 GRP 项目永久地役权合同

州	永久地役权的合同数量（份）	合同面积（英亩）	合同面积的价值（美元）
阿拉巴马州	1	740	635，004

续 表

州	永久地役权的合同数量（份）	合同面积（英亩）	合同面积的价值（美元）
亚利桑那州	1	1，422	426，630
科罗拉多州	1	5，476	953，750
佛罗里达州	1	1，370	3，173，261
佐治亚州	2	46	237，442
爱达荷州	2	780	419，900
印第安纳州	2	50	262，500
艾奥瓦州	6	908	681，300
堪萨斯州	2	5，415	140，977
肯塔基州	1	449	522，592
马里兰州	1	78	440，600
密歇根州	3	446	648，060
密西西比州	2	217	215，000
密苏里州	5	1，085	1，305，890
蒙大拿州	1	10，600	540，728
内布拉斯加州	3	275	1，000，736
新墨西哥州	2	11，960	1，875，000
北卡罗莱纳州	1	280	294，000
俄亥俄州	2	373	526，299
俄克拉何马州	2	472	369，056
宾夕法尼亚州	2	36	100，000
南卡罗来纳州	1	70	121，000
南达科塔州	14	4，150	1，101，825
田纳西州	2	97	773，470
德克萨斯州	5	1，465	2，787，648
佛蒙特州	1	202	202，332

续 表

州	永久地役权的合同数量（份）	合同面积（英亩）	合同面积的价值（美元）
维吉尼亚	2	159	600，160
华盛顿州	2	300	1，080，000
西维吉尼亚州	1	220	294，800
威斯康星州	1	350	700，000
怀俄明州	1	7，200	450，000
总计	72	56，691	22，879，959

资料来源：美国司法部：FY 2009 GRP Enrollment Data.

(3) 健康森林储备项目（The Healthy Forests Reserve Program，HFRP），在自愿的基础上，通过购买地役权（开发权）或签订成本分担协议帮助土地所有者恢复、改善和保护私人土地上的林地资源。目标是促进受威胁和濒危物种的恢复；增强动植物多样性；加强固碳。

HFPP 项目提供三种合作形式：一是 10 年恢复成本分担协议，土地所有者可以得到平均恢复成本 50％的资金援助；购买 30 年地役权，土地所有者可以获得相当于项目土地公平市场价值 75％和平均恢复成本 75％的资金援助；购买永久地役权，土地所有者可以获得 100％的项目土地公平市场价值和 100％的平均恢复成本资金援助。

表 4.10　2010 财年 HFPP 项目合同信息表

州	10 年保护协议			30 年地役权			永久地役权		
	数量	英亩	支付美元	数量	英亩	支付美元	数量	英亩	支付美元
加利福尼亚	1	2,747	599,988	0	0	0	0	0	0
印第安纳	0	0	0	0	0	0	4	453	1,154,293
肯塔基	0	0	0	0	0	0	0	0	58,500
密歇根	0	0	0	0	0	0	—	—	11,645
密西西比	0	0	0	1	786	882,138	0	0	0
俄亥俄	0	0	0	0	0	0	0	0	10,600
俄克拉荷马	0	0	0	1	630	0	3	887	976,349
河俄勒冈	0	0	0	0	0	0	1	132	2,781,912
宾夕法尼亚	0	0	0	0	0	0	0	0	950
总计	1	2,747	599,988	2	1,416	882,139	8	1,472	4,994,249

数据来源：美国司法部：The Financial Management Division thru FFIS，2010.9.

2010财年美国有9个州的11个项目参加了HFPP计划，其中，10年保护协议只有加利福尼亚州的一个项目，面积为2747英亩，补贴金额约59.99万美元。30年地役权项目密西西比州和俄克拉荷马州各一个，面积共1416英亩，补贴额度约为88.21万美元。其余8项为永久地役权项目，面积为1472英亩，补贴额为499.42万美元。具体项目见表4.10。

4. 养护技术援助项目

该项目向私人土地所有者、部落、地方政府等提供持续的技术援助，以寻求帮助生产者保护、维持、改善自然资源状况和提高土地的环保性能。该项目不提供资金援助，主要是为生产者评价现有的保护措施，制订保护计划。2010年该项目预算约7.41亿美元，目前这类型的项目主要指保护私人牧地项目（The Conservation of Private Grazing Land，CPGL），CPGL项目是给拥有私人牧地者提供的技术、教育等方面的援助，由1996年联邦农业改进和改革法授权设立，它并不是一个成本分担项目，目前政府不提供资金支持，只提供技术援助，援助的内容包括：更好地管理牧地，保护土壤免受风和水的侵蚀，使用更节能的方式生产粮食和纤维；涵养水源；为野生动物提供栖息地；维持牧草和放牧植物生长；用植物来隔离温室气体和增加土壤有机质；把牧场作为生物能源和工业产品的原材料来源来使用等。这一项目的目的在于通过牧地管理技术支持，为牧地所有者提供维持或改善牧地资源的专业知识和操作技术，指导他们建立可持续的放牧系统，使其在保护和改善牧地资源的同时获得应有的经济效益。

第四节　美国农业保护与支持政策的内部化效应

一、农业环境保护补贴提高内部化激励效应

20世纪30年代为了提高农场主收入，弥补农业正外部性外溢出去的效益，美国政府开始给农业生产者以农产品计划的形式发放各种补贴，这些补贴基本都和种植面积挂钩，按面积和产量计算补贴金额，这样就导致生产者为了更多地获得补贴而采取毁林开荒、围湖造田等措施扩大种植面积，同时种植过程中增加化肥、农药的使用量以提高产量，而这些措施毫无疑问导致农业的负外部性增强。为了更好地协调农业正负外部性的内部化，从20世纪80年代开始，美国政府将原来的农业补贴同抑制农业负外部性，减少污

染、激励环境保护相结合，着手进行农业补贴改革，把农场主采取措施抑制农业负外部性，进行环境保护作为获得补贴的前提条件，在聘请专家对农业环境补贴对传统补贴的替代效应评估之后，农业部开始了农业环保补贴的试点。下表对传统农业补贴与农业环境保护补贴在农业正负外部性调节、政府支出规模、纳税人负担、生态环境效益和对环保行为的激励等方面进行了比较。结果显示，农业环境保护补贴在调节农业正外部性上，只要农场主符合环保要求和传统补贴没有区别，但是对负外部性调节效果明显，不仅能减少农业生产对资源的破坏还能有效激励农场主采取环保措施。而且由于环境保护补贴可以抑制农场主扩大种植面积套取补贴的行为，所以政府的补贴支出也能大量节省，既减轻纳税人负担，也更容易为纳税人接受。

表 4.11　传统农业补贴与农业环境保护补贴比较表

补贴类型 / 项目	传统农业补贴	农业环境保护补贴
正外部性调节	是农场主额外无风险收入，较好地弥补农业利益外溢	农场主符合环保要求可以获得补贴，与传统补贴调节作用相同；否则失去补贴资格，对利益外溢无调节作用
负外部性调节	促使农场主大量使用农药、化肥，扩大农田面积，加大负外部性	有效减少农场主环境负外部性行为
政府补贴支出	无变化	大幅度节省
纳税人负担	负担固定	减轻负担，而且因为可以改善环境纳税人更容易接受
生态环境效益	无直接调节作用	减少污染，保护资源，增加生态环境效益
对环保行为的激励	无激励作用	与经济利益挂钩，有较好激励作用

二、项目组合多视角进行内部化调节

美国资源和环境保护补贴是多个项目组合成的政策体系，适应了解决农业环境问题的多元化要求，大多数生产者，不管他们农场的规模和管理结构如何，面临的农业环境问题是什么，都可以选择到适合的环保补贴项目接受联邦援助。

1. 多元化项目设置适应不同的内部化需要

（1）退（休）耕项目针对的是环境敏感和生态脆弱地区的不适宜进行农业生产的土地，是在农产品过剩的大背景下，通过发放补贴使上述土地还草还林。吸引的参加者主要是这类地区的小型农场。这种农场以非农收入为家庭主要收入来源，退（休）耕原本不适合做农田使用的土地，获得政府补贴资金，既节省了比较高的生产和管理成本，又获得了稳定、重要的家庭收入。

（2）在耕地保护项目关注的是，在耕的8500万英亩农田和牧场在经济利用过程中出现的资源和环境保护问题。其中环境保护激励项目适宜于解决因种养业肥料和废物排放造成的面源污染问题、高生产力耕地的水土流失问题和农业资源的可持续利用问题。存在面源污染的农场和以农业为主业特别是农业产值高的大中型农场，更愿意选择这种补贴类型。原因是以农业为主业的农场不可能把大量耕地退（休）耕进行资源和环境保护，只能选择在使用土地的同时进行保护，通过环境保护激励项目的补贴和成本分担援助增加投入，改善农业生产条件，推行环保的耕作方式。养护管理援助主要适合有一定的保护基础，要更进一步全面解决水、空气、土壤等资源问题的农场。

（3）农田和放牧地保护项目的设置是基于这样的客观事实：土地创造的农产品价值往往低于土地的城市开发价值（如房地产开发价值），所以农场主客观上有将农地转换为城市用地的利益冲动，而一旦这种转换发生，通常恢复耕作经济上是不可行的，那也就意味着农地资源的损失不可逆。针对这一事实，农田和放牧地保护项目通过政府提供购买土地开发权补贴避免农业用地向城市用地转变，以及天然草场和牧场向农产品种植用地或城市用地转换，以降低耕地转换率，保护农场和农村的开放空间、野生动植物物种多样性和农村生态系统。

（4）养护技术援助项目则着眼于资源和环境保护过程中的技术问题，农场主在通过其他项目获得保护资金支持的同时，还可以通过技术援助项目谋求维持和改善私人土地管理、保护的技术和方案设计。该项目通过提供土地管理、保护和改善水的质量和数量、维护和改善野生动物及鱼类栖息地、加强土地上休闲娱乐机会、维持和改善私人土地的自然风光、农业经营多样化、开发可持续农业系统等技术，降低农业的负外部性，提高农业的经济效益。

2. 顺应内部化需要调整项目规模

(1) 退（休）耕项目绝对规模最大，但比重下降

美国1985年设立退（休）耕项目，自此直到2002财年，退（休）耕项目一直是联邦农业保护支出中最大的单一项目，在2000财年甚至现金支付的90%都和退（休）耕项目有关。但是，2002年农场法后退（休）耕项目的比例下调到50%，2008年农场法案进一步下调到40%。下调的原因包括三点：

第一，退（休）耕项目已经执行近20年，占美国耕地总面积的1/3的高度易侵蚀耕地和环境敏感土地在该项目的支持下基本退出了耕种；第二，对于农场主来说，维持农场运行必须要在土地上种植作物，收获农产品获得市场价值，不可能将适宜耕种的土地大量退（休）耕去进行环境保护；第三，单位面积的资源和环境保护效益高、执行和监督成本低是退（休）耕项目的优势，但与此对应的，退（休）耕项目单位面积政府补贴成本也较高，保护储备项目每英亩支付成本在50美元左右，这给政府财政带来了巨大的压力。而且一旦农场主在退（休）耕的同时为了弥补产量损失开垦其他土地来扩大种植面积，或者在合同到期后又恢复项目土地上的农业生产，则退（休）耕项目的生态环境效益难以保证。

2002年农场法改变了养护资金大部分投向退（休）耕项目的走向，项目覆盖整体面积下降，2008年农场法案继续减少，从4147.5万英亩下调到3660万英亩，2009年进一步下调到3504.1万英亩，降幅达15.5%。其中保护储备计划面积上限从3920万英亩下调到2009年的3200万英亩，减少18.4%。但是总体下调退（休）耕项目的同时，政府加大了湿地保护力度，保护项目面积由2008年以前的227.5万英亩增加到2009年的304万英亩，增长了33.7%。

表 4.12　2008 财年前后退（休）耕项目规模对比

单位：百万英亩

项　目	2008 年以前的面积上限	2008 年登记面积	2009 年面积上限	2009 年变化率%
保护储备项目	39.2	34.7	32	－18.4
湿地储备项目	2.275	1.9	3.041	33.7
合　计	41.475	36.6	35.041	－15.5

数据来源：ERS/USDA：analysis of NRCS and Farm Services Agency (FSA) data.

（2）在耕地保护项目规模增加，比重提高

2002 年农场法在降低退（休）耕项目支出的同时，开始大幅度增加对在耕的农作物生产用地和放牧用地的养护资金。2008 年农场法延续了这一趋势，继续扩大了对湿地恢复和在耕地保护项目方案的支持力度。表 4.13 数据显示，2008～2012 财年在耕地保护项目的补贴规模比 2002～2007 财年总体增加 85%，由 63.44 亿美元增加到 117.27 亿美元，其中除农业用水提升计划减少 15%外，其余三项都有所增加，养护管理更是由 8.82 亿美元增加到 37.92 亿美元，上涨了 330%。

表 4.13　2002～2007、2008～2012 财年在耕地项目规模对比

项　目	2002～2007 财年补贴额（百万美元）	2008～2012 财年补贴额（百万美元）	增长率%
环境质量激励计划	4，919	7，230	47
农业用水提升计划	330	280	－15
养护管理项目	882	3，792	330
野生动物栖息地项目	213	425	100
合计	6，344	11，727	85

数据来源：Economic Research Service /USDA.

按照国会预算办公室预测，2008～2012财年环境质量激励项目和养护管理项目合计的资金支出将超过一度占主导地位的保护储备支出，在耕地项目在总支出中的比重也由2002年的14%上升到2008年的35%左右。

在耕地保护项目补贴增加的原因：

第一，在耕地面积广大，对资源和环境的保护不可能把美国三分之二的土地置于无足轻重的位置，而且大量农业的外部性效应也是在土地耕作过程中产生的，决策者只有把改善环境和减少外部性损害的注意力和资金支持更多地放在在耕地保护上，才有可能取得资源和环境保护的实质性进展。

第二，在耕地项目可以较好地解决农业面源污染问题，如环境质量激励项目60%的资金是用于治理种植业肥料排放和畜牧业牲畜粪便等面源和点源污染的，这些财政援助和技术援助最大限度地减轻了农场主的经济损失，激励他们主动地采取环保方式从事生产活动，有效避免了规范非点源污染的困难。

第三，对于大多数以农业产值为家庭主要收入来源的农场来说，退休耕不切实际，只有在使用土地的同时激励其实施资源和环境保护措施才切实可行。

第四，在耕地项目允许生产者在土地上从事农业生产获得收获物市场价值，给农场主带来的经济损失小，而且通过改变耕作方式减少水土流失需要的资金投入也较小，所以在耕地项目每英亩政府需要支付的补贴成本较低，不会给政府带来太大的财政压力。

(3) 农田和放牧土地保护项目绝对规模增加，但相对规模仍较小

2008年农场法案授权农业用地保护项目2008～2012财年支持补贴规模为7.43亿美元，比2002～2007财年增加了接近50%。草地储备项目2003～2006财年共补贴2.17亿美元，覆盖1.22亿英亩土地，2008年农场法案扩大到了1.3亿美元，3.22亿英亩。虽然该项目整体支持力度加大，但其在资源和环境保护项目中的比例大约只占2%～3%。

(4) 养护技术援助项目规模波动幅度较小

养护技术援助项目规模经历了2002～2004年的逐渐增加，2005～2007年逐年下降，2008～2012年又增加的变化过程，总体规模在6～7.5亿美元之间波动，在总支出中大约占14%左右。

三、弥补农业正外部性利益外溢

1. 直接弥补农业利益外溢

(1) 在绝对规模上的弥补效果

资源和环境保护项目提供的补贴资金直接提高了农场收入，是农场主稳定的收入来源，一定程度上弥补了农业的正外溢性。表 4.14 是资源和环境保护各项目 2002～2007 财年补贴资金的明细，反映了补贴对农业利益外溢在绝对规模上的弥补效果。总体上美国农业资源与环境保护补贴规模逐年增加，由 2002 年的 32.29 亿美元增加到 2007 年的 43.86 亿美元，增长了 36%。其中土地退（休）耕项目在 21 亿美元左右，在耕地项目由 2002 年的 4.3 亿美元快速增长到 14.77 亿美元，农田和放牧地保护项目规模较小不足 1 亿美元，养护技术援助项目在 6～7 亿美元之间。

表 4.14　2002～2007 年美国农业资源与环境补贴额度

单位：百万美元

项目计划	2002 年	2003 年	2004 年	2005 年	2006 年	2007 年
土地退（休）耕项目	2069	2074	2135	2129	2122	2196
保护区项目	1785	1789	1850	1862	1931	1948
湿地储备项目	284	285	285	267	191	248
在耕地项目	430	765	1047	1263	1362	1477
环境质量激励项目	390	691	903	950	992	993
农业用水提升项目	25	45	65	65	70	60
养护安全项目	0	0	41	202	257	382
野生动物栖息地奖励方案	15	29	38	46	43	42
农田和放牧地保护项目	51	152	148	183	109	86
农场和牧场土地的保护项目	51	98	91	112	74	73
草原储备项目	0	54	57	71	35	13
养护技术援助项目	679	712	742	696	687	627
合计	3229	3703	4072	4271	4280	4386

数据来源：Economic Research Service /USDA. Funding for major USDA conservation progroms，FY2002—07.

从图 4.1 可以直观地发现，在退休耕项目、在耕地项目、农田和放牧地保护项目、养护技术援助项目四大类方案中，退（休）耕项目对农业正外部性的利益弥补规模约占总规模的 50%，2002～2007 财年基本没有变化；在耕地项目由 2002 年的约占总规模的 13%迅速上涨到 34%。其余两项绝对规模没有大幅度变化，占总规模的比例在 16%左右。

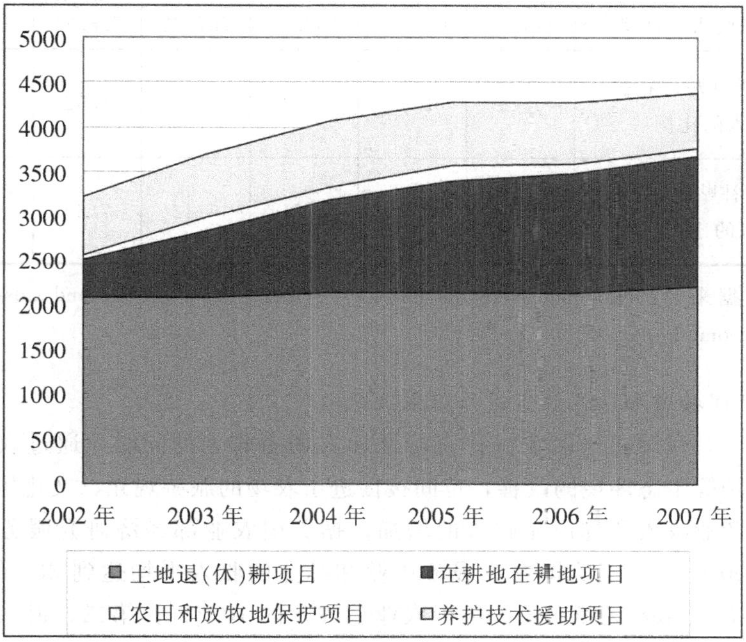

图 4.1　2002～2007 年美国农业资源与环境补贴项目构成

（2）在相对规模上的弥补效果

在对绝对规模作数字展示的前提下，下表反映了 2002～2007 年农业资源与环境保护项目补贴占农场主收入的相对比例，可以在相对规模上进一步说明补贴对农业正外部性的弥补效果。从数据来看，2002～2007 年，美国农场总收入在 2503 亿美元至 3194 亿美元之间，净收入在 424 亿至 903 亿美元之间，补贴额大约占美国农场农业总收入的 1.2%～1.5%左右，占净收入的 4.51%～7.69%，对弥补农业利益外溢有明显的作用。

表 4.15　2002～2007 年农业资源与环境补贴占农业收入比例

项目＼财年	2002	2003	2004	2005	2006	2007
保护补贴（亿美元）	32.29	37.03	40.72	42.71	42.80	43.86
农业总收入（亿美元）	2503.13	2749.36	3047.17	2985.05	2810.02	3194.19
农业净收入（亿美元）	424.97	647.97	903.37	787.63	556.21	661.55
保护补贴占农业总收入的比例（%）	1.29	1.35	1.34	1.43	1.52	1.37
保护补贴占农业净收入的比例（%）	7.60	5.71	4.51	5.42	7.69	6.63

数据来源：Economic Research Service /USDA：Farm Income and Costs，Farm Sector Income Forecast.

2. 间接增加农业收益，降低农业风险

第一，资源和环保项目在直接增加农场主收入的同时，通过农场、牧场、林场等生态环境的改善，也间接促进了农场的旅游观光、文化休闲等农业服务产业收入和林产品收入的增加。据美国农业部经济研究服务中心数据，2000～2009 年美国农业服务产业和林业的收入平均达到 331 亿美元，2011 年达到 438 亿美元，占美国农业毛收入的 10.8%；第二，退（休）耕项目把大量耕地退出农业生产，一定程度上缓解了美国农产品生产过剩的矛盾，有助于稳定农产品价格，保证农场主收入水平。第三，保护项目有助于建立多样性的农村生态系统，可以降低农业单一生产经营的风险。

四、抑制农业负外部性福利损失

1. 降低水土流失程度

近二十年来，美国耕地土壤侵蚀和湿地农业生产排水率有显著下降。通过退休耕高度易侵蚀土地和生产过程中采用环境友好型耕作方式，农田侵蚀由 1982 年的 3.1 亿吨下降到 1997 年到 1.9 亿吨，减少约 40%。风蚀每年减少了 542 万吨，约 40%。水的侵蚀每年下降 633 万吨，约 38%。2002 年美国退耕面积为 1360 万公顷，占全国农田面积的 10%，带来 20 亿至 27 亿美元的净环境收益，每年增加 58 亿至 76 亿美元的净农业收入。湿地保护项目下，湿地的农地转化面积也从 1974 年至 1982 年年均 23.5 万英亩下降为 1992～2002 年的每年 1.9 万英亩[①]，减少了水土流失。

2. 增加生物多样性

农业在野生动植物资源保护方面有着独特地位，不合理的开发利用和种养方式会破坏野生动物栖息地，降低生物多样性，相反，退（休）耕土地，恢复草地、湿地、林地、牧地，有效地保护土壤、水体、森林又会改善野生动植物生存环境，提高种群数量。正因为农业对野生动物的负面影响是可以改变的，所以美国政府通过退（休）耕还林还草，湿地储备，农场和牧场保护、草地森林保护等项目为 434 万英亩农田和 395 万英亩牧场提供资金和技术支持，影响土地所有者的利用方式，使之成为不同类型野生动物的栖息地。而且随着动植物物种的增加，农业野生动植物观光产业、狩猎活动也给农场带来相关的经济效益。

3. 抑制农业面源和点源污染

（1）减少水土流失对水资源的污染

保护性耕作减少了水土流失，降低了泥沙等农日沉积物和土壤中化学元素对水体的污染。泥沙大量沉积，可以摧毁水生生态系统，破坏淡水养殖基底，在极端恶劣的条件下，甚至可以破坏沿海和海洋生态系统，包括珊瑚礁生态系统。保护项目通过鼓励生产者免耕、少耕、垄作、间作套种或种草植树等措施，使至少 30 %的地表被植物秸秆覆盖，1994 年约 15 %的耕地地表的 70 %被秸秆覆盖，达到高密度覆盖，有效减少了土壤和其中养分的流失。据美国农业部数据，90 年代农田的泥沙流失量比 30 年代减少 14 亿多吨，减少 40 %。目前美国政府支持的其他保护措施还有牧场和草地管理，灌溉管理、梯田、等高种植、草地水道、作物条播和密生作物轮作、牧草轮作等，这些措施都对降低水土侵蚀流失有一定的积极作用，从而有助于减少对水资源的污染。

（2）控制畜牧业废弃物排放减少污染

牲畜和家禽排泄物中的病原体和药物残留也会引起水质问题。而且随着畜牧业大规模封闭集中养殖，单位面积内需要吸纳的污染物数量多，对水资源的污染更加严重。2002 年农业法推出后，美国政府大大增加了环境质量激励项目的资金支出，每年投入近 10 亿美元，将 60%的资金用于治理种植业肥料排放和畜牧业牲畜粪便等面源和点源污染，促进了对农业水污染的

① 美国国家资源库 NRI 数据.

控制。

(3) 养分管理操作减少土壤中营养物质对水体的污染

土壤中的氮和磷是农业面源污染中的主要营养素，水道中过量的氮和磷可导致藻类大量繁殖，从而导致低溶解氧或缺氧，无法维持水生生物的发展。通过保护项目的养分管理控制，减少生产者的化肥使用量和购买量，直接减少农业生产成本，同时减少了土壤中养分流失对水体的污染和富营养化影响。1998 年 Christensen 等人对美国 16 个州的 890 名生产者进行了调研，对比全面采用养分管理标准和不采用的生产者，结果显示采用的生产者氮、磷和钾肥的使用量每英亩分别减少 25 磅、5 磅和 13 磅，不仅减少了化肥对水体的污染，还有效节约了农业生产成本。按照 2007 年美国这三种化肥的平均价格，氮每磅 49 美分，磷每磅 48 美分，钾肥每磅 23 美分计算，每年每英亩共可以节约成本 17.65 美元。另外据美国环保局 2003 年对来自位于美国农业部 8 个示范项目和 8 个水文单位农民化肥投入的统计调查，结果显示，实施养分管理计划后，农民平均每英亩减少使用 51 磅的氮，26 磅的磷①，大大减少了土壤营养素对水体的污染。

4. 提高灌溉效率，节约农业用水

自然资源保护局通过鼓励生产者实施水资源保护措施；为有利于改善水质，节约用水的操作提供技术和财政支持；安装更有效的灌溉系统；制订灌溉水管理计划等措施，有效地提高农业灌溉效率。以环境保护激励项目为例，项目提供三种灌溉水援助计划：一是由灌溉转换为旱地生产；二是生产用水量小的作物；三是继续种植现有作物但提高灌溉效率。据农业部 2003 年农场和牧场灌溉调查报告数据，用地表水灌溉的 32.3 万英亩土地，每英尺/英亩灌溉成本是 29 美元，非地表水灌溉的 13.8 万英亩土地每英尺/英亩灌溉成本为 18 美元（包括供水固定成本和可变成本），比地表水灌溉节约 11 美元。对灌溉水管理每年每英亩可以节省 5.41 英寸用水，假设水在存储和传输过程中有 20%的损失，则每英亩有 4.328 英寸能产生实际节约价值，2003～2007 年农业用水的提供成本每英尺/英亩约为 28.56 美元，照此计算，提高灌溉效率后每年每英亩可以产生 10.3 美元的节约用水收益。

---

① 这项研究由于施肥率在各地区存在很大的差距，氮的减少量从最低 21 磅到最高 72 磅，磷减少从 6 磅到 55 磅不等，本书取其平均值数据。

5. 改善空气质量

农业资源和环境保护补贴鼓励在农业生产过程中实行作物营养管理；减少农业化学物质（如农药）的漂移；控制在动物饲养操作过程中产生的灰尘和气味。这些措施有效降低了 N_2O 和有机化合物的排放，减少了空气中的颗粒物，改善了空气质量。1989 年在保护储备项目下，由于风蚀减少，平均每英亩土地产生改善空气质量收益的净现值达到 25 美元。阿巴拉契亚、玉米种植带、三角洲、大湖地区的山区空气质量收益净现值高达 52 美元，1988～2007 年，每英亩的净现值平均达到 39.75 美元。

农业资源与环境保护补贴对农业负外部性的总体收敛效果可以通过下面的数据更好地说明。

表 4.16　2007、2008 年环境保护激励项目成本收益分析

单位：10 万美元

项　目		2007 年度	2008 年度	2008 年度增加
收益	动物废弃物管理	554	816	262
	地表和水沟侵蚀	1，948	2，869	920
	放牧土地生产力	3，111	4，580	1，470
	灌溉水利用	231	341	109
	空气质量	181	266	85
	肥料使用	601	885	284
	野生动物栖息地	172	254	81
	能源使用	210	309	99
	固碳	82	121	39
	合计	7，091	10，441	3，350
总成本		7，053	10，384	3，332
净收益		39	57	18

数据来源：Natural Resources Conservation Service/USDA：Final Benefit－Cost Analysis for the Environmental Quality Incentives Program 2010. 5. 24.

表 4.16 是 2007 年和 2008 年度环境保护激励项目的环境收益和成本分析，综合地反映了农业资源与环境保护补贴在动物废弃物管理、土壤侵蚀、水资源节约、空气质量、野生动植物保护、固碳等方面的效果。2007 年美

国政府环境保护激励项目成本支出为 7.053 亿美元，产生总环境收益为 7.091 亿美元，净收益 390 万美元。2008 年环境保护激励项目支出增长到 10.384 亿美元，收益增长为 10.441 亿美元，净收益达 570 万美元，这说明环境保护补贴不仅能弥补成本支出，还可以产生净环境收益，且二者呈正方向变化。从收益项目上看，补贴对于所有生态环境指标都有正效果，尤其是对提高放牧土地生产力，减少土壤侵蚀，降低废弃物排放和肥料使用效果明显。

小结

农业在国民经济发展过程中，从基础产业、自然景观、社会文化等不同方面无偿贡献了正的外部收益。但同时，不合理的农业生产方式也从破坏资源，污染环境，危害人类健康和降低生物多样性等方面给社会带来负的外部成本。美国政府利用农业资源环境保护补贴将农业的正利益外溢和负成本外溢一并进行调节，通过设立退（休）耕项目补贴，激励了农业生产者将高度敏感、易侵蚀的土地退出农业生产，恢复植被；通过在资金和技术上支持生产者对在耕土地采用环境友好型的生产方式，降低了农业生产过程本身对环境的污染；通过恢复湿地，保持林地、草地的农业用途，保护了野生生物栖息地，减少了农业生产对生物物种的影响。总之，美国政府农业资源和保护补贴项目既有效地提高了农业收入，弥补了农业正外部性利益外溢；又减少了农业生产对土壤、大气、水资源的负外部性污染，取得了显著的生态环境效益。

第五章 农业公共产品及美国的农业保护与支持政策

对于满足农业生产共同需要的道路交通、农田水利、电力能源、电信等物质性农业公共产品和农业教育、科研、技术推广等制度性农业公共产品，美国政府根据国内农业发展的实际需要，通过财政直接建设提供，给予税收优惠、补贴、政策性金融、赠送国有土地等多种方式进行了扶持，大大提高了美国农业公共产品供给水平，为美国农业和农村经济发展，农业劳动力素质和农业产出水平的提升，农业的科技化、生物化提供了物质和技术保障。

第一节 农业公共产品的内涵及研究口径

一、农业公共产品的含义及类型

1. 农业公共产品的含义

根据萨缪尔森（1954）《公共支出的纯理论》中公共产品的定义，农业公共产品可以定义为用于满足农业生产共同需要的具有非排他性、非竞争性的所有产品和服务。这些产品和服务是农业生产必不可少的条件，又是单个农户不愿提供或提供不了的。

2. 农业公共产品的类型

根据存在的状态，农业公共产品分为制度性农业公共产品和物质性农业公共产品。

（1）制度性农业公共产品

指为保证农业生产过程正常进行，推动农业和社会经济协调发展提供服务的农业法律框架和制度性规则，包括：各种农业法律、法规、条例、农业管理制度、农业发展的综合规划、农业公共政策、农业科技的推广和应用、农业教育和培训、农业信息与咨询等。

（2）物质性农业公共产品

是农业生产过程顺利进行必需的物质性条件，包括农田水利设施、农业作业道路、农业通讯、电力、贮藏、运输和销售设施、农业生态保护设施、病虫害防治设施等。

上述农业公共产品在消费过程中，农业发展战略、农业环境保护、农业管理制度、法规、农业基础科学研究、大型骨干水利工程属于纯公共品，需要政府供给；其他属于准公共品，可以采取政府部分资助的办法进行供给。

二、本书农业公共产品的研究口径

本书通篇都是在探讨农业法案和不同规划项目中的保护与支持政策，所以对于制度性农业公共产品中的法律法规、管理制度和发展规划、农业政策等不再单独论述。制度性农业公共产品本章主要论述美国的农业教育、科技、推广支持政策，农业信息与咨询留待第六章信息不充分中进行论述；物质性农业公共产品中本章主要探讨道路、水利、电力、通讯设施的支持政策，农业生态保护第五章已经独立设章详述，在此不再赘述。还有必要澄清的一点是，本章探讨农业公共产品，不是农村公共产品，所以诸如农村公共安全、公共卫生、农村社会保障等属于农村公共产品之列，而不是农业公共产品的领域，不在本书探讨范畴。

第二节　美国农业公共产品的供给分析

18 世纪末到第一次世界大战之前，美国农业逐渐进入以畜力为动力的半机械化时期，中西部地区农业生产快速发展，大量农产品需要外运到东北地区消费或出口。在这种情况下，美国开始利用赠送土地和出售公有土地的收入大力支持交通运输等基础设施公共产品的建设，在全国兴起了一个建设公路、铁路和开通运河的高潮，大大改善了全国的交通运输条件，为以后美国农业的大规模区域化种植奠定了良好的基础。19 世纪 60 年代到 20 世纪 30 年代前，美国政府对农业公共产品的支持重点由交通运输转向了农业灌溉基础设施、农业科研及技术推广、信息服务等领域，使美国农业的产出水平、科技贡献率、劳动生产率得到提高。大危机后，由于农业生产对土地和水资源破坏严重，美国政府公共产品提供开始强调自然环境保护建设，设立了大量退（休）耕等农业保护项目支持资源保育。20 世纪 90 年代后，信息、技术在农业发展中的作用愈加突出，美国政府的公共产品提供重点也随之转移到现代通讯设施、互联网建设、农业科技创新、生物技术研发，农民培训等项目上来。

一、农业基础设施的供给模式及规模

美国是世界上农业最发达的国家，二百多年来，美国政府为了确保农业的战略基础地位，针对农业道路，灌溉设施，电力、通讯设施等不同类型的公共产品采用不同的供给模式和支持手段，既发挥政府作用又利用民间力量，为美国农业发展创造了良好的硬件条件。

1. 农业基础设施的供给模式

一直以来，美国农业基础设施都是由政府和私人市场共同提供，根据不同时期供给主体地位的不同具体可分为三种模式。

（1）市场直接供给，政府辅助扶持

20 世纪 30 年代之前美国国家治理的主导思想是自由放任，因此，即使在理论上属于政府职能范畴的基础设施领域，美国政府也不是唯一甚至不是最重要的供给主体，在政府支出占 GDP 的比重不足 10%，财力不足的情况下，政府直接供给的基础设施非常有限，以 1865 年到 1890 年美国铁路高速发展时期为例，美国政府对铁路的投资（包括政府赠予铁路的土地价值）总额为 15 亿到 20 亿美元，仅占铁路全部投资的 10%或 15%，85%～90%的投资是由私人部门成立铁路股份公司发行股票和债券募集完成的。其他基础设施领域美国也充分发挥私人部门的力量，由私人投资和经营，政府只提供许可证、产权保护及一定的资金资助。因此，这一时期政府支持基础设施建设的作用主要体现在激励扶持方面：

第一，土地拨款，联邦和州政府将自己拥有的土地赠予运河和铁路公司，公司获得土地后以高价出售筹集建设资金，政府以此鼓励私人公司参与运河和铁路建设。当时各个州州内用于铁路的面积，总和达到 4888 万英亩[①]。

第二，直接的资金援助，各级政府的资金援助义务有所不同，联邦政府只负责少量的直接资金援助，州和地方政府负担大部分。以 1860 年铁路建设为例，联邦政府援助金额为 3300 万美元，而州和地方政府的援助金额分别为 1.5 亿和 1.25 亿美元。

第三，对私人公司投资农业基础设施给予减免税优惠，如免除部分甚至全部财产税，允许公司 10 年内不纳税，或者在公司收益和投资比例较为有利时再开始纳税。

第四，州政府通过政府贷款、认购公司股票和债券担保等形式，帮助私人公司募集建设资金。

（2）政府直接供给

20 世纪 30 年代罗斯福新政之后，凯恩斯国家干预思想占据主流地位，政府职能逐渐扩大，美国政府对农业基础设施的供给不仅在规模和范围上大大扩张，而且在铁路和公路等运输领域占据了主导地位，在供给方式上也由间接供给改变为直接投资供给。

对于铁路设施，美国政府增加了资金支持力度，1932 年到 1956 年政府批准给铁路的贷款总额超过 10 亿美元。1970 年美国通过铁路客运法创建全国铁路客运公司（National Railroad Passenger Corpration）直接经营铁路，联邦资助 5000 万美元拨款和 1 亿美元的贷款。

对公路设施政府支持以直接提供为主，由联邦政府承担公路基本建设投资，各州和地方政府负责公路维护和经营管理开支。从 1921 年到 1971 年，各级政府公路投资达 3260 亿美元，1971 年仅联邦政府公路投资就达 55 亿美元。从单项公路设施投资看，1956 年联邦资助公路法授权 13 年累计拨款 310 亿美元资助州际公路计划，修建了 4.1 万英里的州际公路，是美国历史上最大的公路工程[②]。

美国政府基础设施供给规模和范围的扩张可以通过新政期间成立的负责兴建公共工程的工程进度管理署的投资进一步说明，1935 年到 1942 年工程

---

① E. S. Griffith. A History of American City Government 1900－1920 [M]. New York: Praeger Publisher Inc., 1974: 80.

② 陈宝森. 美国经济与政府政策－从罗斯福到里根 [M]. 北京：世界知识出版社，1988：436.

进度管理署投资105亿美元，修建了7.7万座桥梁、66.4万英里道路、285个机场、2.4万英里下水道、12.2万幢公共建筑和公园、水库等基础设施，几乎覆盖农村和城市所有的基础设施领域①。再比如田纳西河流域管理局，作为联邦水利工程建设机构，负责田纳西河流域的全面治理和综合开发，在田纳西河及其支流直接投资修建电力设施、航运设施，同时依靠国会拨款投资援助育林和资源开发等环境保护公共产品项目，不仅包括水利、电力、灌溉、航运，还涉及到环保领域。

这一时期基础设施的供给模式基本上可以描述为政府决策——政府部门及其指定组织生产——政府将公共产品分配给消费者，政府完全在供给过程中占据主导甚至垄断地位。

（3）政府控制下的市场化供给

20世纪80年代后期，政府公共产品供给扩张导致的财政危机和供给的低效率，迫使美国政府寻求公共产品供给的市场化改革。在农业基础设施领域，政府大幅度缩小供给范围，引入私人力量，采用政府监督和控制之下，私人部门承包生产或投资建设等公私合作提供的模式推行市场化改革。

①合同承包

政府在确定农业基础设施的需求数量和质量之后，通过招标竞争，与最佳的私营部门签订承包合同，由其按合同约定提供公共产品，是美国公用设施、公路、铁路、运输、环境保护等公共产品供给市场化的最常见方式。这种方式下政府的职责就是确定公共产品和公共服务的内容，监督承包合同的执行。据美国行政管理和预算办公室统计，1992年美国政府通过承包合同购买的公共产品为2100亿美元，几乎占联邦开支的1/6。

②特许经营

政府与私人部门签订特许经营合同，授权私人部门提供某项公共产品，准许其在一定时间和范围内进行经营，通过向用户收取费用或出售产品回收投资、赚取利润，合同期满后公共产品即归政府所有。这种方式下，公共产品完全由私人部门按照市场规则投融资、生产经营，在电力、废水处理、桥梁、隧道、公路、江河大坝等基础设施的供给中被大量采用。理论界将这种方式概括为BOT方式（建设－经营－转让），即由私人部门融资、设计、

① （美）H·N·沙伊贝．近百年美国经济史［M］．彭松建等译，北京：中国社会科学出版社，1983：413－414．

建造农业基础设施，并在特定期限内经营获利，期满后免费将该设施转让给政府。在市场化改革模式中政府的供给责任除了直接投资建设农业基础设施外，更多地体现在确定农业基础设施的规模、质量，监督、控制私人部门的执行上。

基础设施的市场化供给虽然可以一定程度上缓解政府的财政压力，提高公共产品的供给能力和供给效率，但是由于资本的逐利性，私人经济大量进入基础设施领域有可能损害社会公平，使不能支付使用费者被排除在公共产品的受益范围之外，因此，作为最能充当公共利益代表的政府，必须引导、支持、协调、监督私人部门的供给行为，使其在私人利益和公共利益之间达到平衡，这也是为什么这一时期政府对基础设施供给力度较小的情况下，依然称供给模式为政府主导下的市场化供给的原因。

2. 农业基础设施的供给规模

(1) 交通运输设施

①运河

为推进西进运动，加快农业开发，美国政府从19世纪初开始大力资助运河、铁路等大型基础设施建设。1817年纽约州政府开始修建美国第一条运河——伊利运河，到1840年全美运河达5353公里，用30年时间就建成了完善的运河体系。

②铁路

1830年5月24日美国历史上第一条铁路——巴尔的摩至俄亥俄州的铁路建成通车，全长仅21公里。20世纪50年代美国开始大规模兴建铁路，80年代达到建设高潮，到1914年美国铁路长度已经超过了欧洲各国铁路的总长度，是世界铁路里程的1/3，铁路网覆盖全国。1916年之后到70年代由于其他运输方式迅速发展和政府的严厉管制，铁路线路不断拆除和封闭，路网长度逐步缩减，25 %的铁路企业破产，美国铁路处于崩溃的边缘[①]。1980年《斯塔格斯法》(Staggers Act) 颁布，通过资产重组和一系列放松管制的政策，美国铁路开始走向复兴。进入21世纪，运输需求的增加和不断上涨的油价刺激了铁路的繁荣，2008年12月美国铁路的营业里程为260423公里，占世界铁路总长度的35%，形成了由6条东西向、10多条南北向、10多条由东北向西南的主要干线，大量支线和地方线，1条高速铁路线——东北走廊所组成的铁路网，是世界上路网规模最大，铁路营业里程最

① J. T. 施莱贝克尔. 美国农业史 (1607—1972年) [M]. 北京: 农业出版社, 1981.

长的国家，运输了国内生产农产品的40%[1]。

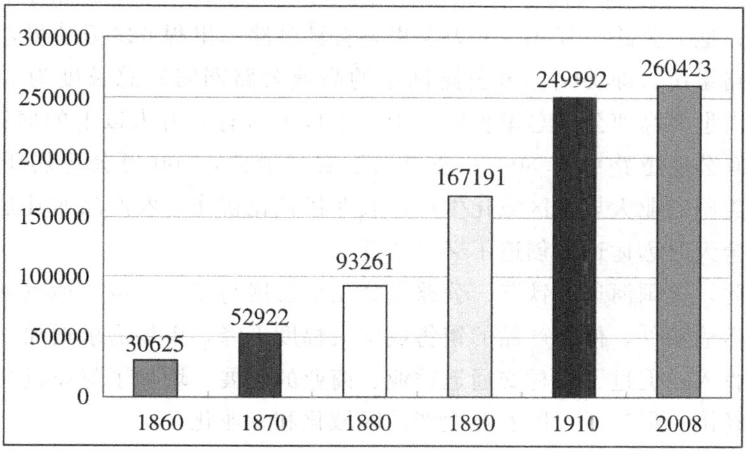

图5.1 1860～2008年美国铁路建设里程趋势图

数据来源：J. T. 施莱贝克尔. 美国农业史（1607—1972年）[M]. 北京：农业出版社，1981. 174页；孟祥春. 美国铁路的历史沿革与管制变迁[J]. 理论学习与探索，2008（3）：56.

由上图可知，19世纪70～90年代是美国铁路建设高速发展时期，到1890年铁路建设里程达到167191公里，累计比1860年的30625公里增长了5.4倍，铁路服务在满足国家需要方面已经略有余裕，之后铁路建设速度逐渐放慢，到1910年覆盖全国的铁路网已经形成，总里程达到249992公里，商业化农业所需要的充足的运输服务几乎在美国的每一个地区都变成了现实，美国铁路建设基本完成，因此到21世纪，铁路里程没有大幅度增长。

③公路

20世纪初汽车发明以后，美国政府开始大规模修建公路，1916年国会批准了第一个联邦公路法令，设立援助各州的公路建设基金。30年代美国建成了遍布全国的公路网，二战结束以后，美国通过《联邦道路援助法》（Federal— ighway Act）、《道路营收法》（Highway Revenue Act）等法案，实施了以州际公路为重点的大规模公路建设。1951～1979年的28年间，美国共新增公路里程95.09万公里，年均新增里程达到3.4万公里，形

① 孟祥春. 美国铁路的历史沿革与管制变迁[J]. 理论学习与探索，2008（3）：56.

成了庞大的公路交通系统。90 年代美国又完成了全国高速公路网建设。2006 年，美国联邦公路里程已经达到 29.61 万公里；州际公路里程 128.7 万公里；地方公路里程 464.6 万公里，合计公路总里程 623 万公里，州际与国防公路系统（即美国国家公路网中的高速公路网络）总长度为 8.8 万公里，约占世界高速公路总里程的一半，连接了所有 5 万人以上的城镇①。而且在所有公路道路中有 300 万公里属于农村道路，500 万公里属于夜面公路，为美国农业大规模区域化生产，农业机械化耕作，农产品尤其是易腐农产品的全天时远途运输创造了必要条件。

至此，美国河运、铁路、公路设施相继发展与完善，极大地改善了美国的交通运输条件，使农产品的销售成本大幅度下降，市场需求增加，提高了农场主收入；促进了农村交通运输业、商业的发展，增加了就业机会，活跃了农村经济；促进了美国农业生产的区域化和专业化。

2. 农田水利设施

美国国土面积 963.2 万平方公里，耕地面积 1.97 亿公顷（含休闲地）。以中部的密西西比河为界，东部多平原低地，年降水量 800～2000 毫米，基本能满足农牧业生产的需要；西部的 17 个州年降雨量 125～625 毫米，少的只有几十毫米，属干旱、半干旱地区，为改善西部农业生产的自然条件，美国政府制定了一系列优惠政策，大力发展灌溉事业。1902 年 6 月美国通过《纽兰兹法》，也称《垦务法》，规定由联邦政府农业基金支持西部 17 个州建设水利设施，修建灌溉和防洪水库堤坝、灌排渠道，铺设滴灌管网设备，使西部灌溉面积由 1890 年的 363.2 万英亩，扩大到 1910 年的 1125.9 万英亩，增长了 2.1 倍②。

为发展西部灌溉农业，1902 年美国联邦政府专门设立了内务部垦务局，负责美国西部 17 个州的水资源开发和管理；大型跨流域水利工程的投资开发；水务纠纷处理；州以下的水利部门的行业指导和技术监督等。1902 年至 1991 年间，垦务局投资 106 亿美元补助水利工程，其中 20 亿美元为灌溉设施投资。兴建了 350 座水库，为分布在 5400 万英亩土地上的 12 个大农庄和 3100 万城区人口提供了 38 亿立方米的水源③。

---

① 美国高速公路管理概况［EB/OL］. 河南交通科技信息网.［2007－03－01］. http://www.jtstar.com.

② 刘自强. 近代美国西部农业开发政策研究［D］. 长沙：湖南师范大学，2003.

③ 赴美国水利工程建设与管理培训报告［C］. 中国灌溉排水发展中心，2000（12）.

经过一个多世纪的建设，美国农场灌溉面积已达2500万公顷，占耕地面积的13%，其中喷灌面积达到800万公顷，居世界第一位。而且目前美国的农业水利设施逐渐向多用途化发展，以美国农业第一大州加利福尼亚州的联合水资源灌区为例，该区年降雨量430毫米，年径流量3.845亿立方米，60%的用水需要从科罗拉多河引入，还有一部分来自地下水，属井河混合灌区，为蓄水、灌溉、防洪、发电，该灌区兴建了世界上最大的多用途水利建设项目，包括29个蓄水库，18座泵站，4座抽水发电厂，5座水力发电厂，100多口井和1000多公里长的水渠和管道，引水流量达每秒10.5立方米，总灌溉面积218万英亩，同时还供应城乡居民生活和工业用水、用电①。

3. 电力设施

20世纪30年代之前美国只有2%的农村地区通电，但美国政府深知农业生产高速发展必须要有充足的电力和其他形式的能源供应，于是1936年美国通过《农村电气化法》和《电力合作社法》，开始大规模农电建设，给予农电合作社大量长期低息贷款，用于建设水电和火电发电厂、配电站、输电线路和电力传输网络等，并授权农电合作社对联邦政府所有电厂的电力拥有优惠电价第一购买权，从而大大推动了农业电力基础设施的发展。1940年，美国通电农场达到农场总数的33%，1950年，达到78%，1959年，达到98%，基本上实现了农村地区电气化。目前，美国政府专门成立了农业部农村公用事业服务局负责农村电力计划的实施，通过农村电力信贷和担保计划，向农村非营利实体、合作或互助组织、公共社团和其他单位提供农电贷款。据美国能源信息署2011年4月发布的《短期能源展望（Short－Term Energy Outlook）》报告数据，2010年美国净发电量为41201亿千瓦时，占世界总发电量的30%，拥有32万公里超高压输电线路，其中区域性电站和电网包括60个农电发供电合作社和875个农电配电合作社。充足的现代化的农村输变电系统，为农业生产提供了可靠、安全和廉价的电力能源。

4. 电信设施

随着农业信息化的发展和互联网技术的普及，20世纪90年代后，美国农业基础设施建设的概念已完全不是传统的修水利、拉电网，而是铺设光缆、建立信息高速公路等现代电子通讯设施的建设。21世纪美国农业部提

① 美国农业部农场服务局官方网站.

出农村发展的七大战略，其中之一就是农村互联网高速宽带的接入，而且美国农业部称之为最大挑战和最优先考虑事项，可见电信建设在美国21世纪发展农村经济中的重要地位。

作为电信业最发达的国家，20世纪70年代初美国农村92%以上的农场已经接通电话；90年代移动电话、有线电视和互联网已经普及。目前政府建设的重点是农村地区通信系统的升级和宽带上网工程。主要援助项目有：

2008年农场法案授权农业部公用事业服务局对符合条件的为农村社区提供宽带服务设施和设备投资的申请人提供贷款资金。

为了刺激美国经济，2009年《美国恢复和再投资法（复苏法案）》又设立了宽带倡议计划（The Broadband Initiatives Program，BIP），向横跨美国农村的宽带建设提供赠款、贷款、赠款（贷款组合）等形式的资金援助。2010年9月，BIP计划援助了320个项目，总额达35.29亿美元，这些项目将为280万个家庭、36.4万个企业、3.2万个机构，超过30万平方公里的地区提供宽带服务[①]。

电信基础设施贷款计划（The Telecommunications Infrastructure Loan Program，TILP），为投资建设和改善农村地区电信服务的合格社团单位提供新建、扩建、收购电话线路、设施或通讯系统的直接和担保贷款。

这些宽带工程为提供农村远程教育，改善农村的教育环境，进一步提升美国农业生产效率创造了条件。

二、农业教育、科研和推广的供给模式及运行实践

1. 农业教育、科研和推广的供给模式

（1）“三位一体”的供给模式

美国政府在支持农业基础设施建设的同时，逐步加大对农业教育等公共产品的供给支持，通过1862年《莫里尔法》建立州赠地大学或农学院、1887年《哈奇法》在农学院下设州农业试验站、1914年《史密斯一利弗法》设立农学院和各州合作运行的农业推广站，建立起了以州立赠地大学为依托，农业教育、科研、推广有机结合的农业公共服务供给模式。该模式的特点是教育、科研、推广“三位一体”，即农学院统管全州的农业教育、科研和推广业务，农学院院长同时兼任州实验站站长和州推广站站长，农学院的教授同时承担不同比例的教学、科研和推广工作，教学工作在农学院本部进

① 美国农业部公用事业服务局网站.

行，科研工作在农学院下设的农业实验站及若干示范点完成，科研成果的推广和应用在各州的农业推广站完成。

(2)“三位一体”供给模式的优点

该模式的优点是教学、科研、推广体系相互渗透，相互促进：第一，科研工作有利于丰富教学和推广工作的内容，可以把最前沿的科研知识传授给学生；第二，推广工作迅速直接地传播最新科技成果，有利于农场主及时掌握最新技术，加速科技成果向生产力转化；第三，通过推广实践，可以发现和收集生产中存在的实际问题，进一步研究解决，保证了研究课题的实用性。这种相互促进的运作模式极大地提高了美国农业生产力，对推动美国成为世界第一农业强国起到了关键作用，也使美国农业公共服务供给“三位一体”模式成为国际上公认的美国农业最成功的经验之一。

2. 农业教育的供给实践

为了提高尽可能多的农业生产者的素质，美国建立了多样性的包括正规的农业高等、中等教育和非正规的各种短期、长期培训教育在内的农业教育体系，以适应不同年龄阶段，不同层次的农业生产者的教育需求。

(1) 高等农业教育

高等农业教育是由高等农业院校向农业领域提供高素质人才的基地，肩负着提高农业生产力水平，促进农村经济发展，增加农村经济收入的重任。

①萌芽时期

1822 年，美国缅因州建立了第一所专门培养农业人才的专科性质的院校——Gander college，这是美国历史上第一所真正意义上的农业学校。但由于财力和师资力量的限制，直到美国内战前，农业高等教育仍处于萌芽状态，发展缓慢，没有成为高等教育体系的有机组成部分，高等学校一般也不开设农业学科课程。

②发展时期

1862 年 6 月美国国会两院通过《莫里尔法》，又称《赠地学院法》。该法明确规定凡接受本法条文的各州可以根据它们在国会中的议员人数，按每个议员 3 万英亩的比例从联邦政府获得土地，各州政府可以出售这些公有土地，以所得收入创办和维持至少一所农业和机械技术学院（A&M College)，称“赠地学院”或“赠地大学”，该法开始了美国政府建立和完善农业教育体系的工作，促进了农业高等教育大规模发展。

③形成时期

1890 年，国会通过第二个莫里尔法，对 1862 年莫里尔法进行补充和发展。规定除继续办好原有的赠地学院外，还要为黑人创办赠地学院，结果南部16个州也建立了17所农学院，人们称之为“1890赠地学院”①。该法另一个主要内容是联邦政府每年从国库中给各州拨款1.5万美元用于赠地学院，以后逐年增加。到1907年该项拨款增加到5万美元，到2004年已经达到30亿美元。这项规定使得联邦政府对赠地院校年度拨款制度化、法律化，既表明了政府对农业高度重视的立场，又有利于农业教育的稳定化、长期化，美国农业高等教育体系逐渐形成。

《莫里尔法案》是美国农业教育的最重要立法，对美国农业教育发展起到了极大的推动作用，一是为当时美国高速扩张的农业培养了大批技术型人才。1882年由联邦政府资助的赠地学院在校生仅为2432人，到1885年已增加到2.5万人，1916年约为13.5万人，1926年接近40万人，1962年注册学生约占全国大学生总数的20%，美国当时在世的36位荣获诺贝尔奖得主中有16位毕业于赠地大学。二是支持创办了大量农业高等院校。到1922年时美国就已经完成了69所赠地学院的建立②。

④发展现状

据美国赠地学院协会调查，截止到2009年底，美国有109所赠地学院，遍布美国的50个州。2010年，学生数量突破120万人。除赠地学院外，美国还有大量高等学校开设了农业课程。20世纪90年代，全美有140多所举办高等农业教育的院校，占高等院校总数的4%～5%，有林学院63所，兽医学院27所。高等农业教育体系日益完善发达，满足了社会多方面的教育需求③。

（2）中等农业教育

20世纪初期，在工农业发展的带动下中等农业教育开始在美国出现，1905至1910年间美国97.6%以上的各类学校设有农学类专业或教授农业课程，其中大部分是中等农业教育机构。1917年美国通过《史密斯—休斯法》，规定联邦政府要为在农村和城市郊区的中学开设农业职业教育课程提供援助，大力支持贫困地区的中学开办农业课程，规定凡14岁以上、有志学习农业技术者均可免试入学。现在美国的乡村学校普遍开设有关农业的课

---

① The Encyclopedia American: College, Vol. 7. International Editin, American Corporation, 1978.

② 徐更生．美国农业政策［M］．北京：中国人民大学出版社，1991.

③ 美国农业部公用事业服务局网站．

程，中等农业教育已经普及。

中等农业教育办学方便、灵活，形式多样，有农业技术类学校、普通中学，也有高等农业院校开办的中等农业技术教育，还有中等农业职业技术学校，具体选择哪种形式依据当地的经济发展状况和农业职业结构而定。中等农业教育注重理论与实践结合，实习时间约占50%，开设课程的80%属于农艺，以作物栽培、动物饲养、农场的经营管理等课程为主，偏重于实用教育，为美国农业生产培养了大量应用型的技术人才。

(3) 农业培训教育

除鼓励正规的学校高等、中等农业教育外，美国政府还积极支持各界力量在农村进行农业培训教育。1928年，美国创建了全国性的农民教育培训机构——未来农民联合会，普遍开设农业知识课程，利用业余时间对青年农民进行系统培训，向成年农民传授新的农业科技知识，提高生产者的农业技能、管理和领导能力。

1962年和1964年，美国又通过了两项法律，《人力开发和培训法》和《经济机会法》，强化职业培训，提出农村地区和贫困斗争的特别计划，为农村青年提供职业培训和再培训技能教育服务。

目前，美国各农学院普遍开办成人教育以及期限不同、内容不一的各种培训班，各州的研究中心、试验站也单独或联合举办以农村成年居民为主的各式训练班，普及农业科技知识，推广农业科研成果。政府培训机构，农学院、推广机构共同组成了美国完善的农业培训体系。

3. 农业科研的供给实践

美国是世界上农业生产技术水平、农业劳动生产率最高的国家，进入21世纪后，美国农业生产领域大量应用以基因工程为核心的现代生物技术和以全球定位系统为代表的高科技设备，人类直接控制农业自然再生产的能力越来越强，极大地降低了农业的自然风险，促进了农业生产力的发展。

现在美国有1200家主要服务于农业领域的不同性质的科研机构，包括联邦农业部、赠地大学和私人企业农业科研机构三部分，具体情况如下：

(1) 联邦农业部科研机构

农业部由农业研究服务局负责农业技术方面的研究开发和服务，在全国设有8个农业科研中心和105个地区研究站，雇佣着1950名高级研究人员和8000名辅助人员。科研中心从事全国性的、跨地区的基础性农业项目研究，内容涉及作物、畜牧家禽、资源环境、人类营养等方面。地区研究站主要从事灌溉、放牧、动植物良种培育、病虫害防治、生态保持等专门和单一项目的研究。科研中心和研究站的科研经费由联邦政府支持，1999 年农业部科研机构获得的总经费达到 7.82 亿美元，按全体人员计算平均研究经费超过每人每年 10 万美元，按科学家（课题主持人）计算超过每人每年 30 万美元，仅一个马里兰州的 Belt sville 研究中心 23 个国家项目就获得了 1 亿美元的经费支持①。

（2）各州赠地大学的农业科研机构

1875 年，康涅狄格州的威斯康星大学建立了美国第一个农业试验站，从事农业生产技术的研究。接着纽约、新泽西等州相继效法，到 1886 年各州成立了 12 个试验站。由于农业实验需要大量经费，各州都要求联邦政府给予支持，于是 1887 年 3 月，国会通过《哈奇法》（Hatch Act of 1887），又称《农业试验站法》，规定各州必须在赠地学院领导下成立一个农业试验站，负责研究服务于本地农业生产的科学技术和向农民示范新的农业科研成果，联邦农业部每年向其拨款 1.5 万美元，资助进行农业试验。该法案的实施增加了美国农业高等教育的农业科学实验与研究职能，推动了农业、畜牧业科研示范基地、试验室、试验田的迅速发展，为新的农业生产技术的研发创造了条件，科技成果大量涌现，有力地促进了农业生产的发展。据经济学家帕维里斯分析，1929～1972 年间，美国农业产量增长的 81%，生产效率提高的 71%归因于科学研究和教育。目前美国有赠地大学研究机构 67 所，按教授计平均研究经费超过每人每年 20 万美元。它的主要职能和联邦科研机构一样也是创造知识、服务公众，但它主要负责研究各州的农业问题，为各州自身服务，同时它也承担联邦农业科研机构下达的重要地区性课题的研究任务。

（3）私人农业科研机构

一般由大型的种子公司、农业机械公司、农业化学公司和食品公司等农业企业设立，如美国农企三巨头嘉吉公司、ADM 公司、邦吉公司，世界种子巨头孟山都公司和杜邦公司等数百家企业均成立有自己的研究中心、实验室或试验站，招聘高素质的研究人员，提供优越的科研环境，先进的研究设备和充足的研究经费，从事种子、农机、化肥、农药等具体产品的技术开发、新产品试制等方面的研究。这些私人研究机构都具有很强的科研能力，如孟山都公司设立的生命研究中心，设有 250 个实验室、100 多个人工气候室，雇佣着 1500 名研究人员，1/3 具有博士学位。而且私人资本的逐利性

① 魏勤芳. 美国农业科技体系及运行机制 [J]. 科学新闻，2006 (22)：11－12.

使得这些机构成为联邦和大学科研机构基础科研成果的转化器，自动将其研发成实用新产品，形成现实生产力。以农业生物技术为例，联邦和大学科研机构从事动植物基因图谱、外源基因导入、DNA 重组、染色体识别等基础研究，而利用这些技术培育转基因动植物良种则由私人种业公司进行，现在美国 60%左右的农业科研成果被私人企业吸收并广泛投入商业化应用，极大地提高了美国科技成果转化率和农业生产力水平。据农业部数据，2004 年美国利用生物技术研制的转基因大豆、玉米和棉花的种植面积分别为 2573 万、1474 万、421 万公顷，共增产农作物 66 亿磅，增收 230 亿美元，农业科研对生产力的促进作用和经济效益可见一斑。

美国农业科研体系的三个组成部分在农业科研工作中既有各自的研究领域相互分工，又密切合作，将基础研究、应用研究、成果转化有机结合，保证了农业科研体系的高效运转。

4. 农业科技推广服务的供给实践

农业科学技术对农业生产的促进作用，只有在得到广泛应用的前提下才能最大限度地发挥，而要想在农业生产全过程的各个环节贯穿农业科技因素，建立农技推广体系就显得尤为重要。

（1）农业科技推广体系的形成和发展

20 世纪初鉴于农业科研与应用脱节严重，美国逐渐重视农业技术推广工作。1914 年，国会通过了《史密斯—利弗农业推广法》（Smith－lever Extension Act of 1914），规定：农业部设立联邦推广局，宏观管理和协调全国农业推广工作，与各州赠地农学院合作，在学院所在州设立农业科技推广站，日常管理由赠地大学负责，州下属的每一个县设立推广办公室，负责直接向农民提供农业技术培训和科研成果及新技术的迅速推广应用。联邦政府每年支持各州推广经费 1 万美元，另加一笔按各州农业人口数量计算的额外款项，但需要州政府提供 1∶1 的配套资金。该法案确立了美国农业推广体系的基本雏形，为联邦政府、赠地大学和州、县合作推广体系的形成奠定了法律基础，使合作推广系统迅速发展。到 1917 年美国推广工作人员已达 4100 人，推广资金达 610 万美元。现在美国有地区性推广站以及农业合作推广机构 3300 多个，推广人员 1.7 万人①，各级推广机构的合作推广体系日臻完善，对促进农业实用技术的传播，推动美国农业发展发挥了越来越大的作用。

① 徐更生．美国农业政策［M］．北京：中国人民大学出版社，1991．

(2) 农业科技推广体系的组织模式

美国农业科技推广体系是联邦农业推广局、州推广站、县推广办三级结构模式。

最上层的是联邦农业推广局，隶属于农业部，负责协调全国的推广活动，确保在全国范围内建立一个有效的农业推广体系。它不直接领导各州的农业推广站，而是与各州赠地大学发展并维持工作关系，由各州赠地大学管理州推广站的具体推广工作。

中间层是州农业推广站，隶属于州立大学，一般由赠地大学农学院院长兼任站长，下设由督察、县推广员、专家组成的负有行政权力和监督职能的对口机构及为推广工作提供服务的附属机构，如人事、财务等部门。州推广站具体负责制订、组织、实施州农业推广计划，选择和培训县农业推广人员并向其提供农业技术和信息服务。

基层是县农业推广办公室，人、财、物管理权属于州推广站，由专业人员、秘书和乡村领导组成，主要负责向农民提供信息和咨询服务，4H 青年服务[①]，帮助农民寻找和解决农场经营中的问题，组织农民产销合作等工作。

(3) 农业科技推广的主要内容

农业科技推广的主要内容包括三部分：

①农业生产技术及资源利用与环境保护知识

主要推广对象是农村成年男子，具体内容包括：最新的农牧业技术、企业经营管理知识、粮食类农作物、果蔬、牧草、家畜的优良品种，新型农业机械，新的有利于资源和环境保护的耕作方法等。

②家政服务

主要是向农村成年妇女推广编织、料理家务、美化环境等管理家庭经济的知识。

③4H 青年服务

主要推广对象是 10～18 岁的农村青少年，通过为孩子提供参与实践的机会，学习和全面个人素质有关的农业科学知识，培养他们对农业科研和生产活动的兴趣，鼓励青少年从做中学。推广内容涉及生活实用技能，包括理财技能、消费科学、家庭装饰、着装艺术、食品与营养等；素质知识，包括职业教育、公民教育、健康与安全教育、艺术表演与创造、休闲生活等；科

① 4H——Head、Heart、Hand、Health，代表脑健、心健、手健、身健.

技知识，如计算机科学技术、机械科学、宇航科技等；农业知识，包括园艺、土壤、环境与自然资源等。为了吸引青少年学习推广内容，推广办往往采取丰富多样的形式，牛、羊、狗等动物的饲养比赛、夏令营、观测水质和病虫、航天试验、机械拆装、食品烘烤、4H 演讲比赛等，既提高了孩子的技能，又激发了孩子对农业的兴趣，为将来农业科研和推广储备了人才。

上述推广内容针对不同的年龄、性别提供相应的推广服务，基本上把农村 10 岁以上的男女老少都覆盖进来。通过举办农业展、开办农业空中广播节目、教学与实践观摩活动、免费提供资料等多样化的形式将各种农业科技成果迅速有效地推广出去，促进了美国农业现代化的发展。

第三节　美国农业公共产品保护与支持政策体系

公共产品的非竞争性和非排他性决定了公共产品的供给不可能通过市场自动调节实现平衡，即使是美国这样市场化程度很高的国家也不能例外。政府在这一领域必须发挥作用，或直接提供，或通过财政、金融等支持政策体系，全方位、多层次地介入农业基础设施建设和科教服务提供，并在其中发挥主导作用。

一、财税支持政策

美国政府在公共产品提供上，利用政府资金支持，税收优惠和补贴等财政手段，积极引导社会资金进入公共产品领域，弥补政府投资的不足，实现了政府和私人高度合作共同提供农业公共产品。

1. 财政资金支持政策

在农业公共产品建设过程中，依靠资本市场发行股票、债券，通过信贷机构贷款，吸纳私人投资都可以形成建设项目的投入资金来源，但由于农业公共产品投资规模大、回收期长，很难完全依靠市场满足投资需求，政府必须进行资金支持。

（1）各级政府资金支持的职责划分

①划分原则

公共产品的支持责任一般依据各级政府的事权和公共产品受益范围进行划分。凡是涉及全美国农业发展的大型工程和基础研究，全体农民共同受益，则以联邦政府支持为主；中小型工程，受益限于个别或少数州和地区的以地方政府资金支持为主。

②划分比例

美国交通基础设施建设的投资主体是法人单位，建设资金大多来自于民间，政府在民间资金的基础上，再配上一定赠款。铁路设施受益边界容易划分，政府支持的资金数量仅占工程投资的10%～15%左右，85%～90%由私人投入，通过使用者付费回收；农村公路主要由政府投资建设，纳入联邦公路法案的项目由联邦政府提供80%的建设资金，州或县政府负责20%；未纳入联邦公路法案的公路，联邦政府一般不进行投资，主要由州或县等地方政府负责投入。

农田水利设施公益性的特点突出，政府往往在投资体系中占主体地位。美国水利项目60%以上的投资由各级政府的财政资金支持，依据1986年《水资源开发法》的规定联邦和地方政府对不同类型的项目投入划分比例如下：列入联邦水资源开发计划的项目，由联邦和地方政府共同承担，农业灌溉大型枢纽工程、农村供水工程联邦政府和地方政府各承担50%；防洪工程，联邦承担75%，地方25%；水力发电工程100%由地方政府负责。属于各州的水利工程项目，联邦政府不予资金支持，由州政府独立承担；县及以下单位自办的农田水利项目，由所在地区受益部门自己负担，政府不进行资金支持。

教育、科研和推广方面，一般联邦政府承担院校的研究经费、学生助学金和向各州州立大学的试验站和推广站提供一定比例的经费；联邦科研经费主要拨给8个农业科研中心；各州试验站的科研经费分担比例为：联邦拨款30%，本州的预算拨款51%，私人企业赠款19%；推广经费各级政府分担比例为：联邦占20%～25%，州政府占50%，县政府占20%～25%左右。按州人数计算的科研推广额外拨款按联邦政府和地方政府1∶4的比例由州和地方政府支持配套资金。

（2）财政资金支持的形式和来源

各级政府对公共产品资金援助的形式有所不同，首先是联邦政府预算直接拨款，拨款程序按照美国预算法的规定，第一步是职能部门提出项目议案，第二步议案上报到总统预算管理办公室汇总审查，第三步审查合格上报到国会，第四步国会批准后由联邦预算实施拨款。直接拨款一般适用于按照各种法案和条例，联邦政府应该给予的常规性资金支持，临时项目可以通过游说国会议员，使国会批准添加进预算。其次，州政府资金支持可以通过州政府预算拨款，也可以选择直接认购铁路、公路股票、债券的形式提供资金。

政府支持的资金主要来源，一是联邦、州和地方（县）政府的税费收入，如基础设施的使用税、财产税、过路（桥）费等；二是政府设立的各种建设基金和教育基金，如道路信托基金，基金的78%来自汽车燃油税，其余来自重车的道路使用税和轮胎税，所以第二种收入来源也可以说是由第一种税费来源衍生的收入；三是私人团体和个人的捐赠。

(3) 资金支持的规模

①农业基础设施的支持规模

随着美国农业基础设施体系逐渐完善，大规模农业基础设施建设的阶段已经过去，现在交通路网，水利设施建设的重点主要是对原有设施的升级改造，如高速铁路、高速公路，多目标水利设施等。鉴于互联网设施建设对农业信息传递，农业生产者素质、技能发展的重要意义，政府目前对农村电信宽带等的资金支持力度逐渐加大。

第一，铁路建设支持规模。目前，美国铁路路网规模居各国之首，但据美国运输部预测，2035年美国货运需求较2002年将增长92%，如果不扩大路网规模，届时25744公里的主要线路将由于难以承载过多的运量而中断，所以现在美国很多州和地方政府都在积极参与和推动铁路，尤其是高速铁路的建设，特别是2008年金融危机后，为刺激经济复苏，奥巴马政府更是将建设高速铁路系统作为交通运输发展政策中的重中之重。规划了10条高速铁路建设项目，包括佛罗里达走廊、芝加哥枢纽、加利福尼亚走廊、太平洋西北走廊、东南走廊、吉斯通走廊、墨西哥湾走廊、北方新英格兰走廊、帝国走廊和中南走廊等。2009年2月美国恢复法案拟投资80亿美元修建高速铁路。联邦政府在联邦预算中也拨款50亿美元，准备在今后5年内每年投资10亿美元支持高速铁路建设①。2011年5月，奥巴马政府宣布将支持美国铁路公司和联邦15个州总额为20亿美元的高速铁路建设专项基金，用于交通压力繁重的西北部、加州和中西部地区在建和新建铁路项目，具体线路支持情况为：东北走廊线、华盛顿和波士顿之间获得7.95亿美元，芝加哥——底特律路线4亿美元，旧金山——洛杉矶路线约3亿美元等，至此奥巴马政府向加州、中西部和其他地区的铁路网建设投入资金已经达到约100亿美元②。虽然基础设施建设的受益部门不仅仅是农业，但因为这些地区是

① 杨晓莉．美国铁路发展现状及启示［J］．综合运输，2010（2）：69.

② 美国政府官方网站：http：//www. usa. gov/.

美国的农业主产区，高速铁路项目的建设无疑会为农产品运输提供更好的条件。

第二，公路建设支持规模。对于公路设施美国政府援助资金的来源和规模数据见表 5.1，高速公路项目政府援助的资金规模最大，2010 年为 482.36 亿美元，2011 年为 418.79 亿美元，预计 2012 年将达到 697.84 亿美元。政府对公路建设总的资金支持额 2010 财年达 687.72 亿美元，2011 财年为 428.81 亿美元，2012 财年预计达 696.24 亿美元。

表 5.1　2010～2012 财年联邦公路管理局预算资金支持规模

单位：百万美元

援助项目	2010 年	2011 年	2012 年
联邦政府高速公路援助资金	48，236	41，879	69，784
杂项信托基金支付	40	40	40
给公路信托基金支付	19，500	——	——
杂项拨款	55	19	——
杂项拨款/地面重点运输	291	293	——
杂项拨款/运输	——	——	100
公路基础设施项目	650	650	——
合计	68，772	42，881	69，924

资料来源：Federal highway administration（fhwa）：fy 2012 new budget authority.

第三，电力设施建设支持规模。目前美国政府支持的农业电力建设项目主要是援助农村安全、廉价电力能源建设的高成本能源援助计划（High Energy Cost Grants Programs）。该计划为能源成本超过全国平均家庭能源成本 275%的农村地区改善和升级发电、输电及配电设施提供补助资金。补助金可用于电网和离网型可再生能源项目和节能项目建设。表 5.2 是 2010 年美国高能源成本基准，凡是达到这一成本水平的地区都可以获得联邦政府提供的改建电力设施的资金支持：2010 年农村家庭用电支出超过 3010 美元，或者使用的电力能源成本超过每千瓦时 0.264 美元；天然气支出超过 1988 美元，或者每千立方英尺提供成本超过 30.30 美元；燃气支出超过 3921 美元，或者每加仑提供成本超过 5.54 美元；丙烷支出超过 2255 美元，或者每加仑成本超过 5.1 美元；总家庭能源消费支出超过 4860 美元，或每百万英热单位提供成本超过 51.62 美元。上述基准指标都在全国平均水平的 275%以上，所以凡是达到这一成本的地区都属于高成本能源地区，可以获得政府资金援助，提高能源设施质量。2009 年，共有 13 个具备援助资格的农村地区获得了政府的资金支持，规模为 1087.43 万美元。

表 5.2　2010 年高能源成本基准表

燃料	家庭年均支出	平均单位成本
电力	3，010	0.264 千瓦时
天然气	1，988	30.30 每千立方英尺
燃油	3，921	5.54 每加仑
丙烷	2，255	5.10 每加仑
总家庭能源	4，860	51.62 每百万英热单位

资料来源：Rural development/USDA：RUS High Energy Cost Grant Projects 2003～2010.

第四，农村电信设施建设支持规模。对农村电信设施建设进行支持是美国 2009 年复苏法案的主要内容，2009 财年共支持资金约 63.22 亿美元，其中国家宽带计划 29.3 亿美元，电信基础设施贷款 13 亿美元，宽带技术机会计划 10.7 亿美元，互联网建设援助 10 亿美元。

表 5.3　2009 财年农村电信建设项目及资金

单位：亿美元

支持项目	资金规模
国家宽带计划	29.3
宽带技术机会计划	10.7
互联操作公共安全援助计划	10
城市电视合作计划	0.22
电信基础设施贷款	13
合计	63.22

资料来源：Rural development/USDA：rural utilities servise telecommunications.

②农业教育、科研和推广的资金支持规模

1915 年美国农业科研和推广支出总计只有 1400 万美元，到 1970 年增长到 8.255 亿美元。21 世纪，农业生产者素质和科学技术水平对农业发展的影响在知识成为推动经济发展主要动力的情况下越来越重要，农业的现代化、机械化、生物化都需要高素质的农民和领先的农业科研水平，美国政府给予农业教育和科研、推广的资金援助规模也进一步提高，从 2004 年到 2009 年每年在 24 亿美元至 27 亿美元之间，占农业部总支出的 2～4%之间。具体数量见下表。

表 5.4　2004～2009 年农业教育、科研及推广支出

单位：亿美元

年　度	农业教育、科研及推广支出	农业部总支出	农业教育、科研及推广支出占农业部总支出比重　%
2004 年	24.67	717.69	3.44
2005 年	25.82	852.84	3.03
2006 年	26.32	935.33	2.81
2007 年	26.52	844.35	3.14
2008 年	26.83	947.60	2.83
2009 年	25.79	947.48	2.72

数据来源：USDA：Budget of USDA during fiscal year 2004－2009.

2. 税收支持

美国在所得税、财产税、投资税上都对农业基础设施投资规定了特别的优惠政策。19 世界 20 年代铁路建设初期，政府为吸引私人资本进入往往给予铁路公司减免税等特殊照顾。在不同地区减免幅度不同，大多数州允许铁路公司在十年内免税，部分州免除部分或全部财产税。有的州则允许铁路公司在收益达到一定水平，投资利润率理想的情况下再向州政府交纳税款。比如在 1830 年修建了美国第一条铁路的俄亥俄州，所有铁路公司直到 1852 年才开始向州政府交纳财产税，而真正实行是在美国内战之后了。对农业水利工程政府也免征任何税赋，同时可将所征财产税的一部分返还给建设者，用于偿还水利贷款。对经济效益好，具有偿还能力的水利建设项目发行债券融资，联邦政府和州政府通常也允许免交各种税金。对为农业公共产品建设提供信贷资金的农村信用社免征联邦收入所得税，社员存放在信用社的资金也同时免征利息所得税。

3. 财政补贴政策

财政补贴作为美国支援农业最常用的手段，在价格和收入支持政策中比较常见，在公共产品提供上主要应用于水利设施，美国大型农业灌溉工程由联邦和州政府共同投资建设，中小型灌溉设施由农场主个人或多家合作投资，联邦和州政府给予建设费用30%左右的补贴，还可给予长达40年的财政贴息贷款。补贴资金下拨前，项目申请人先要对工程作投资论证、预算，报经州政府、联邦政府、国会逐级审核批准后才能下拨。工程建成后，还要评估补贴资金的使用效果。美国政府对小型农田水利建设的补贴，提高了农业投资的效益，引导了更多的社会资源投入农业和农村，改善了农业生产条件。

二、农业政策性金融支持政策

农业基础设施等公共产品投资规模大，投资回收期长，风险高，靠农场主自身的力量不能解决全部资金，而商业贷款利率较高，显然不能满足农场主的需要，美国政府在对农业公共产品投资进行资金和技术援助的同时，利用政府支持的政策性金融机构，为其发放低息贷款，以鼓励私人资本的介入。

1. 美国农业政策性信贷体系构成

直到第一次世界大战前，美国并没有专门为农业服务的信贷机构，农业生产所需资金主要靠商业信贷机构满足。大危机之后，罗斯福新政为恢复农业生产，开始建立政府农村信贷体系，为农场主生产活动提供各种长、中、短期贷款。政府农村信贷体系包括12家联邦土地银行、12家联邦中介信贷银行、12家生产信贷公司和14家合作银行四部分，每一部分分别负责长期不动产抵押贷款、生产和销售的中短期贷款、生产贷款、农业合作社贷款业务，由联邦农业信贷管理局统一领导管理。1941年美国改组原农场保障局，成立农民家计局，主要负责向农场主提供直接贷款，原来由联邦农业信贷管理局负责的一些贷款项目也转由农民家计局提供。1949年之后，农民家计局逐渐成为提供农业直接贷款的最重要政府信贷机构，联邦农业信贷管理局则主要承担农场所有权贷款、经营贷款和西部干旱半干旱地区的农田水利设施项目贷款等。政府农业信贷机构的贷款利率不仅比商业信贷机构低，而且比发放给工业的贷款利率也要低30%～50%，有时甚至低于存款利率，很好地满足了农业生产的资金需求。

2. 政策性金融支持的形式

美国政府使用政策性金融支持的公共产品从其实践来看，主要集中于大型农田水利设施建设，其他公共产品由于其公益性不如水利设施突出，所以其建设资金不足部分在政府提供一定援助的基础上靠私人商业信贷满足。美国政府对农业水利设施信贷支持的形式主要有保证贷款和直接贷款。

(1) 保证贷款

保证贷款是政府为农业生产者向私人信贷机构贷款提供担保，使其更容易获得贷款，一般贷款利率低于通过商业途径获得的贷款利率，在不动用政府财力的情况下就可以引导资本流向政府所选择的用途。保证贷款包含两种形式：有保证的贷款和被保险的贷款，前者是政府为贷款提供保证，一旦贷款人不能偿还则由政府代为偿还本息；后者和前者的区别就是后者不是提供保证，而是为贷款提供保险，如到期不能偿还则由政府提供的保险偿付，但保险费要由贷款人负担。保证贷款一般每笔不超过 2500 万美元，担保率最高可达 80%，担保期限最长为 40 年。

(2) 直接贷款

直接贷款就是在不能通过私人信贷机构和保证贷款解决资金需求的情况下，由政府信贷机构直接给农场主发放贷款，这种贷款利息率低且偿还期长，贷款条件优越。对农业水利设施的直接贷款主要由农民家计局通过灌溉、排水和土壤保护贷款计划和农村社区贷款计划进行。贷款运行的程序是：农业生产者提出申请，由联邦农业部进行审核，评估贷款人资信；合格后由政府信贷机构发放贷款；到期后贷款人偿还本息，如逾期不还，联邦农业部停止提供相关支持，并将不良记录纳入信用管理系统。直接贷款偿还期限为 40～50 年，年利息为 3%左右。现在联邦农业部每年直接贷款或保证贷款提供规模约 200 亿元，有效地扶持了农业水利设施建设。

三、其他支持政策

1. 赠送公有土地

美国独立之初政府财政拮据，难以满足国内大规模的农业公共产品建设需求，但美国国土面积辽阔，政府手中掌握着大量的公共土地资源，在这种情况下，利用赠送土地鼓励私人参与农业公共产品供给就成为美国政府的现实选择。在 19 世纪 20 年代的运河建设和铁路建设、60 年代的农业高等教育建设过程中美国政府都把大量土地分配给各州用于运输、学校等公共产品和公用事业用途，各州可以出售土地，用出售收入建设公用设施，也可以把土地作为设施用地使用。1802 年《俄亥俄授权法》就规定联邦政府可以将出售公有土地收入的 1/2 用于修建公共大道，到 1871 年为止，联邦政府赠送用于支持公共大道的土地达 336 万英亩。1862 年贯穿东西海岸的铁路修建，美国政府赠予了 10 万平方公里的公有土地。西部铁路修筑时政府赠给西部铁路公司大量线路用地、车站用地。仅得克萨斯州赠与铁路公司的土地就达 3200 万英亩以上，超过该州面积的 1/6。到 1865 年铁路获得的拨赠土地达到 1.02 亿英亩，到 1877 年又增加了 5323.2 万英亩[①]。截至 1956 年联邦政府赠送公有土地面积总计达到 3.55 亿英亩。具体项目如表所示。

表 5.5 截至 1871、1956 年联邦政府赠送土地面积

单位：百万英亩

赠地支持项目	截至 1871 年面积	截至 1956 年面积
公共大道	3.36	——
修建运河	4.59	——
铁　　路	——	131
教　　育	——	99
交通运输及内部改良	——	125

资料来源：Cochrane，Willard. W. The Development of Agriculture. 175.

赠地措施大大促进了交通运输业和农业教育的发展，扩大了美国农产品的销售市场，提高了农业劳动力素质和农业科技水平。

2. 技术援助

虽然公共产品建设投资可以由私人完成，但由于农业交通运输设施、水利设施和教育科研设施的工程建设涉及多个地区，建设规模大，私人技术力量薄弱，往往难以满足前期项目论证、工程设计等工作的要求，所以对于农业基础设施建设政府一般在提供资金支持的同时还要提供前期技术援助方案，以确保资金能够有效利用。政府一般会安排设施先进的综合性工程研究中心组织专业力量对工程的可行性做出论证、设计规划工程方案，实验测评技术指标，对工程建设进行技术监督等。如美国修建第一条铁路时，铁路公司就获得了联邦政府提供的建筑工程勘测和设计方面的技术援助。再如公路

① J. T. 施莱贝克尔. 美国农业史（1607—1972 年）[M]. 北京：农业出版社，1981：145.

系统，美国就设立了联邦公路研究中心和州际公路与交通办公组织，负责为不同等级的公路提供建设、养护、运营技术支持，为农村公路制定建设标准等。

第四节　美国农业公共产品保护与支持政策的效应

美国各级政府对农业基础设施和教育、科研等公共产品的大规模多渠道支持措施，直接推动了美国农业交通运输、水利、能源、电信设施的建设，促进了农业教育和技术的迅速普及推广，使美国农业生产者可以使用世界上最便利的交通运输网络、通讯网络从事农产品的产销活动，接受多形式高层次的农业教育，应用最先进的农业生产技术，对美国农业生产发展起到了重要的促进作用。

一、推动农业和农村经济社会发展

1. 扩大农产品销售市场，促进农业发展

经过美国政府对农业交通、通讯、电力、水利等设施的大力建设和支持，美国形成了贯穿全国的铁路、公路、运河等交通运输网络和通讯网络，具备了廉价安全的能源供应和多用途、智能的农业水利工程，这些农业生产基本条件的改善，促进了农业本身的发展，具体效果体现在以下方面。

(1) 为农业提供了低价、安全、迅速的运输、通讯服务，方便了人员和物资流动。既使农产品能较经济地从田间走向城市的餐桌和工厂，从国内走向海外，扩大了农产品的销售市场，也促成了美国统一市场的形成，让西部农村的初级产品、东部城市乃至欧洲国家的工业品在国家的各个地区流通交换，紧密了美国国内各地区之间，以及美国市场与世界市场之间的联系。

(2) 在农产品需求方面，农业生产基础条件的改善降低了农产品销售成本，提高其国际竞争力，促进农产品出口，增加了市场需求；在农产品供给方面，农业灌溉等水利设施的修建为农产品供给的增加提供了条件，保证了农产品供给能适应扩大的需求，促进了农业的发展。基础设施建设对农产品成本的影响可以用美国经济学家福格尔（Robert Fogel）的研究结果进行说明：据福格尔统计，1890 年，如果交通运输没有得到发展，农产品运输仍旧依靠传统的四轮马车的话，运输成本的高昂将使美国 24％的耕地失去开垦价值。正是因为有了低成本的铁路运输，这些在当时市场价值约19亿美元的耕地才能进行生产，也才能为总额还不到120亿美元的美国GDP（1890年）贡献了约1.54亿美元的价值。

（3）为农业机械化奠定物质技术基础。发达的农业基础设施体系对交通、通讯工具和电力、水力等机械设备提出了更高的要求，从而刺激了制造业的技术进步和发展，而制造业的进步又为农业机械的研发创新提供了物质和技术基础，从而有利于推进农业的大规模机械化进程。

2. 促进农业的区域化、专业化生产

农业区域化、专业化生产有利于实现规模经济和积聚效应，降低农业生产的内外部成本，但也不可避免地带来交换的增加，流通成本的提高。美国经济高效的运输条件，连接全国的信息通讯网络，恰恰解决了这一弊端，使得大规模区域化、专业化生产不再受分工引起的交换成本增加的困扰。到19世纪末，美国基本上形成了俄亥俄、印第安纳、伊利诺伊、艾奥瓦地区的玉米带；北部平原的小麦带；滨湖区的牛奶、牛奶加工业，罐头用蔬菜带；阿巴拉契亚地区的烟草带；东南区的水果、蔬菜、棉花、花生带；三角洲区的棉花、甘蔗带；密苏里河至落基山脉之间的畜牧带；太平洋沿岸的水果蔬菜、棉花、肉用牛、养禽带等大规模专业化农业区，既充分发挥了各地区的区位优势，又提高了农业生产效率。

3. 活跃了农村地区经济

交通运输设施的建成，电力能源的充分供应，极大地刺激了沿线地区的投资，扩展了商品经济的势力范围，直接促进了农村交通运输业、商业的发展，增加了农村人口的就业机会和收入水平。而收入水平的提高反过来又进一步促进了商业等经济活动的繁荣。基础设施条件的改善为农村发展休闲旅游农业提供了良好的基础，有利于农民在农闲时从事兼业经营，增加收入来源，同时还可以带动农村餐饮、住宿、商业等服务业的发展，极大地活跃了农村经济。

4. 推动农村地区的城镇化进程

随着基础设施的完善，交通运输、旅游、商业等服务业的兴起，通讯手段的便捷迅速，原来交通不便、经济形式单一、信息闭塞的农村地区逐渐向城镇转变。比如，伴随着19世纪60年代铁路建设的高潮，美国西部一大批中小城市从无到有，日益繁荣。现在的美国第二大城市芝加哥在19世纪初还是人迹罕至的荒地，而随着铁路干线的修建，到1880年人口已近50万，1890年增至100万，1900年达到200万，短短20年的时间人口增长4倍，迅速实现了城镇化。

二、提升农业劳动力素质

美国农业教育、科研和推广三位一体的模式加上政府的大规模经费投入，带来了美国农业劳动力素质的提高和农业科技在世界的长期领先优势，为美国农业现代化准备了优质的劳动力资源和技术基础，是美国农业最值得别国借鉴的成功经验之一。

1. 农业人口受教育程度大幅度提高

现在，美国农业人口受教育的程度已经达到了历史最高水平。在2000年，美国农村25岁以上的成年人15.5%获得了学士学位，比1960年上升了203%。没有高中文凭的成年人比例下降到23.2%，比1960年下降了64.9%。接受过部分高等教育和高中毕业的人口比例也分别上升了63.59%和261.97%，教育程度长期上升的趋势反映了政府全面支持农业教育的效果。

表5.6 1960～2000年美国农村地区人口受教育程度

单位：%

年　度	高中以下	高中毕业生	接受部分大学教育	大学毕业生
1960年	66.1	21.7	7.1	5.1
1970年	55.9	28.6	8.5	7
1980年	41.7	35	12.5	10.8
1990年	31.2	34.8	21.2	12.8
2000年	23.2	35.5	25.7	15.5
2000年相对1960年的变动率	－64.90	63.59	261.97	203.92

资料来源：The U. S. Department of Agriculture：The Economic Research Service.

2. 接受高等教育的农业人口比例与全国同步增长

从教育发展实践看，城市和农村教育资源分配往往是不均衡的，而且在经济发展过程中，人力资源和教育资源会向城市流动。但由于美国政府对农业教育的支持，这种趋势在美国表现的并不明显。表5.7是1970～2000年美国全国城市和农村25岁以上人口完成高等教育的比例。

表 5.7　1970～2000 年获得学士学位人口比例

单位：%

年　度	全　国	城　市	农　村
1970	10.7	11.6	7.0
1980	16.2	17.6	10.8
1990	20.3	22.1	12.8
2000	24.4	26.4	15.5
2000 比 1970 增长	128	127.6	121.4

数据来源：The Economic Research Service/USDA：State and county－level education data from the 1970，1980，1990and 2000 Censuses of Population.

从表中数据可以看出美国农村接受高等教育的人口比例增长速度和全国城市之间的差距并没有被放大，1970 年全国获得学士学位的人口比例为 10.7%，其中城市比例为 11.6%，农村为 7%；2000 年这一比例全国提高到 24.4%，城市提高到 26.4%，农村提高到 15.5%，分别增长了 128%、127.6%和 121.4%。农村的增长速度并没有和城市相差太多。这说明接受过高等教育的劳动力人口并没有选择放弃农业流入其他产业，这些高素质人力资源为美国农业现代化机械的使用，计算机等高科技设备在农田管理中的应用提供了必要的人力基础，是美国农业实现现代化、机械化、生物化不可或缺的技术力量，而所有这一切都有赖于政府对农业教育的大力支持。

三、促进农业科技发展

美国艾奥瓦州立大学 Wallace Huffman 教授和耶鲁大学 Robert Evenson 经过对美国 1965～2005 年出版的公共农业科研支出社会回报率的 35 个研究成果的统计，得出结论：美国农业研究每支出 1 美元，可以得到价值约 10 美元的回报。这个回报的过程是：政府农业科研支出增加——新的农业技术大量研发产生——农民通过采用新技术提高农业生产力——降低成本，增加产量——由于人均粮食需求的生理极限，较高的农业生产，导致农产品价格下降——食品工业和消费者可以以较低的成本获得农产品，社会福利提高①。

1. 农业生物技术的发展

美国的经济实力使它有足够的财力支持农业科研，确立其在农业技术上的世界领先地位。20 世纪 90 年代，美国农业科研支出向发展农业生物技术倾斜。重点支持的研究领域包括：第一，基因工程技术，目的是使农作物高产、抗病，提高畜禽免疫和生长发育速度；第二，植物纤维制造乙醇，扩大生物能源的来源；第三，利用酶和发酵工程研发具有商业价值的微生物，扩大人类食物来源，提高食品营养价值。

现在，农业科研支持的效果已经充分显现出来，美国在植物分子学、外源基因导入、动植物基因图谱、染色体识别等农业生物技术基础研究领域遥遥领先；在农业生物技术的其他领域，如动物细胞工程、生物农药、畜禽疫病防治、克隆技术等方面也同样具有优势。全球最大的 20 家农业生物技术公司中美国就有 10 家，可以毫不夸张地说，按人类的意志改良动植物在美国已经成为现实，抗虫玉米、棉花、马铃薯，抗除草剂大豆、油菜，抗冻西红柿在美国超过 90%的种植面积上生长，杀虫广、毒性强的微生物菌株正在病虫防治上发挥作用，这些在美国农业生产领域广泛应用的生物技术，使未来的美国农业在发掘农业优良品种、提升农产品品质，增加产量方面拥有其他国家不可比拟的优势，确保了美国农产品在世界市场上的竞争力和第一农业强国的地位。

作为美国政府生物技术支持的重点领域，遗传工程（基因）技术的发展最能说明美国农业生物科技的支持成效，下文就以基因技术为代表进行科研支持的效果分析。

（1）技术成果数量众多

在基因技术方面美国的科研成果数量巨大，商业应用推广迅速，遥遥领先于其他国家。2004 年，美国的农业生物技术实用新型专利总量达 11073 件，其中植物转基因技术 2976 件，动物转基因技术 1446 件，抗病虫害技术 1884 件②，三者合计占总量的 57%。大量技术成果的研制为美国利用生物技术改良动植物品种提供了基础，使得农作物在增产、抗虫、抗病、抗旱涝

① Keith. O. Fuglie and Paul. W. Heisey. Economic Returns to Public Agricultural Research. Economic Brief Number . 10. September 2007.

② ERS /USDA：Agricultural Biotechnology Intellectual Property，2004.

等方面的品质大大提高，从而提高了美国农业的劳动生产率。

（2）技术推广应用迅速发展

1996 年利用基因技术培育成功的 59 种转基因作物在美国联邦农业部和食品药品监督管理局批准下开始大规模商业化种植，主要品种包括抗虫的棉花、玉米、马铃薯，抗除草剂的玉米、大豆、油菜、棉花等。现在，美国农民已经广泛采用转基因农作物，种植面积大幅度增加。如图 5.2 所示，2000 年，转基因农作物的种植面积占该作物全部种植面积的比例，玉米为 25%，棉花为 61%，大豆为 54%；2011 年这一比例分别达到 88%、90%和 94%，推广面积分别增长 252%、47.5%、74.7%。玉米由于 2000 年种植比例低，从而增速最快，但总种植比例仍低于棉花和大豆。

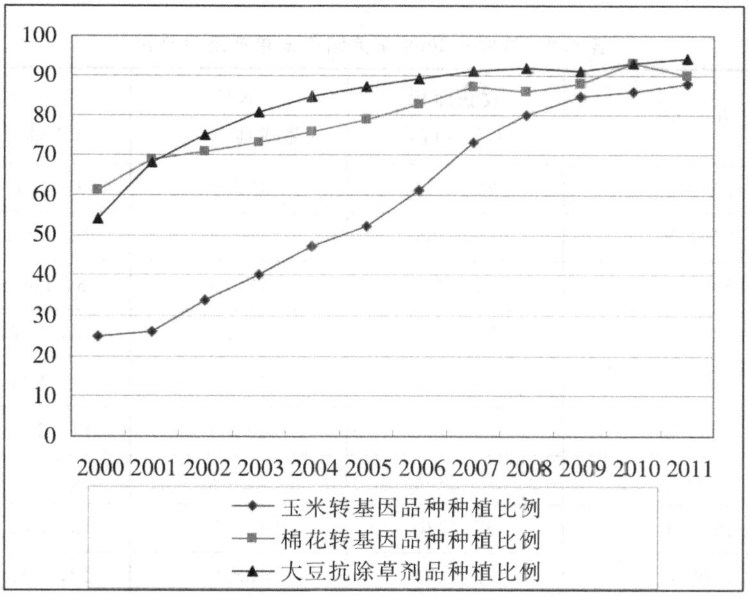

图 5.2　2000～2011 年美国转基因植物种植面积比例

数据来源：ERS /USDA：Corn、Cotton 、Soybeans；genetically engineered varieties by State and United States，2000－11.

在转基因品种类型的选择上，美国农民更愿意选择既抗病虫害，又抗除草剂的类型，其种植比例在所有类型中最高，且呈逐年增加之势。据美国农业部 2001～2003 年对农民的调查，59%～79%的农民表示愿意种植转基因品种，目的是通过改进病虫害防治增加产量；通过抗除草剂技术降低管理成本，减少操作人员的劳动量；减少农药的使用量，降低生产成本，有利于环境保护。转基因生物技术农作物品种的迅速种植在很高程度上说明了美国农业技术推广应用的速度。

(3) 提高农作物产量及农产品产值

生物技术的采用大大提高了农作物和牲畜的抗病能力、免疫能力，农作物产量和牲畜的产肉率都得到提高。据统计，农户饲养转基因猪，饲料消耗可降低5～10%，而日增重可提高1.5%；饲养转基因牛，产肉量可增加10～15%。农作物产量以美国种植面积较大的转基因玉米为例，2000年，美国玉米单产为每英亩136.9蒲式耳，随着转基因玉米品种种植面积的扩大，2009年玉米单产也提高到164.7蒲式耳，增加了20.31%。玉米总产量在收获面积仅增加9.84%的情况下增加了32.22%。

表5.8 2000～2009年美国玉米单产及总产量

年　度	收获面积（千英亩）	单产（蒲式耳/英亩）	总产量（千蒲式耳）
2000年	72，440	136.9	9，915，051
2001年	68，768	138.2	9，502，580
2002年	69，330	129.3	8，966，781
2003年	70，944	142.2	10，087，292
2004年	73，631	160.3	11，805，581
2005年	75，117	147.9	11，112，187
2006年	70，638	149.1	10，531，123
2007年	86，520	150.7	13，073，875
2008年	78，570	153.9	12，091，648
2009年	79，570	164.7	13，110，062
2009年比2000年增长%	9.84	20.31	32.22

数据来源：The U.S. Department of Agriculture ：Statistics of Grain and Feed 2009.

农作物产量的增长必然带来农产品产值的增加，提高农场主的经济效益。图5.3为2000～2009年美国玉米总产值的变化趋势图，2000年美国玉米总产值为184.99亿美元，2007年最高达到546.67亿美元，比2000年增长195.51%。2009年为485.89亿美元，比2000年增长162.66%，虽然由于玉米价格的波动，不同年份产值有所变动，但基本上呈现随着产量增长而稳定增长的态势，给农场主带来了较好的收益。

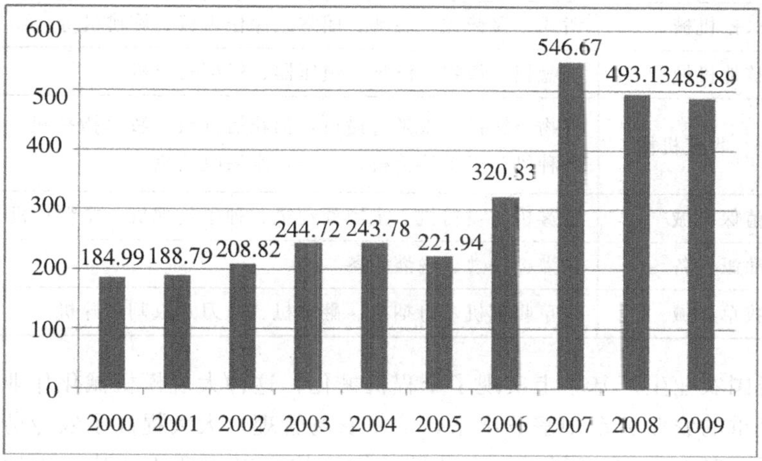

图5.3　2000～2009年美国玉米产值

数据来源：The U.S. Department of Agriculture : Statistics of Grain and Feed 2009.

2. 农业机械技术的发展

除农业生物技术外，美国政府在农业机械技术上同样给予了大量支持。美国农场平均面积418英亩，单靠人力根本无法完成生产任务，所以对农业机械的科研资助美国政府一直比较重视。20世纪60年代后期，美国土地翻耕、整理、播种、植保、农产品干燥等机械就已经代替了人力。70年代，棉花、甜菜等作物从播种到收割的全过程都实现了机械化。现在，美国农业生产的各个环节几乎都有相应的机械，翻松土地、播种、浇水、施肥、喷药、收割、脱粒、加工、运输、精选、烘干、贮存等设备种类繁多，配套齐全。除种植业农用机械外，农产品加工机械，动物养殖业中的饲料粉碎机、挤奶机等种类也非常齐全。下表给出了美国种植业中的部分机械品种类型，可以让我们对美国的农业机械化发达程度有所认识。

表 5.9 美国种植业机械品种类型

农业机械品种	类型或型号
拖拉机	手扶拖拉机、轮式拖拉机
联合收割机	玉米、小麦、油菜、水稻、大豆等的联合收割机
深松机械	凿式、翼铲式、振动、鹅掌式深松机械、旋耕机等
整地机械	圆盘耙、齿耙、滚耙、镇压器、轻型松土机
播种、收获机械	谷物条播机，玉米穴播机，棉花播种机，牧草撒播机，悬挂式播种机，玉米捡拾机，薯类，水果收获机
植保机械	喷雾机、喷粉机、土壤处理机、种子处理机、撒颗粒机
灌溉设备	沟灌、喷灌、滴灌设备
牧草机械	牧草收割机、打捆机、翻晒机、甩刀式收割切碎机

美国农业生产基本上实现了全程机械化，这种大规模机械化作业把劳动力从繁重的农业劳动中解放出来，从事农场管理，大大提高了农业劳动生产率水平。2006 年美国每 1 个农业劳动力平均可以管理 450 英亩土地，饲养 20 万只鸡、5000 头牛、8000 头猪，生产 14 万公斤的谷物和 1 万公斤左右的肉类，能供养 128 个美国人和 34 个外国人①。

3. 农业生产过程科技含量提高

21 世纪以来，美国开始在拖拉机、喷雾机、播种机等农业机械上引进全球卫星定位系统（GPS），利用雷达或卫星监控农田里的机械设备作业。现在，美国农场主在施肥环节，只需要将农场的土地资料信息输入计算机系统，电脑就会自动判定土壤肥力，自动配肥，并通过 GPS 系统监控农业设备把所施肥料准确定位，既减少肥料使用量减低生产成本，又可以避免遍地撒施肥料流失造成的地下水污染。除施肥外，灌溉的合适时间也可以通过计算机和遥感测控系统根据地力和作物生长情况自动判断，水量调配精确，损失较少。在大豆病害诊断、玉米螟危害预测、苹果虫害、果园管理等领域现代科技手段也发挥了越来越大的作用，美国农业已经由传统农业向精准农业发展，农场管理和生产日益高科技化。

① 陈恭福．参加美国农业扶持政策及农村贫困救助制度培训考察的几点体会［J］．决策导刊，2007（1）：21.

四、提高农业产出和劳动生产率水平

美国政府对农业公共产品提供的大力支持换来了农业生产软硬件环境的全面完善和提高，强有力的刺激了美国农业生产，带来农业经济总量和劳动生产率的巨大进步。

1. 农业经济总量大幅度提高

根据美国农业统计年鉴数据，1984年美国农产品总产量为314.5亿吨，2010年则增加到418.9亿吨，16年增长了33%。在产量增长的同时美国农业总产值的规模也基本呈现持续增长态势，表5.12显示的是2007年到2011年美国农业总产值的数据。2011年美国农业总产值为3915亿美元，比2000～2009年平均产值增加了1152亿美元，增幅达到42%。比2010年增加374亿美元，增幅为9.7%。比2007年增长634亿美元，增幅为19.4%。

表5.10　2007～2011农业各部门产值和农业总产值

单位：亿美元

项　目	2007	2008	2009	2010	2011	2000～2009年平均产值	2011比2010年增加额
谷物的产值	1511	1851	1691	1711	2022	1260	311
畜牧业的产值	1384	1403	1192	1406	1455	1172	49
林业和服务业的产值	381	420	427	424	438	331	14
农业部门的总产值	3276	3673	3310	3541	3915	2763	374

数据来源：The U.S. Department of Agriculture: Value Added to the U.S. Economy by the Agricultural Sector.

如果说5年的时间不足以说明美国农业经济总量的增长趋势的话，表5.11的数据则把时间节点延长到1948～2008年，设1996年美国农业总产出指数为1，1948年就为0.438，2008年为1.1309，是1948年的258%，60年的时间增长了1.58倍，足以证明美国农业经济总量的提高幅度。

2. 农业生产率提高

美国学者普遍认为，农业生产率提高是农业经济增长的主要贡献者，表5.11给出了1948～2008年美国农业全要素生产率和人、财、物力投入指数。

表 5.11　1948～2008 年农业投入、产出及生产率指标

项　目	1948	1958	1968	1978	1988	1996	1998	2008	年均增长率%
农业总产出指数	0.4380	0.5139	0.6183	0.7592	0.8061	1	1.0491	1.1309	1.8
牲畜及其制品	0.4859	0.6206	0.7412	0.7990	0.8824	1	1.0448	1.1341	1.41
谷物	0.4216	0.4617	0.5599	0.7574	0.7349	1	1.0353	1.1321	1.65
农业总投入指数	0.9173	1.0022	1.0176	1.1331	0.9984	1	1.0364	0.9491	0.06
资本	1.1457	1.2129	1.2277	1.2710	1.0932	1	0.9949	0.9710	−0.28
劳动力	3.2486	2.1818	1.5299	1.2894	1.0969	1	0.9421	0.7349	−2.48
物质资料	0.4555	0.6551	0.7846	1.0393	0.9160	1	1.0958	1.0406	1.38
全要素生产率	0.4779	0.5128	0.6077	0.6699	0.8074	1	1.0122	1.1917	1.52
单位要素产出	0.42	0.47	0.56	0.65	0.80	1	1.01	——	——
单位劳动力产出	0.13	0.22	0.39	0.56	0.73	1	1.12	——	——

数据来源：The Economic Research Service /USDA：Indicies of farm output，input and total factor productivity for the United States，1948－2008.

从经济增长的角度来说，生产率、资本、劳动等要素投入都贡献于经济增长，农业全要素生产率就是反映农业生产投入的全部资源（人力、物力、财力资源）开发利用效率的指标，在计算上它是产出增长率超出要素投入增长率的部分，即除去劳动、资本、土地等要素投入之后的剩余价值。美国 2008 年农业全要素生产率指数为 1.1917，比 1948 年的 0.4779 增长了 149.4%，年均增长率 1.52%。而同时期的农业总投入指数年增长率只有 0.06%，投入增速明显小于产出增速。劳动力投入从 3.2486 下降为 0.7349，降幅达到 77.4%，资本的投入指数从 1.1457 降为 0.9710，降幅达 15.2%，主要生产要素投入下降就证明农业产出的增长更多的来源于生产率的提高。

从反映生产率的另外两个指标看，每单位投入要素的产出指数和每单位劳动投入的产出指数（劳动生产率）都呈现增长趋势，前者衡量投入的所有要素的单位产出水平，后者只反映劳动力生产要素的单位产出水平。从表5.11的数据可知，每单位投入要素的产出指数1948年为0.42，1998年达到1.01，增长了140.4%，说明同样投入1单位要素，带来的产出1998年比1948年增长1.404倍；每单位劳动投入的产出指数由1948年的0.13增加到1998年的1.12，增幅达到761.5%，意味着同样投入1单位劳动，1998年带来的产出是1948年的7.615倍，或者说，要获得1单位的产出，1998年使用的劳动力只相当于1948年的1/7。很明显，劳动生产率的增速大大高于每单位投入要素的产出指数。

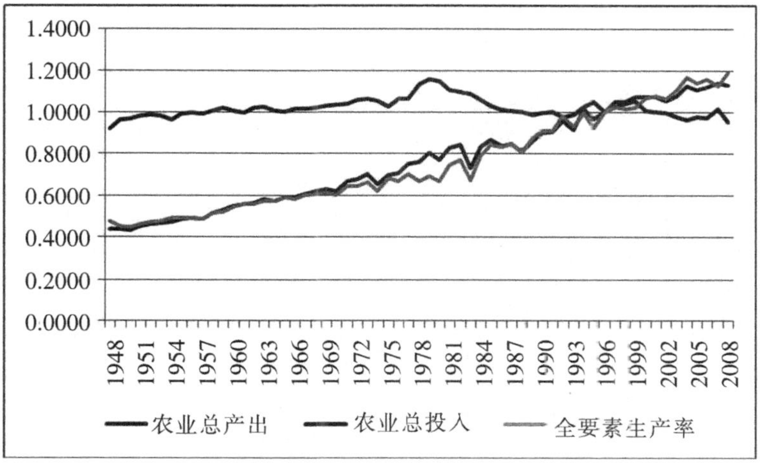

图5.4　1948～2008年农业总投入、产出及全要素生产率

图5.4中，农业全要素生产率指数和农业总产出指数的变动趋势相关性较高，都是由0.4增加到1.2左右，而农业总投入价格指数增长幅度较小，年均增长只有0.06%，更直观地说明了农业总产出的增长主要是由农业生产率的增长带来的。

小　　结

总结美国农业公共产品的供给和政府支持政策，我们不难看出，美国政府根据不同时期农业发展对公共产品的实际需要适时地采取措施，针对不同公共产品分阶段、有重点地支持，既适应了农业生产的需要，也使得不同的公共产品更好地发挥了它的历史作用。对于农业公共产品的支持，美国政府采取了不同的供给模式，铁路、公路、电力等容易区分利益边界，通过收费可以实现盈利，所以美国政府的支持政策以采取各种激励措施鼓励私人资本进入为主，政府直接投资提供为辅，而对教育、科研、农田水利等非竞争和非排他性强的领域，政府直接支持则更多一些。成功的农业公共产品支持政策使美国农业获得了持久的优势，通过大面积增加转基因农作物种植，大规模农业机械化作业，以计算机网络通讯，生物基因工程等先进技术手段为依托，凭借快捷、高效的农产品流通网络，形成了在世界农产品市场上的巨大竞争力与支配力，实现了控制 21 世纪世界农业与粮食生产流通主导权的战略目标。

第六章 农业信息不完全及美国的农业保护与支持政策

美国农业市场化和国际化程度极高，农场主主要依靠分析判断国内外各种市场信息做出生产经营决策，因此，信息的及时、准确获取对农场经营至关重要。但农产品市场的复杂性、信息获取的有偿性等原因，决定了完全依靠市场提供信息产品。农场主拥有的信息往往是不完全的，难以支持其做出正确的选择，对此美国政府充分发挥政府职能，利用一系列支持政策工具，建立了以政府为主导的健全的农业信息收集、整理、分析、发布体系，为美国农业生产者在国内外市场竞争中占据优势地位提供了重要的支撑条件。

第一节 农业信息不完全的经济学分析

完全竞争是经典的市场经济理论一个重要的假设前提，它要求市场的供求双方对于所交换的商品具有完全的信息，即生产者和消费者充分了解自己的生产函数或消费函数，知道在何时何地有何种质量和以何种价格出售的生产要素或商品，因而可以做出利润或效用最大化的生产和消费决策。然而现实生活中完全信息是不存在的，不完全信息反而成为常态。而且这种不完全，不仅是指由于认知能力的限制，人类难以随时随地掌握所有信息这种绝对意义上的不完全，还指依靠市场机制不能自动产生满足市场参与者进行决策所需要的足够的信息并有效地配置它们。相对于绝对的不完全信息，后者更具有现实意义。农业虽然是最接近完全竞争的现实经济领域，但信息的不完全依然未能避免，不完全信息市场失灵也在农业的方方面面体现出来。

一、信息的内涵

国内外学者从不同的学科和理论出发对信息进行了定义，最经典的原始定义是信息论的创始人 Shannon 和控制论的创始人 Wiener 的定义，Shannon 将信息定义为“用来消除随机不确定性的东西”；Wiener 在《控制论》中的定义是：“信息就是信息，既非物质，也非能量。”后人在他们定义的基础上结合时代的发展提出了更加普适的定义，如信息是事物现象及其属性标识的集合，信息是事物存在的方式和运动状态的表现形式，信息是事物属性的表征，信息是以适合于通信、存储或处理的形式来表示的知识或消息等。总结上述定义不难看出，从本质上来讲，信息就是对我们有意义的消息，这个消息的内容描述的是事物存在的方式和运动状态等属性，它的意义所在体现为我们通过认知、判断、分析这种描述可以减少事物的不确定性。因此，信息就是表现事物存在的方式和运动状态等属性，有助于减少事物不确定性的有意义的消息。

二、农业信息的内涵

农业信息就是描述农业及其相关领域的事物存在方式和运动状态等属性的所有有意义的消息的集合。通过这些消息农业参与主体可以更好地感知或认识农业及其相关领域的存在方式、它们之间的相互联系、相互作用，改善参与者的经济决策环境，减少农业活动的不确定性。农业信息所包含的内容极其广泛，包括农业生产经营活动信息，供求、农产品质量、交易方式、竞争能力等市场信息，农业生产技术、科研、教育信息，政府有关农业的法律法规、制度安排等政策信息。

三、农业信息不完全的经济学分析

经济学家哈耶克认为最优利用分散在整个社会中的信息资源是资源优化配置的核心问题。但是作为一种有价值的资源，信息不同于其他商品。消费者在购买其他商品之前对商品的物质属性充分了解，从而可以判断商品的价值，根据商品给消费者带来的效用和价格的对比关系做出是否购买的决策，但信息的拥有者却不可能让购买者提前充分了解信息，因为一旦购买者完全了解信息的内容就不会再愿意为信息支付任何费用了。在这种情况下，一方面，市场无法通过价格机制的作用自发提供充足的信息实现资源的最优配置，市场参与者因为不能掌握所有必要的信息而难以在众多的选择中做出正确的抉择，从而使社会资源无法实现最优配置，社会利益无法最大化，造成信息不充分的市场失灵。另一方面，市场无法避免信息优势方的道德风险和信息劣势方面临交易的逆向选择风险，从而限制了市场作用的发挥，造成信息不对称的市场失灵。农业信息不完全是信息不完全在农业领域的反映，所以信息不充分和不对称的失灵也必然同时在农业领域被反映出来。

1. 农业信息不充分

信息在经济活动中的最主要功能就是通过其在信息源与信息用户之间即经济参与者之间的传递，改善参与者的决策环境，减少影响其决策的变数，提高决策效率，实现资源的优化配置。农业信息的不充分就是农业生产者不能掌握足够的支持，使其做出正确的生产经营决策的信息资源。

(1) 供求信息不充分

即农业生产者不掌握充足的市场供求信息，不具备根据市场供求数量和价格合理决策种养结构和产量的条件，只能根据历史和当期部分市场信息盲目决策生产，其结果很可能出现农产品供给和需求在数量和结构上的不平衡。不是供给短缺，生产者低水平重复生产；就是供给过剩，生产者压价竞争，最终丧失资源配置效率。

(2) 运输、销售信息不充分

农业生产者不了解各地市场运输和销售情况的信息，不能根据运输条件、运输费用和销售数量、价格、渠道等信息合理调整各地市场的供给平衡，不能保证在适当的市场以适当的数量、适当的价格销售适当的产品，从而出现效率的损失。

(3) 科技信息不充分

即农业生产者不能及时充分地了解前沿农业科技信息，也就不能及时养殖或种植动植物改良新品种增加产量，也不能利用先进的农业机械、农业化学品提高劳动生产率，不利于农业现实生产力的提高。

(4) 政策信息不充分

即农业生产者不能充分了解政府农业政策信息，也就不能用足用好政府为农业提供的各种支持和优惠措施，最终使政府政策难以完全发挥支持农业生产，优化资源配置的作用。

2. 农业信息不对称

当参与农业生产经营的各方拥有的信息数量不相等时就意味着农业信息不对称的存在，这种农业信息不对称导致的市场失灵表现在两个方面：一是道德风险，二是逆向选择风险。以农业科技信息不对称为例，农业发展需要大量的科学技术成果支撑，农作物的新品种、新型的除草剂、杀虫剂、农产品的保鲜技术、现代化的农业机械等，市场上的科技企业、研究机构也会研发大量此类的成果。但是由于农民自身素质等原因，不可能完全了解这些新技术成果的真实效果、真实价值，而成果的提供者却掌握大量信息，在这种情况下，市场就难以避免信息优势方的道德风险。如利用假种子、假农药、假化肥欺骗农业生产者；而作为信息劣势方的农业生产者，为了降低风险，很可能不敢尝试新技术成果，进行逆向选择继续使用传统技术下的种子、机械等进行生产，不但劳动生产率不能得到提高，还导致有价值的新的科技成果不能得到市场认可，被排挤出市场。除农业科技信息存在不对称外，农业市场信息、信贷信息等领域也存在不对称的问题，而且不管是哪个领域的不对称最终都会引起道德风险和逆向选择风险，毫无疑问，这二者都会降低资源配置的效率。

可见，在农业信息不完全的情况下，农业生产者无法选择最优的资源进行生产，无法根据消费者偏好选择最优的市场，难以实现利润最大化，而农产品消费者也难以实现效用的最大化。因此，帕累托最优状态下的资源配置就不可能实现，市场失灵随之出现。在这种情况下，不管是信息不充分还是信息不对称导致的市场失灵，都需要通过政府提供完全、公开、透明的信息产品来抵消其带来的市场效率的损失。

第二节　美国农业信息保护与支持政策体系

农业本身的弱质性，农业信息的公共产品性和农业信息提供的综合性、复杂性，决定了市场在农业信息领域配置资源的低效性。鉴于此，美国政府充分发挥公共服务职能，通过建立以政府为主导的农业信息收集、分析、发布体系，支持计算机信息网络、数据库等软件设施和信息传输等硬件设施建设等一系列支持政策，纠正农业信息领域的市场失灵，为农业生产者准确把握错综复杂、瞬息万变的国内外市场提供了基本信息保障。

一、美国农业信息保护与支持政策的内容

美国政府农业信息支持政策的内容涉及农业信息建设的多个层次，包括农业信息的采集、分析、发布体系，农业信息网络平台和数据库建设，信息通讯基础设施投资等。通过完善的政策支持体系，美国农业信息体系为农业生产者提供了充足的信息资源，改善了农业信息不完全状态。

1. 建立政府农业信息系统直接提供信息产品

（1）政府农业信息系统的组织体系

利用计算机、网络系统为农业生产者提供准确及时可靠的信息是美国农业部的基本职能之一，经过多年建设，美国已经建立了以农业部及其下属国家农业统计服务局（The National Agricultural Statistics Service，NASS）、农业市场局（The Agricultural Marketing Service，AMS）、经济研究局（The Economic Research Service，ERS）、海外农业局（The Foreign Agricultural Service，FAS）和世界农业展望委员会（The World Agricultural Outlook Board，WAOB）等五大机构为主体，由农业部统一管理，各机构分工明确的政府信息系统。

农业部是农业信息工作的主管部门，它的主要职责是：制定农业信息建设的政策，管理信息工作方案；管理和协调各个部门，分工合作完成信息传播；规定农业信息调查内容；统一编写信息调查工作手册，说明信息采集方法、适用性和局限性以及对历史信息利用和折算的方法；与各州农业部门合作，实施全国农业信息建设项目等。

农业统计服务局，在全国46个州设有办公室，负责收集、汇总、分析和发布美国农业统计信息。该局每5年进行一次农业普查，以收集农场土地使用、生产费用、土地价值、固定资产、农场规模、生产特征、销售收入、主要农作物的种植面积、市场价格、牲畜和家禽的存栏量等信息，作为农业统计的基本资料。每年出版与种植业和养殖业有关的生产报告，向农业生产者和与农业有关的商业企业、贸易集团、金融组织提供调查与预测信息。

农业市场局主要提供国内农产品市场的供求和价格信息，在各州政府、农产品重点产区发货运输点、主要配售中心、批发市场、期货交易所和食品加工厂设立信息收集办公室，聘用市场报告员，负责收集、整理农产品的数量、质量、价格、供应量和需求量方面的市场基础信息，并向农业部报告，经农业部审核，通过通讯卫星以市场新闻报告的形式向全国发布。目前，美国政府用于农产品市场新闻的年度预算为2200万美元，按品种分为牲畜、种子、蔬菜和水果、棉花、奶类、家禽、烟草七个项目。

海外农业局负责收集、分析、传播有关全球农产品的生产、市场需求、价格变化，贸易趋势和市场机会的信息。海外农业局一方面向世界各国和地区派遣工作人员，同国际和地区组织建立合作关系，收集农业统计数据和贸易信息；另一方面通过设在美国驻各国大使馆和领事馆内的农业贸易处收集农产品主要进出口国的相关信息，由海外农业局汇总分析后每两周发行一期美国农业对外贸易期刊对外公布相关信息。

经济研究局主要负责为生产者提供有关农业、粮食、自然资源的经济研究和评估信息，如农产品供求的分析预测、各国农业政策及其贸易影响的分析报告、农业资源及农业技术应用的评估报告、农业各项政策措施的成本收益分析报告等信息。

世界农业展望委员会负责对农业部部内或部外的所有信息源进行整合、分析与评估，通过卫星系统随时监测世界各地的自然灾害情况，每个月对世界主要作物生产国进行产量预测，对美国和全球农产品供求进行估计，发布农产品生产、消费和价格的官方预测信息。

美国农业部及所属农业信息机构组织严密，相互协作，为农业生产者提供了从产前预测到产后统计、从市场评估到产品报告，从“生产——库存”到“流通——销售”，从国内到国际的全方位信息服务，保证了农产品产销顺畅进行，促进了美国农业生产的稳定和发展。

(2) 政府农业信息系统运行的制度安排

组织体系为美国政府提供农业信息奠定了基本架构，而要发挥政府对农业信息不完全的弥补作用，还必须建立协调的农业信息收集、分析和发布的运作制度，只有这样才能顺利地完成信息从采集到发布的全过程，使农业生产者和相关利益集团获得全面有效的信息供应，及时掌握农产品的全球供需、价格变化等信息指导农业生产。

①农业信息收集的制度安排

农业部各信息系统业务局在各州建立信息收集办公室，派驻联邦农业官员管理各州的农业信息收集工作，州以下设立信息采集点，雇佣一定数量的市场调查员，采用农业部统一的分级标准、格式和正式术语，定时收集和发布信息，并受联邦农业官员监督。采集点一般设立在农产品批发市场、拍卖场及装运点等便于收集信息的场所。调查员都是市场方面的专家，也有的调查员由农业技术推广工作人员兼任，他们熟悉所报告农产品的质量、等级、价格情况，能运用生产、加工、标准、等级等方面知识将在当地收集的信息评估，上报州信息收集办公室，州办公室将各调查点数据汇总成州或地区的区域性报告，上报农业部相关业务局，由其分析研究综合编制成全国性报告进行公布，供生产经营和政府有关部门决策参考。调查员采集和报告的时间有统一规定，不允许随意变更。

对于信息收集方式，不同类型的信息有所不同：

市场信息一般可以通过拜访或电话采访买卖双方（为了避免虚假信息，调查员要向买卖双方询问同一信息，以证实信息的准确性）、观察交易过程、查看交易记录等方法获取，调查员获取信息后首先要将信息填写进统一的表格，并输入信息数据库，然后分析收集到的产品数量、等级、价格、供应量和需求量方面的信息，写出当天的市场报告，最后将数据和市场报告传送到农业市场局华盛顿总部进行汇总分析，编制成市场新闻报告进行公布。

生产统计信息是每5年进行一次普查作为基础资料，而后每年6月和12月进行抽样调查补充更新数据信息。抽样调查先由国家农业统计服务局从全国220万个农场中选取7.5万个调查对象①，然后由各州的农业调查员通过与生产者面谈、电话采访或邮寄调查问卷等方式收集作物面积、土地使用、牧畜存栏、产仔和死亡数、农产品库存以及农户数量等原始资料信息，交各州的信息采集办公室进行计算机汇总，州办公室依据每一组数据占全州抽样的权重，推算出全州的数据后上报国家农业统计服务局，国家农业统计服务局汇总各州的数据推算出全国的数字后用全国普查数据进行验算校正，最后将汇总数字和原始数据一起上交农业部，以农业生产报告和统计年鉴等形式发布②。

农业生产成本、收益信息的收集由农业部在每年二、三月份通过农业生产支出和成本调查进行，调查方式是由农业部选取收入在1000美元以上从事农业、畜牧、渔业生产的2600个农场，按规模分为不同的调查层次，通过问卷形式让农场主自行报告农场毛收入、净收入、毛成本、净成本等资产负债信息。后经州和农业部计算汇总出全国数据，于每年七月份发布农场收入与支出统计报告，用来分析不同类型、区域和规模农场的生产费用和收入状况。

国际农业和贸易信息的收集对于用1/3土地生产出口农产品的美国有十分重要的意义。由农业部海外局派专职官员与国际组织、各国和地区建立合作关系，通过直接获取联合国粮农组织、贸发组织、主要贸易伙伴国公开公布的农业统计资料，以及派遣的官员和专家自己调查等方式，收集各国农业政策、进出口统计、农业生产情况、汇率、世界主要农产品的市场供求和价格行情等全球农业数据和贸易信息，上报海外局编制美国农业对外贸易期刊，每两周一期对外发布，每年年底汇总出版全年贸易统计和分析，为政府制定农产品价格和出口支持政策提供参考。

②农业信息分析的制度安排

首先，农业部各业务局对收集到的国内外信息进行规范的数据处理。由

① 为了保证抽样的准确度和延续性，每年变动其中20%。

② USDA：National Agricultural Statistics Service Overview.

于信息的原始资料大部分通过抽样调查方式获取，所以业务局要根据抽样数据的一定比重推算出全国数据，然后依据普查数据验算校正。

其次，定性和定量方法结合分析处理后的数据。农业部成立商品评估综合协调委员会负责分析数据，形成预测报告，委员会由各业务局的专家组成，所有成员必须具有丰富的经济学和统计学知识，熟悉某方面信息且可以对各种汇总后的信息进行分析研究。委员会成员先使用农场服务局、世界农业展望委员会和经济研究局开发的各种农作物分析模型，定量分析经过处理的作物新信息，然后对模型的结果进行现实检验和定性评估，从而使分析结果既经过了定量化的商品模型预测，又包含了专家深入研究后的定性判断，提高了预测的准确度。

最后，形成分析预测报告。农业部收集分析信息的目的是为了对全球市场进行预测，指导美国农业生产，所以各种信息处理分析后要形成预测报告以适当的方式向外界公布。按照美国国会要求，农业部要按月发布作物生产预测报告和世界农产品供求预测报告。为了保证信息公平共享，防止有期货交易的农产品品种生产信息泄露，被个别人利用造成市场波动，在每个月的第二个星期四，商品评估综合协调委员会的专家必须在特定的时间内入闱，在全封闭的安全区内将国内各州送来的数据资料开封，然后结合全球市场产销态势，审定各产品的预测数字，最后达成代表农业部的官方预测报告，经农业部长签字后向外界公布。

③农业信息发布的制度安排

1915 年 3 月，美国农业部市场办公室印发了第一份市场报告揭开发布农业信息的序幕，经过近百年的发展，美国已经建立了严格系统的农业信息发布制度，信息发布手段也从最初的单一书面形式发展为现在电话咨询、电视台、广播、电传、录音、网络等便捷多样的形式。

对于不同的农业信息，美国政府制定了不同的发布制度和规定。第一，反映农产品供求、价格、趋势等最新情况的信息，需要及时发布，所以市场调查员将收集的市场信息上报州市场新闻办公室后，市场新闻办公室一方面直接通过网络、电话咨询服务台、电传和录音将各地区的信息快速提供给公众；另一方面要把信息通过网络将数据传到市场服务局华盛顿总部，统一汇总成全国数据后通过新闻媒体免费向社会发布。市场信息的发布频率要区别不同农作物，按照每天 1 次，每周 1 次，每两周 1 次，每月 1 次，每两个月 1 次，每季度 1 次和每年 1 次进行发布；活畜信息的发布频度要快于农作物产品，一般是每天 3～4 次，可选择的发布时间为 8：30、9：30、10：30、

11：00、13：00和14：00，具体发布时间依不同品种而定。第二，不涉及秘密的农业信息，由农业部各业务局收集分析通过网络、电视等途径发布。第三，需要保密进行分析预测的信息，如按照法律规定，玉米、小麦、棉花、大豆、橘子等在商品期货市场可以进行交易的农产品报告信息，其发布有特殊的规定。例如每月发布一次的世界农产品供求预测报告和农作物生产报告，各业务局专家在每个月的第二个星期四进入安全区封闭分析各地区数据，形成报告之后，必须由工作人员在封闭区内进行打印，其他非工作人员均不能接近数据和报告。在报告发布之前半小时由农业部长进入封闭区签署发布报告的命令，但其无权对报告的内容和数据进行修改，发布命令签署后，记者被允许进入安全区准备新闻报道稿，但此时安全区仍然是屏蔽的，电话、计算机均不能与外界联网。直到美国东部时间早晨8时30分，安全区开始对外开放，电话、网络等设备允许接通，信息数据新闻由记者们传送到外界，报告的电子版也在两分钟之内发布到美国农业部国际互联网主页上，国内外公众都可以免费下载使用信息①。

美国政府通过构建由农业部及其相关所属机构组成的农业信息体系，直接提供信息公共服务的方式，为农场生产者、涉农企业及其他农业相关利益集团提供了包括生产、市场供求、市场价格、贸易、气候等在内的满足各个层面要求的农业信息，有效地弥补了农业信息领域的市场失灵。

2. 支持农业信息网络建设

解决农业信息不完全问题不仅要提供信息资源，还要加快信息传播速度，提高信息的利用效率。网络传播以其信息量大、及时、便于查询、可远程交易、互动性好等特点在农业信息传递过程中发挥着越来越重要的作用，所以，美国政府在构建完善的农业信息提供系统的基础上，每年还通过财政拨款支持农业信息网络建设：

(1) 官方综合农业网络体系

由联邦农业部、各州农业署、地方农业管理部门组成的多层次官方农业网站组成，致力于为任何与农业有关的市场团体组织免费提供所需要的信息，以使没有能力购买私人提供的商业市场信息的个人和组织不至于在竞争中处于不利地位。这些官方网站信息的内容全面，涉及农业生产和技术等方方面面，归纳起来有12个系列：农产品价格、农业支出、农业劳动力及其工资、农业生产与效率、农业收入、农产品流通费用、农产品的消费与利

① 许世卫，李哲敏，李干琼. 美国农业信息体系研究［J］. 世界农业，2008（1）：44－46.

用、土地价值与土地使用、种植业与畜牧业生产测算、农场合作组织、市场新闻、国外农业、农业资金平衡、农业生产成本等。

（2）专业农业信息网络体系

由不同农产品的专业信息网站组成。专门提供某一种农产品的信息和专家咨询服务。从20世纪70年代后期美国开发大豆病害诊断专家系统——PLANT/ds到1995年，美国这种专业农业信息网站就已经达到1000多个，涉及大豆、玉米等主要农产品。以大豆信息网络系统为例，该网站不仅提供国际、国内大豆生产、流通各环节的技术信息和销售信息；农场主还可以在线咨询从事大豆研究的专家有关大豆生产种植技术、产销策略等方面的问题，获得专家的指导。

（3）AGNET农业信息网络系统

由内布拉斯加大学创建，是世界最大的农业信息网络系统，可提供多用途、高质量、大规模、联机共享的数据库信息查询服务。该网络覆盖美国46个州，加拿大6个省和美、加以外的7个国家，联通美国农业部、15个州农业署、36所大学和大量农业企业的农业计算机网络系统，为农业生产者更及时地掌控市场信息，了解前沿农业技术，深入解读国家政策，调整种养结构，网上交易农产品提供了强大的支持平台，极大地降低了农业经营风险。

（4）AgNIC农业网络信息中心联盟

是由涉农大学、研究机构、政府机构和非盈利组织于1995年自愿成立的农业信息资源共建共享联合体，由美国国家农业图书馆进行项目支持。联盟成员近50个，分别围绕食品、农业、林业、可再生自然资源等主题的某一方面收集相关信息。2005年AgN IC网站的点击率为653.6万人次，各联盟会员网站的点击率总计近1.2亿人次[①]。

目前，美国政府每年投入15亿美元建设农业信息网络，使农业生产可以获得更为及时、准确、完整的信息提示，农场主在办公室或家庭就可以随时查询到农业生产和市场的各种信息，政府和管理部门也可随时与农产品公司进行信息交流，根据全球或区域性的农业动态信息进行计划、预测和宏观决策。

---

① AgN IC Statistics FY 2005 [EB/OL]. (2006-09-26). http: / /www. agnic. org/ about/ history/ agnicstats.

3. 支持农业数据库建设

丰富、共享的农业数据库资源是农业信息建设的重要基础项目，只有建立涵盖农业及相关领域信息，保持数据动态更新和扩展的高质量数据库才能满足不同层次、不同对象的信息需要。因此，美国政府非常重视数据库的建设，每年提供10亿美元的农业信息经费支持。从20世纪60年代就开始利用广播、电话等通信设施采集保存农业数据信息资源。随着自动控制及网络技术的兴起，美国对农业数据资源的采集整理工作更加方便高效，截至目前经过美国农业部编目的电子化农业数据库已达428个，包括AGRICOLA、BIOSIS Preview、PestBank、CMS MBR、NOAA等大型数据库系统和网络信息中心。这些数据库中最著名、应用最广的是农业部和美国国家农业图书馆于1970年共同开发的农业文献联机检索数据库——AGRICOLA，它存有10万份以上的农业科技参考资料信息，250万条农业文献引文，与联合国粮农组织创建的国际农业情报数据库（AGRIS）、英联邦农业局开发的农业科学、生物、经济和社会文献数据库（CABI）并称世界三大农业数据库，是检索世界各国农业生产、科研、教育和推广信息的权威工具。再比如美国农业部建立的全国作物品种资源信息管理系统，拥有60万份植物资源样品信息，可以为全美农业育种提供充足的信息服务。美国政府建立的这些大型农业生产和农业经济数据库系统，积累了大量的农业信息资源，为美国农业信息化奠定了坚实的基础。

4. 支持农业信息系统基础设施建设

信息基础设施是农业信息体系最基本的物质条件，是信息传递的载体，对网络平台和数据库建设，对农业信息资源的开发、网络延伸和终端建设的意义重大。因此，美国政府对农业信息系统的多项硬件建设进行支持，包括电话和广播电视设施、数据传输设施和网络基础设施等。在20世纪70年代美国电话、电视已经普及，目前美国农业部农业信息设施建设的重点在农村地区通信系统的升级和宽带上网等网络和数据传输设施上。2008年农业部设立电信基础设施贷款项目，为投资建设和改善农村地区电信服务的合格社团单位提供直接和担保贷款；2009年复苏法案又通过宽带倡议计划向横跨美国农村的宽带建设提供资金援助，从农业部农村发展局公布的数据看，截至2010年9月援助资金总额达35.29亿美元。美国政府对信息基础设施的建设为互联网连接准备了基础条件，为公众获得农业信息提供了通道。现在，借助电话线和计算机联网美国农民在家里就可以使用全国政府农业网站、大学、科研机构和图书馆里的数据库，获得产品价格、品种改良、新型农机技术、动植物病虫害防治等方面的最新数据，通过计算机网络系统，农业信息的不完全正在被打破。

二、美国农业信息保护与支持政策的特点

1. *农业信息支持政策以法律为基础*

美国政府在支持农业信息建设过程中从信息资源采集，发布到隐私权保护都进行立法管理，通过建立健全的农业信息法律法规体系，既保证了信息的真实性、有效性，维护了农业信息主体的权益，又促进了信息的共享。

(1)《1946年农业市场法案》

《1946年农业市场法案》授权美国农业部设立市场新闻计划项目，并从年度财政预算中拨款进行资金支持，指定农业市场局作为项目的执行机构，负责收集和发布农产品市场信息。该法案还规定凡享受政府补贴的农民和农业利益群体都有义务向政府提供农产品产销信息。《1946年农业市场法案》明确了政府部门在信息收集发布过程中的职责分工，同时也为政府从农业生产者手中获得原始信息资料提供了法律依据。

(2)《1966年信息自由法案》

该法规定：政府信息是公共财产，应以公开为原则，不公开为例外，如果政府拒绝提供信息要进行举证；一切美国公民具有平等享受政府信息的权利，不受信息申请人资格限制；申请人申请信息被政府拒绝时可以向法院请求获得司法救济，如果法院认为申请人要求的信息不属于法律所规定的免除公开的信息，那么行政机关必须依法公开。该法案为信息受益者公平公正地获得信息提供了法律基础，成为促进美国政府信息公开的重要约束性法律。

(3)《1995年文牍精简法案》

为避免政府信息收集权力的滥用，《1995年文牍精简法案》规定，涉及10人及10人以上的问卷调查或存档要求、农业部相关信息机构为收集统计信息而进行的任何询问，都必须事先报美国管理与预算办公室审批，管理与预算办公室对信息收集方式、用途及给公众带来的负担进行综合评价后，最终批准才可以实施。

(4) 其他法案

《1974年隐私权保护法案》，该法是关于保护个人隐私权的法律，规定政府机构必须在法律规定的范围内收集、利用和传播个人信息，禁止滥用侵犯公民隐私权。80年代后随着电脑的普及，美国又制定了《1987年电脑安全保护法案》，规定了保障电脑、网络及信息安全的条款。《1988年电脑匹

配与隐私权保护法案》和《2005 年个人数据隐私与安全法》进一步规定了政府机构在网络环境下对个人信息进行电脑匹配必须遵守的法律程序，这些以维护个人隐私权为目的的法律为美国农业信息安全收集、使用、传播奠定了基础。

2. 农业信息支持政策以规范的制度为保障

在建立法律体系为政府农业信息支持工作提供法律依据和约束框架的基础上，美国政府还通过建立严密的农业信息收集、发布、保密、共享等制度进一步规范政府机构在提供农业信息产品过程中的行为。

（1）农业信息收集、分析、发布制度

美国政府按照农业信息的不同类型，分别制定严格的信息收集、分析发布制度，以保证市场信息、统计信息、可公开信息和不可公开信息的提供工作规范有序地进行。信息收集要采用农业部统一的分级标准、格式和正式术语，定时进行；收集到的基础数据信息要按时间序列和数据资料来源进行规范处理；对需要及时公开发布的信息授权地方信息办公室可自行审查公布，对于有重大决策指导意义的生产报告等可公开发布的信息资料要求至少来自 3 个部门的同行专家审议后才可发表，对发布前需要严格保密的信息政府也制定了严密的安全区制度防治信息提前泄露。农业信息的收集、分析、发布制度保证了美国全国信息工作的规范性和标准性。

（2）信息资料保密制度

信息资料保密制度包括两方面：一是对个人信息资料的保密制度，按照隐私权法，政府部门收集利用个人资料必须对本人公开，对第三人限制公开。被调查者有按要求无偿提供有关信息的义务，政府部门也有承担对调查者数据保密的法律义务。农业部所有农业统计调查只发布汇总后的信息，不允许对外提供个体数据信息，某些涉及商业秘密的个体数据在汇总上报后即消除。二是对趋势性敏感信息保密，农业部制定了严格的保密制度，对趋势性敏感信息的分析讨论必须在安全区封闭进行，严格禁止任何人泄露，对资料泄密和买卖事件要依法追究经济和刑事责任，最高可处以不超过 1 万美元罚款或 10 年以下监禁，如果后果严重可两罚并用。敏感信息到规定的发布时间后要由农业部长签字，农业部统一对外公布，以保证各方处于公平竞争的地位，避免个别利益集团因提前获得信息而牟取暴利。

（3）信息资料共享制度

美国农业信息提供是由农业部及其下属多个部门共同完成的，为避免信息相互割裂制约各部门协同作业，美国政府既限制对机密资料的传播，又反对信息资源的垄断，建立了信息资料共享制度，规定各部门信息资料除保密资料外可以互相交流，促进了各部门共建共享信息资源。此外，农业部还把信息资料共享推广到全社会范围，规定农业信息资料一经农业部公开发布即为全社会共享，全体成员均可免费使用。

3. 支持政策全方位多角度发挥作用

美国政府对农业信息工作的支持是全方位多角度的，既支持信息体系的软件建设，又支持硬件设施建设。首先是建立政府的农业信息提供渠道，通过政府机构直接收集、分析、发布农业信息，解决公共农业信息资源供给不足的问题；其次是政府直接投资建设信息网络、数据库等信息系统软件设施，为农业信息的复制、传播、使用搭建基础数据和信息资源平台；第三是政府对信息体系硬件基础设施的支持，为信息资源利用提供载体。信息产业是高投资的行业，基础性投入和维持性投入规模较大，需要政府进行必要的资金支持，而且随着信息要素对经济发展的作用越来越凸显，美国政府对农业支持和保护措施的重点也逐渐向信息领域倾斜，在美国农业部确定的新世纪农村发展战略中，把支持农村通信工程项目作为政府最主要的工作，支持规模超过60亿美元。

第三节　美国农业信息保护与支持政策的效应

美国农业信息体系经过政府的大力支持，已经具备了利用计算机网络系统和数据库资源为农业生产者提供农业技术、文献、病虫害预测、天气状况与预报信息，农产品价格、土壤、作物生长态势等最新数据的能力，提高了农业信息化程度，降低了农业生产面临的自然风险和生产经营风险，促进了农业向精准方向发展，提高了农业生产效益。

一、提高农业信息化程度

经过政府对农业信息建设的大力支持，不仅从国际上对比，美国是世界上农业信息化程度最高的国家；从国内对比，美国农业的信息化程度也高于工业等产业。在美国，作为信息时代象征的电子计算机正在农业中普及，众多农业公司、专业协会、合作社和农场已普遍使用电子计算机及网络技术获取和利用信息进行农场经营，他们使用电脑管理账目信息，做出生产经营决策；利用电脑分析信息，确定以何种方式在何时种植何种作物效益最高，可以说借助计算机网络，农业信息化已经渗透到美国农业生产的每一个环节。据美国农业部国家农业统计局数据，2005 年美国有 58%的农场使用过电脑，51%的农场配备或租用了电脑，31%的农场运用电脑经营农场业务。从农业信息网络的使用情况看，51%的农场上网获取信息，9%的农场通过互联网购买农业投入品，9%的农场通过互联网进行农产品营销，7%的农场通过美国农业部和其他联邦政府网站开展业务。这说明随着农业信息体系的完善，美国生产者不仅利用政府提供的信息网络搜寻信息作为决策依据，而且通过网络交易平台迅速地向新型的农业电子商务交易手段转变，更多地利用搜寻到的信息通过互联网实现货物和服务的交换，突破了传统交易手段的市场限制。根据美国高盛集团的统计数字，2004 年美国 12%的农业销售都是通过互联网进行的，比 1999 年提高了 8%。下表通过对上述几项指标 1997 年和 2005 年数据的对比，反映出美国农业信息化的快速发展，其中农场使用互联网的增长速度最快，达到 292.31%，这也从一个侧面证明了美国农业生产信息化程度的提高。

表 6.1　1997、2005 年美国农场使用电脑及网络情况对比

项　目	1997 年	2005 年	2005 年对 1997 年增长率
使用过电脑	38%	58%	52.63%
配置或租用电脑	27%	51%	88.89%
利用电脑管理农场业务	20%	31%	55.00%
使用互联网	13%	51%	292.31%
使用电子商务购销	——	18%	——

数据来源：Agricultural Statistics Service. Farm computer usage and ownership [R]. Washington: NationalAgricultural Statistics Service (NASS);

Agricultural Statistics Board. U. S. Department of Agriculture, 2005: 1—15.

二、弱化农业风险强度

政府建设农业信息体系，为农业生产者提供充分的自然气候信息和国内外农业市场信息及预测，对于弱化因信息不完全导致的农业自然风险和市场风险具有重要的作用。

1. 降低自然风险损失

风霜雨雪、洪涝干旱等自然灾害对农业生产的破坏性影响是农业生产不得不面临的自然风险，但是利用农业信息技术和现代传播手段可以在一定程度上预测灾害的发生，有利于降低自然风险给农业生产带来的损失。美国农业部利用国家气象卫星和多普勒雷达侦测系统发回的每隔30分钟刷新1次的卫星云图和雷达云图数据，预测各种灾害性天气，编制花粉、旱情、雷暴等灾害指数，为农业生产者提供及时、准确的预报信息，有助于其提前采取措施调整种植品种，预防灾害，减少损失。

2. 降低市场风险

第一，通过政府的信息网络，美国农场主可以准确、及时、完整、连续地获得农产品现货、期货价格、国际国内市场供求量、趋势变化等信息，有助于生产者准确把握市场，制定生产规划及市场战略，减少其盲目经营的风险。

第二，政府发布的农业科技信息，如农作物改良品种，新型农业机械等可以帮助生产者更新种植品种，引入先进设备，有助于其提高产量和劳动生产率，降低生产成本，增强市场竞争力，提高其应对市场风险的能力。

3. 降低决策风险

政府构建的农业信息数据库为农业生产者提供了充足的学习资源，计算机网络为生产者提供了大量的信息，知识的充实，视野的开阔，有助于生产者自身素质的提高，使其在市场竞争中更有可能做出正确的决策。利用互联网上的互动平台，农业生产者可以进行农业技术咨询，获得专家的指导，而且电脑决策支持系统也可以为生产者提供决策参考，有助于提高其正确决策水平。

三、推进农业向精准化方向发展

20世纪70年代信息技术开始在农业领域应用，经过40年的发展，其对农业生产的影响日益深刻，除应用于农业灾害监测预报、育种、经济决策、病虫害预测、作物专家诊断等领域外，还逐渐与农业生产结合，使农业向精准农业（Precision Agriculture）方向发展。精准农业20世纪90年代初在美国农业中出现，是以信息技术和智能农机为支撑的现代复合农作系统。它通过遥感技术、地理信息系统和卫星全球定位系统，在农业生产全过程中对农作物、气候、土壤进行从宏观到微观的实时监测，以获取农作物生长发育、病虫害、水肥及环境状况的静态和动态信息，在地理信息系统和全球定位系统支持下分析识别获取的信息，制订不同地块、不同土壤、不同作物的管理计划，然后通过变量可控的农业机械，在土壤、环境和作物长势不同，精确度可达米级的地块上实施定位定量的精准管理，按照作物的需要进行科学的施肥、喷洒农药等操作，借以实现最佳的经济和环境效益。采用精准农业技术比传统耕作可节省肥料10%，节约农药23%，每公顷节省种子25公斤，可使小麦、玉米增产15%以上。2002年美国有36%的玉米和28%的大豆采用了精准信息技术进行生产。

小　结

在人类步入信息社会，信息要素对经济增长的促进作用日益凸现的今天，世界各国政府都把提供信息产品作为政府公共服务职能的重要方面。美国是世界农业生产和农产品出口第一大国，农业信息对美国农业生产经营至关重要，所以美国政府对农业信息体系建设采取了全方位的支持政策，从建立政府信息系统到信息基础设施建设，从设立农业信息数据库到利用农业信息技术改造传统农业生产方式，美国政府都给予了大量的财政援助，使美国建立了世界上最发达的农业信息网络，既提高了美国农业信息化水平，使美国农业生产者和与农业有关的各方在拥有充足信息的基础上进行生产经营决策，降低了农业生产的风险，又为美国现代精准农业的发展提供了信息基础和硬件保障，提高了农业生产率。

第七章　社会公平分配视角的美国农业保护与支持政策

市场经济体制下国民收入初次分配是由市场价格机制按照要素投入决定要素产出的原则进行的，由于要素占有数量的不均等，市场自发运行的结果所呈现的收入、财富和福利的最终分布往往不能与社会公认的公平标准相一致，出现收入分配不公平的市场失灵状态。由于农业的弱质性和高风险性，在国民经济各个部门中农业明显处于弱势地位，农业生产者的收入水平在国民收入分配体系中也位于较低水平。美国虽然是世界第一农业大国、强国，但无论是从农业投入产出价格指数对比上看，还是从农业收入与国民经济总量的对比，抑或是从城乡的贫困率对比上看，都显示了社会分配体系中农业收入不公平的现实。因此，为了实现社会公平分配，美国政府采取了商品价格支持、农业保险、税收、出口补贴等一系列农业保护与支持政策，提高农场主收入水平，一定程度上纠正了市场分配失灵，提高了社会公平程度。

第一节　美国社会分配中农业收入不公平的现实

一、农业生产投入和产出价格指数分析

由于农产品较小的需求弹性，人们不会随着收入水平的提高同步增加农产品的消费量，而农业生产技术的改进却带来产量的急剧增加，所以农产品的实际市场价格多数时间是下降的，即使上涨也往往是小幅度、暂时性的。与此形成对比的是农业机械化、信息化、生物化要求的各种现代化农业机械、设备、通讯系统和设施等农业生产投入品的价格往往呈现长期快速上升的趋势，导致农业生产费用上升。这种投入和产出价格的不同变动趋势和幅度使美国农业生产者在社会收入分配格局中处于不公平地位。

1. 农业投入品价格指数变动趋势和幅度

农业生产投入支出包括三大类：一是资本支出，包括购买耐用设备、服务设施和土地的支出及存货成本；二是雇佣和自我雇佣的劳动力支出；三是农业资料支出，包括为进行农业生产购买的电力能源、农业化学品及相关服务的支出。农业投入品价格指数就是反映一定时期内农业生产投入品价格变动趋势和程度的相对数①。通过对比农业投入品和农业产出品价格指数可以掌握工农业产品比价的变动情况。

表 7.1 1993～2009 年农业投入品价格指数及增长率（1990～1992＝100）

时 间	资本和劳动力投入品②		农业资料投入品	
	价格指数	价格指数环比增长率	价格指数	价格指数环比增长率
1993	103	3.00%	104	4.00%
1994	106	2.91%	106	1.92%
1995	109	2.83%	108	1.89%
1996	115	5.50%	115	6.48%
1997	118	2.61%	119	3.48%
1998	115	−2.54%	113	−5.04%
1999	115	0.00%	111	−1.77%
2000	119	3.48%	115	3.60%
2001	123	3.36%	120	4.35%
2002	124	0.81%	119	−0.83%
2003	128	3.23%	124	4.20%
2004	134	4.69%	132	6.45%
2005	142	5.97%	140	6.06%
2006	150	5.63%	150	7.14%
2007	161	7.33%	162	8.00%
2008	183	13.66%	188	16.05%
2009	179	−2.19%	183	−2.66%
1993～2009 平均	131	4.00%	130	3.71%

注：①本表以 1990～1992 年农业投入品的价格指数为 100。②价格指数环比增长

① 美国农业统计年鉴上称为农业生产者支付的价格指数。

② 主要指农业生产者的资本和劳动力投入两大类支出，美国农业统计年鉴上称为包含利息、税和工资的投入，原因是美国农业生产者的投入 40%需要靠贷款解决，所以年鉴中把贷款利息支出也考虑在投入之内。

率＝｛第n年投入品价格指数－第（n－1）年投入品价格指数｝÷第（n－1）年投入品价格指数，反映农业投入品价格的年度递增幅度。

数据来源：由 Agriculture Statistics 2010：Economic Trend ：Data relating to agriculture，United States，1992～2009 计算得出。

表7.1列出了1993～2009年美国农业生产投入品价格指数的变动情况，反映农业生产者支付的投入品价格从1993年到2009年的价格变动趋势和变动幅度。表中数据显示，1993～2009年农业资本和劳动力类投入品价格除1998年和2009年有小幅下降之外，其余15年价格都处于上涨之中，平均价格指数为131，比基期上涨1.31倍，年度递增4%。其中2008年价格指数最高达183，意味着购买相同的投入品2008年的价格是1990～1992年价格的1.83倍。农用资料等投入项目有4年下降，其余年份上涨，平均价格指数为130，和农业资本类投入品涨幅接近，年度递增3.71%，其中2008年价格指数最高达188，说明购买等量的农用资料2008年的价格是基期1990～1992年的1.88倍。

通过数据分析可以得出三方面的结论：一是农业投入品价格上涨幅度大，经过17年时间，价格已经上升为基期价格的1.8倍，即农业生产者投入费用比基期增加了80%；二是农业投入品之间价格涨幅接近，相对价格基本没有变化。农业资本投入品指数年均为131，农用生产项目价格指数年均为130，最高指数都在180左右，这说明工业品之间价格变动幅度相当；三是工业品生产者之间价格分配相对公平，而相对于工业生产者而言，农业生产者在价格体系中处于不利地位。

2. 农业产出品价格指数变动趋势和幅度

农业产出品价格指数是反映一定时期内农产品（包括农作物、林产品、畜牧业和渔业产品等）价格变动趋势和程度的相对数①。和我国的农产品收购价格指数类似，能较好地反映农业生产者的收入获得及变动情况。

表7.2是1993～2009年美国农业产出品及消费价格指数等的变化数据，反映农业产出品等指标从1993年到2009年的价格变动趋势和变动幅度。1993～2009年农业生产者出售农产品获得的价格有7年下降，10年上升，平均价格指数为111，涨幅为基期的1.11倍，2008年价格指数最高，达到149，即农业生产者出售相同单位的农产品获得的收入比1990～1992年上涨

① 美国农业统计年鉴上称为农业生产者出售农产品所得的价格指数。

1.49 倍，年平均递增 1.87%。

消费资料价格指数反映所有消费资料生产者出售消费品获得的收入的变动趋势和幅度，1993～2009 年平均指数为 178，2008 年最高达 215，即和 1982～1984 年消费资料价格相比，消费品生产者出售相同数量的消费品获得的收入是基期的 2.15 倍。

食品消费价格指数只反映食品消费品的价格变动趋势和幅度，也就是反映农业生产者出售食品所能获得的收入的变动趋势和幅度，1993～2009 年食品消费价格指数平均为 145，2008 年指数最高达到 178，意味着农业生产者出售相同数量的食品获得的收入是基期的 1.78 倍。

食品消费价格指数对消费价格指数相对增长率反映食品价格上涨速度和所有消费品价格上涨速度的对比关系，1993～2009 年相对增长率平均为 57.44%，说明食品价格的增速慢于消费品价格，只达到其增速的 57.44%。也就说明农业生产者出售食品获得的收入的上涨速度相当于其他消费品生产者出售消费品获得收入上涨速度的 57.44%。

由数据分析可得出结论：一是农产品价格虽然总体属上涨趋势，但涨幅低，年度之间波动幅度大；二是食品价格指数增长率慢于消费价格指数，农业生产者在价格上涨过程中分享到的利益少。

表 7.2　1993～2009 年农业产出品价格指数及相关指标对比

时　间	农业产出品价格指数 X_1 1990～1992＝100	农业产出品价格指数年度环比增长率（%）X_2	消费价格指数 1982～1984＝100 X_3	食品消费价格指数 X_4 1982＝100	食品消费价格指数对消费价格指数的相对增长率（%）X_5
1993 年	101	1.00	144	126	59.09
1994 年	100	−0.99	148	127	56.25
1995 年	102	2.00	152	129	55.77
1996 年	112	9.80	157	134	59.65
1997 年	107	−4.46	161	135	57.38
1998 年	102	−4.67	163	134	53.97
1999 年	96	−5.88	167	135	52.24

续表

时间	农业产出品价格指数 X_1 1990～1992=100	农业产出品价格指数年度环比增长率（%）X_2	消费价格指数 1982～1984=100 X_3	食品消费价格指数 X_4 1982=100	食品消费价格指数对消费价格指数的相对增长率（%）X_5
2000 年	96	0.00	172	137	51.39
2001 年	102	6.25	177	141	53.25
2002 年	98	−3.92	179	140	50.63
2003 年	106	8.16	184	146	54.76
2004 年	118	11.32	188	153	60.23
2005 年	114	−3.39	195	156	58.95
2006 年	115	0.88	202	157	55.88
2007 年	136	18.26	207	167	62.62
2008 年	149	9.56	215	178	67.83
2009 年	131	−12.08	214	176	66.67
1993～2009 年平均	111	1.87	178	145	57.44

注：①X_1 以 1990～1992 年为基期，设其价格指数=100。

②X_2=｛第 n 年农业产出品价格指数−第（n−1）年农业产出品价格指数｝÷第（n−1）年农业产出品价格指数。

③X_3 为全部消费资料价格指数，以 1982～1984 年为基期，设其消费价格指数=100。

④X_4 仅指全部消费资料中食品商品的消费价格指数，以 1982 年为基期，设其食品消费价格指数=100。

⑤X_5=（第 n 年食品消费价格指数−基期食品消费价格指数）÷（第 n 年消费价格指数−基期消费价格指数）

数据来源：由 Agriculture Statistics 2010：Economic Trend ：Data relating to agriculture，United States，1992～2009 计算得出。

3. 农业投入和产出品价格指数的对比分析

在分别考察农业生产投入和产出价格指数变动的基础上，综合分析农业生产投入费用和产品销售价格的变化可以更准确地反映农业生产者在价格体系和国民收入分配中的不平等地位。

表 7.3　1993～2009 年农业投入和产出价格指数对比

时间	农业投入品价格指数		农业产出品价格指数	农业产出品与资本和劳动力投入品的比价 Y_1	农业产出品与农业资料投入品的比价 Y_2
	资本和劳动力投入品	农业资料投入品			
1993 年	103	104	101	98.06%	97.12%
1994 年	106	106	100	94.34%	94.34%
1995 年	109	108	102	93.58%	94.44%
1996 年	115	115	112	97.39%	97.39%
1997 年	118	119	107	90.68%	89.92%
1998 年	115	113	102	88.70%	90.27%
1999 年	115	111	96	83.48%	86.49%
2000 年	119	115	96	80.67%	83.48%
2001 年	123	120	102	82.93%	85.00%
2002 年	124	119	98	79.03%	82.35%
2003 年	128	124	106	82.81%	85.48%
2004 年	134	132	118	88.06%	89.39%
2005 年	142	140	114	80.28%	81.43%
2006 年	150	150	115	76.67%	76.67%
2007 年	161	162	136	84.47%	83.95%
2008 年	183	188	149	81.42%	79.26%
2009 年	179	183	131	73.18%	71.58%
1993～2009 平均	131	130	111	85.63%	86.39%

注：①Y_1＝农业产出品价格指数/资本和劳动力投入品的价格指数，表示农业产出品与资本和劳动力投入品的比价。

②Y_2＝农业产出品价格指数/农业资料投入品价格指数，表示农业产出品与农业资料投入品的比价。

数据来源：由 Agriculture Statistics 2010：Economic Trend ：Data relating to agriculture，United States，1992～2009 计算得出。

从农业产出品与资本和劳动力投入品的比价看，如果以 1990～1992 年二者价格之比为 1∶1 的话，到 2009 年农业产出品的价格只相当于资本和劳动力投入品价格的 73.18%，1993～2009 年平均相当于 85.63%，即农产品收入的涨幅只有农业资本、劳动力生产费用涨幅的 85.63%。农业产出品和农业资料投入品的比价也基本呈相同的态势，2009 年农业产出品的价格只相当于农业资料投入品价格的 71.58%，1993～2009 年平均相当于 86.39%，也就是说农产品收入的涨幅只有农业生产资料费用涨幅的 86.39%。很明显，在经济增长的过程中，这种农业和工业产品相对价格的不均衡变动直接导致农业生产者在收入分配体系中处于不公平地位。

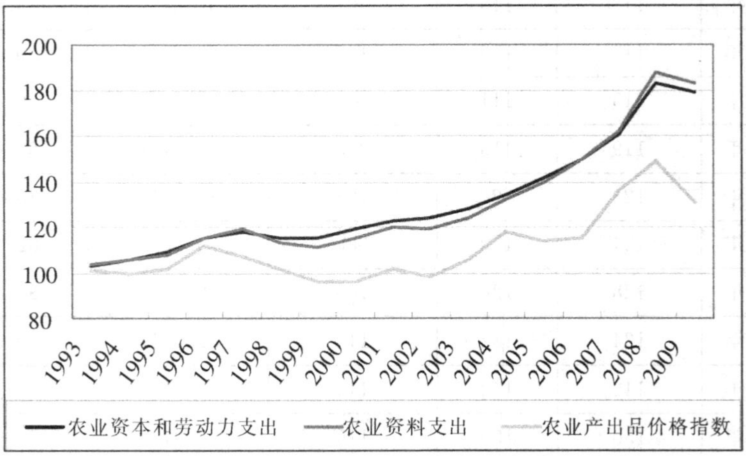

图 7.1　农业投入和产出价格指数趋势对比

数据来源：由 Agriculture Statistics 2010：Economic Trend ：Data relating to agriculture，United States，1992～2009 计算得出。

图 7.1 将农业资本和劳动力投入品、农业资料投入品及农业产出价格指数用折线图的形式进行趋势对比，农业生产者面临的分配不公平结果表现的更加直观，一方面，农业生产需要的资本和劳动力、农业资料等投入品价格上涨幅度较大，导致生产费用增长趋势明显；另一方面，产出的农产品价格上涨幅度较小，并且不同年份之间经常出现价格上下波动，导致销售收入不能和费用同步上涨，且欠缺稳定性。二者综合作用，农业在社会分配中处于

不公平地位也就在所难免了。

二、农业净收入和人均收入规模分析

美国农村人口占总人口的1.7%左右，但农业生产者的收入水平无论是绝对规模还是相对规模都处于较低水平，净收入仅占国民收入的0.6%左右，人均收入也低于其他产业生产者水平。

表7.4 2000～2009年美国农业及国民收入相关指标

单位：亿美元

年度	农业总收入	农业总费用	农业净收入	国民收入	个人可支配总收入	农业净收入占国民收入的比例 X_1	农业净收入占个人可支配收入的比例 X_2
2000	2417	1910	507	89389	85594	0.57%	0.59%
2001	2499	1950	549	91852	88833	0.60%	0.62%
2002	2306	1914	391	94085	90601	0.42%	0.43%
2003	2587	1977	610	98402	93781	0.62%	0.65%
2004	2949	2075	874	105340	99372	0.83%	0.88%
2005	2985	2197	788	112738	104859	0.70%	0.75%
2006	2902	2327	574	120312	112681	0.48%	0.51%
2007	3395	2692	703	123964	119123	0.57%	0.59%
2008	3796	2930	866	125578	123911	0.69%	0.70%
2009	3432	2810	622	122250	121749	0.51%	0.51%
2000～2009平均	2927	2278	648	108391	104050	0.60%	0.62%

注：①X_1＝农业净收入/国民收入。

②X_2＝农业净收入/个人可支配收入。

数据来源：由 Agriculture Statistics 2010：Farm Resource，Income，and Expenses 计算得出。

1. 农业净收入规模

大型农业机械代替人工从事农作物耕作和牲畜的饲养管理直接提高了美国的农业生产率，但农场主为此也必须承受较高的农业生产投入费用，再加上机械设备的价格上涨速度较快，所以美国农业总收入中80%都要作为生产费用扣除掉，农业净收入仅占20%。表7.4数据显示，2000～2009年美国农业总收入平均为2927亿美元，总费用却达到2278亿美元，平均农业净收入只有648亿美元，占总收入的22.14%。2008年美国农业总收入达到历史最高水平3796亿美元，生产费用却高达2930亿美元，农业净收入规模只有866亿美元，占总收入的22.81%。

美国农业经济总量虽然在世界上是最高的，但由于美国自身国民经济总量指标数值巨大，所以美国农业占经济总量的比重仍然较低，而且市场分配过程中农业又处于劣势地位，因此，从表中数据看，2000～2009年美国农业净收入绝对规模平均为648亿美元，而同期国民收入平均为10.8391万亿美元，农业净收入占国民收入的比例只有0.6%；个人可支配总收入反映整个私人部门的净收入水平，从这方面讲，美国农业净收入占个人可支配总收入的比例只有0.62%，没有达到农业人口占总人口1.7%的比例，说明农业生产者的净收入水平低于全国平均的个人净收入水平，这样的收入状况如果政府不进行干预，为农业生产者提供转移支付保障，必然导致农业生产萎缩，削弱国民经济发展基础。

2. 农村人均收入规模

根据美国农业部经济研究局数据，2009年美国农村、城市和全国人均收入分别为31415美元、41244美元和39635美元，农村人均收入在三者中最低，和城市人均收入相差9829美元，与全国人均水平相差8220美元。在农村人均收入的构成上，每年约有1.9万美元来自农业和工资等收入，5200美元来自股息、租金等收入，7150美元来自政府的补贴等转移支付收入，而城市人均收入中来自政府补助的金额只有5970美元，如果将政府补贴因素剔除在外，美国农村人均收入水平与城市人均收入的差距会进一步扩大到11700美元。可见，从人均收入规模看，美国农业生产者也处于较低水平①。

三、城乡人口贫困率对比分析

1. 美国的贫困线标准

美国1963～1964年开始设置贫困线标准，用于衡量人口的贫困程度。标准的设置原则是任何个人总收入低于购买满足基本需求的足够的食品、住

① Calculated by ERS using data from the Bureau of Economic Analysis: Sources of per capita income, 2008.

房、服装、其他基本商品和服务所需的金额，就属于贫困人口。由于家庭规模和年龄结构不同，满足其基本需求的金额也不同，所以美国政府设置多个针对不同规模和年龄结构家庭的贫困线标准，并且每年要根据通货膨胀率进行调整。表 7.5 是 2010 年美国的贫困线标准，根据家庭人口规模设置了 1 人到 9 人及以上 9 个档次，不同的规模又依据户主的年龄和养育 18 岁以下儿童的数量细分为不同的档次，分别规定了不同的贫困线标准，大的方向是越需要照顾的弱势家庭贫困线标准越低。

表 7.5　2010 年美国贫困线标准

单位：美元

家庭规模	相关的 18 岁以下儿童(主要指子女)数量								
	0	1	2	3	4	5	6	7	8 及以上
1 人									
65 岁以下	11,344								
65 岁及以上	10,458								
2 人									
户主 65 岁以下	14,602	15,030							
户主 65 岁及以上	13,180	14,973							
3 人	17,057	17,552	17,568						
4 人	22,491	22,859	22,113	22,190					
5 人	27,123	27,518	26,675	26,023	25,625				
6 人	31,197	31,320	30,675	30,056	29,137	28,591			
7 人	35,896	36,120	35,347	34,809	33,805	32,635	31,351		
8 人	40,146	40,501	39,772	39,133	38,227	37,076	35,879	35,575	
9 人及以上	48,293	48,527	47,882	47,340	46,451	45,227	44,120	43,845	42,156

资料来源：The Census Bureau：Poverty Thresholds for 2010 by Size of Family and Number of Related Children Under 18 Years.

美国贫困线由人口普查局的管理和预算办公室（The Office of Management and Budget's，OMB）设置和管理，不同地区的州政府在执行过程中还会根据地区的具体情况有所变动，对处于贫困线下的人口政府要通过补贴等措施进行转移支付。

2. 美国农村和城市人口贫困情况的对比

1963年美国政府设立贫困线以来，农村人口的贫困率一直高于城市和全国。20世纪七八十年代，美国农村人口贫困率处于高位，比全国和城市分别高出4%～5%。90年代后美国经历了前所未有的经济增长，农村地区经济活动也较活跃，农业生产者的农业和非农业收入增长较快，贫困率下降，和全国及城市之间的差距缩小为2.4%和2.9%。2008年金融危机后，美国经济全面衰退，导致全国贫困程度加深。农村人口贫困率比2008年上升1.5%，城市只上升1%，农村和城市人口的贫困率差距由2008年的2.2%上升到2.7%。根据美国农业部经济研究局的数据，2009年美国有4360万人口处于贫困线以下，其中有810万是农村人口，而且多分布在中部和西部以农业为主的偏远地区，占总贫困人口的18.58%[①]。

表7.6　1979～2009年城乡及全国人口贫困率对比

单位：%

年　份	农村人口贫困率	城市人口贫困率	全国人口平均贫困率	农村贫困率高于全国	农村贫困率高于城市
1979	15.9	11.6	12.4	3.5	4.3
1989	17.3	12.2	13.1	4.2	5.1
1999	14.8	11.9	12.4	2.4	2.9
2008	15.1	12.9	13.2	1.9	2.2
2009	16.6	13.9	14.3	2.3	2.7

资料来源：美国农业部经济研究局：Rural Income，Poverty and Welfare.

3. 农村人口贫困率高的原因

美国农业生产者和城市生产者贫困率的差距是长期复杂的政治经济等因素综合作用的结果，简单归纳有几个方面：一是不合理的工农业产品比价导

① The Census Bureau：2010 Annual Social and Economic Supplement.

致农业生产者的收入增长速度明显低于城市中从事其他产业的人口收入增速；二是美国传统农用公共设施虽然相对比较发达，但缺乏信息技术时代经济知识和技术密集型产业发展所必需的高速度数据通讯传输设施，抑制了农村地区在知识和高技术产业上的竞争力，使农业生产者获得非农业收入的机会减少。三是农业生产者主要依靠纺织业、服装业等低技能、缺少技术优势，附加价值低的生产部门获取非农业收入，收入水平低。四是农业生产者相对于城市人口受教育程度低，受过高等教育的人口比例为15%，比城市低11%，文化素质较低，掌握新技术的能力差，使得农村人口的工资率低且容易受经济波动的影响而失业。

第二节　社会公平分配目标下的美国农业保护与支持政策

20世纪30年代罗斯福政府通过《农业调整法》，采取目标价格、保护价格、贷款差额支付为主的价格支持政策提高农场主收入，此后价格支持政策就一直是美国农业保护和支持政策的核心措施，提高农场主收入，实现社会公平分配也一直是美国农业保护与支持的核心目标。

90年代后，为了规避WTO农业规则的限制和风险，提高农业支持政策的效率，1996年农场法案开始了农业支持的市场化改革，在农业支持政策上注重发挥市场机制的导向作用，取消了对生产扭曲作用较大的目标价格和市场差价补贴等价格支持措施，转而以直接收入支付、反周期支付等为主的生产中立型收入支持政策代替，同时政府逐步缩减农业补贴规模。

由于国内农业利益集团的反对，2002年农场法案又大规模提高了政府对农业的补贴力度，保留了以收入支持政策为主的补贴模式，把为农场主提供整体收益的安全网作为农业支持的主要目标。2008年农场法案又将补贴范围进一步扩大到水果、蔬菜等作物，推出平均作物收入选择，又称收入直接保障政策，使美国政府直接支付的收入支持政策体系更加完善。

在直接发放补贴增加农场主收入，改变市场收入分配不公平的同时，美国政府还通过农业保险、税收、出口补贴等农业支持政策，提高农场主应对国内外市场风险和自然风险的能力，保证其获得社会平均收益，降低社会不公平的程度。

一、农场和商品支持政策

农场和商品支持政策主要是指政府通过对农场或其生产的农产品支付补贴，保证农场主获取稳定的、与其他行业投资者基本持平的利润率，增加农场主收入的支持政策。依据美国政府2002年和2008年农场法案的规定，现在政府通过对农场和商品进行补贴增加农民收入的计划主要包括四部分：固定直接支付；和市场价格挂钩的支付，包含反周期支付和贷款差额补贴；环境保护项目补贴；其他支付项目，包括紧急灾害援助、奶制品支持计划、花生烟草配额买断计划和杂项计划等。环境保护项目补贴在第五章已经专门论述，在此不再赘述，其他支付项目中只涉及相对比较重要的奶制品支持计划，其余较小项目对增加农场主收入作用有限，不过多探讨。

1. 固定直接支付（Fixed Direct payments，FDP）政策

是由2002年农业法授权设立，代替1996年农业法设立的过渡期弹性生产合同补贴项目，是以基期的单位产量和种植面积为依据对生产者支付补贴的收入支持政策。其实施过程是政府预先确定基期的产量和面积，据此计算支付产量和支付面积，然后将支付产量、支付面积和政府规定的支付率三者相乘得出支付金额。

（1）直接支付额度的计算

支付金额＝支付产量×支付面积×支付率。

其中支付产量为2002年农场法案规定的产量；支付面积，2008和2012财年为基期面积的85%，2009～2011财年为基期面积的83.3%[①]。

基期面积的确定有两种方式可以选择：

①如果基期面积不超过作物种植的实际可用面积，则基期面积＝2002年过渡期弹性生产合同面积＋1998～2001年作物年度油籽种植面积的均值。

之所以要加上油籽种植面积，是由于直接支付包含油籽而过渡期弹性生产合同补贴不包含油籽。

②基期面积＝过去4年的平均种植面积＋1998～2001年作物年度因天气原因而无法播种的面积。

（2）支付范围和支付率

① The U.S. Department of Agriculture's Farm Service Agency (FSA). 2008 Farm Bill: The Direct and Counter－cyclical Payment Program (DCP).

2008 年农场法案直接支付涵盖的产品包括小麦、玉米、高粱、大麦、燕麦、陆地棉、中粒大米、长粒大米、大豆、其他油籽和花生等 11 种产品，支付率和 2002 年农业法相同。但是如果农场主参加平均作物收入选择计划（The Average Crop Revenue Election Program，ACRE）则他所获得的直接支付将减少 20%。如花生固定直接支付率为每吨 36 美元，但如果农场主同时参加了平均作物收入选择计划，则固定直接支付补贴的支付率只有 36 美元的 80%，即每吨 28.8 美元。

表 7.7　2008 年农场法案确定的支付率

商品	单位	直接支付率	参加平均作物收入选择计划的直接支付率
小麦	蒲式耳	$ 0.52	$ 0.42
玉米	蒲式耳	$ 0.28	$ 0.22
高粱	蒲式耳	$ 0.35	$ 0.28
大麦	蒲式耳	$ 0.24	$ 0.19
燕麦	蒲式耳	$ 0.024	$ 0.017
陆地棉	英镑	$ 0.0667	$ 0.0534
中粒大米	担	$ 2.35	$ 1.88
长粒米	担	$ 2.35	$ 1.88
大豆	蒲式耳	$ 0.44	$ 0.35
其他油籽	担	$ 0.80	$ 0.64
花生米	吨	$ 36.00	$ 28.80

资料来源：Farm Service Agency/USDA. The 2008 Farm Bill: Direct payment rates for the eligible DCP commodities.

（3）预先支付及限制

在 2008～2011 年，农户可以申请预先支付直接补贴，条件是申请额度不超过直接支付总额的 22%。不参加平均作物收入选择计划的生产者获得直接支付的限额是每人每作物年度不超过 4 万美元，参加的减少 20%。农业收入单个人高于 75 万美元或已婚高于 150 万美元；非农业收入单个人高于 50 万美元或已婚高于 100 万美元的农场主不可以领取直接支付补贴，这意味着即使收入达到 250 万美元的家庭仍可以得到补贴。

由于固定直接支付的补贴面积和产量是根据基期的历史数据确定的，而且一经确定便固定不变，与农场主当年种植面积、产量、市场价格无关，所以，农场主可以灵活地决定种植面积和种植品种（2009 年以前对种植水果、蔬菜和野生稻有限制），对农业生产的扭曲影响较小。2009～2012 作物年度为了进一步降低固定直接支付对生产的扭曲影响，一些州已经开始放松对种植水果、蔬菜的限制，允许农场主以参加固定直接支付项目的土地种植黄瓜、青豆、南瓜、豆角、利马豆、甜玉米、西红柿等，种植的灵活度进一步加大。

2. 反周期支付（Counter－cyclical payments，CCPs）政策

由 2002 年农场法案设计的新型补贴工具，是当农产品有效价格低于目标价格时对生产者提供的直接收入补贴，实质上是一种最低价格保护制度。它与固定直接支付的最大区别在于后者不受市场价格的影响，而反周期支付则与价格挂钩。反周期补贴实施过程是：事先由政府确定一个目标价格，当农产品的有效价格低于目标价格时，政府向农民支付反周期补贴弥补两者之间的差额；如果有效价格高于目标价格，则不启动反周期支付补贴。所谓有效价格是作物的直接支付率与作物的市场价格或贷款率当中的较高者之和，即当市场价格高于贷款率时，有效价格等于直接支付率与市场价格之和；当市场价格低于贷款率时，有效价格等于直接支付率与贷款率之和。这个有效价格和目标价格和的差额就是农场主可以获得的反周期支付额。

（1）反周期支付额的计算

反周期支付也需要政府提前确定基期产量和基期面积，然后根据基期折算成支付产量和支付面积。反周期支付产量和直接支付相同，都是 2002 年农场法案计算出的产量，支付面积在 2008～2012 作物年度为基期面积的 85％。支付率等于作物的目标价格减去作物的直接支付率，再减去作物的市场价格和贷款率二者当中的较高者。

反周期支付额＝支付产量×支付面积×支付率。

支付面积＝基期面积×85％。

支付率＝作物的目标价格－作物直接支付率－max（作物市场价格，贷款率）。

（2）支付范围和作物的目标价格

反周期支付和直接支付一样，覆盖作物都包括小麦、玉米、高粱、大麦、燕麦、陆地棉、中粒大米、长粒大米、大豆、其他油籽和花生，只不过反周期支付从 2009 作物年度开始把干豌豆、扁豆、两种埃及大豆等 4 种豆

类产品追加到补贴范围。各种作物的目标价格见表7.8，从具体数据看，2008～2012作物年度美国所有反周期支付覆盖的农产品的目标价格无一下降，其中小麦、高粱、大麦、燕麦、其他油籽等5种产品的目标价格从2010年起上调了3%～26%，其余作物品种持平，这说明美国补贴力度有所加大。以小麦为例，2008年度和2009年度目标价格为每蒲式耳3.92美元，2010～2012年度上涨为4.17美元，涨幅为6.4%，意味着只要小麦的有效价格低于每蒲式耳4.17美元，政府就将对农场主支付反周期补贴。

表7.8　2008～2012作物年度反周期支付作物目标价格

商品	单位	2008作物年度（美元）	2009作物年度（美元）	2010～2012作物年度（美元）
小麦	蒲式耳	3.92	3.92	4.17
玉米	蒲式耳	2.63	2.63	2.63
高粱	蒲式耳	2.57	2.57	2.63
大麦	蒲式耳	2.24	2.24	2.63
燕麦	蒲式耳	1.44	1.44	1.79
陆地棉	英镑	0.71	0.71	0.71
长粒米	担	10.50	10.50	10.50
中粒大米	担	10.50	10.50	10.50
花生米	吨	495	495	495
大豆	蒲式耳	5.80	5.80	6.00
其他油籽	担	10.10	10.10	12.68
干豌豆	担	不适用	8.32	8.32
扁豆	担	不适用	12.81	12.81
小鹰嘴豆	担	不适用	10.36	10.36
大鹰嘴豆	担	不适用	12.81	12.81

数据来源：Farm Service Agency/USDA. The 2008 Farm Bill: Target prices of counter— cyclical payments.

（3）支付程序

反周期支付由农业部农场服务局负责管理，农作物收获后（一般为每年的10月份），如果农作物的有效价格低于目标价格，则农场主可以得到反周期支付额最高35%的补贴，到下一年2月份可再得到不超过支付额35%的补贴，等12个月的市场运销过程结束后农场主可一并得到其余的补贴额，但每个农场每年可获的反周期支付不能多于6.5万美元。

反周期支付额的高低取决于目标价格和有效价格之差，而有效价格与当年市场价格情况直接相关。市场价格与直接支付率之和越低，农场主获得的单位农产品的反周期支付率越高，得到的补贴也越多，即农产品市场价格下跌时补贴增加，反之则减少甚至不启动反周期支付。也正因为它与市场价格的这种反向运动，所以这种补贴才称为反周期支付，它的实质是由政府承担了农作物价格的市场波动风险，有利于稳定农场主收入水平。

3. 营销援助贷款和贷款差额支付

（1）营销援助贷款（Commodity loan programs，CLP）

是对种植政府指定农产品的农场主提供的一种支持政策，农场主在种植之前可以以未来可收获的农作物作抵押，按每单位农产品一定的贷款率（贷款水平）从农产品信贷公司获得为期9个月的无追索权贷款，农作物收获后，如果市场价格高于贷款率加利息，农场主就可以先出售农产品，然后偿还贷款，赚取利润；如果相反，就直接用抵押的农产品偿还。营销援助贷款既满足了生产者的资金需求，又提供了保护价收购，起到了实质上了价格支持作用。

①覆盖范围

2008年农业法规定种植以下作物可以享受营销援助贷款：小麦、玉米、高粱、大麦、燕麦、陆地棉、长绒棉、长粒米、中粒大米、大豆、其他油籽、花生、羊毛、马海毛、蜂蜜、干豌豆、小扁豆，大鹰嘴豆、小鹰嘴豆。

②贷款率

营销援助贷款属于黄箱政策，是WTO要求削减的项目，2008年农业法为降低其对市场的扭曲性，规定了以市场价格为基础的贷款率，用该作物五年平均市场价格的85%作为贷款率，并限定了最高的贷款率水平。

表7.9是《2008年农业法》规定的不同作物营销援助贷款率，如小麦2008年和2009年的贷款率为2.75美元，即农场主可以按每蒲式耳小麦获得2.75美元贷款的比率从农产品信贷公司得到9个月的无追索权贷款。2008年农场法对贷款率作了两方面的调整：一是2010～2012作物年度小麦、大麦、燕麦、其他油籽、等级品羊毛和蜂蜜的贷款率上涨了5%～15%，干豌豆、扁豆的贷款率下降了13.2%和3.8%；二是如果生产者选择

参加平均作物收入选择补贴，则从 2009 作物年度开始，可享受的贷款率下调 30%。再以小麦为例，如果生产者参加平均作物收入选择补贴，那么他可以获得的贷款率就只有 2.75 美元的 70%，即 1.93 美元，即以每蒲式耳 1.93 美元的额度从农产品信贷公司获得贷款。

表 7.9　2008 年农业法营销援助贷款率

单位：美元

商品	单位	2008 年	2009 年	2009 年（参加 ACRE 项目）	2010～2012 年	2010～2012 年（参加 ACRE 项目）
小麦	蒲式耳	2.75	2.75	1.93	2.94	2.06
玉米	蒲式耳	1.95	1.95	1.37	1.95	1.37
高粱	蒲式耳	1.95	1.95	1.37	1.95	1.37
大麦	蒲式耳	1.85	1.85	1.30	1.95	1.37
燕麦	蒲式耳	1.33	1.33	0.93	1.39	0.97
陆地棉	磅	0.52	0.52	0.364	0.52	0.364
特长绒棉	磅	0.7977	0.7977	0.5584	0.7977	0.5584
长粒米	担	6.50	6.50	4.55	6.50	4.55
中粒大米	担	6.50	6.50	4.55	6.50	4.55
大豆	蒲式耳	5.00	5.00	3.50	5.00	3.50
其他油籽	担	9.30	9.30	6.51	10.09	7.06
花生米	吨	355.00	355.00	248.50	355.00	248.50
等级品羊毛	英镑	1.00	1.00	0.70	1.15	0.81
非等级品羊毛	英镑	0.40	0.40	0.28	0.40	0.28
马海毛	英镑	4.20	4.20	2.94	4.20	2.94
蜂蜜	英镑	0.60	0.60	0.42	0.69	0.48
干豌豆	担	6.22	5.40	3.78	5.40	3.78
扁豆	担	11.72	11.28	7.90	11.28	7.90
小鹰嘴豆	担	7.43	7.43	5.20	7.43	5.20
大鹰嘴豆	担	不适用	11.28	7.90	11.28	7.90

资料来源：The U.S. Department of Agriculture's Farm Service Agency (FSA). 2008 Farm Bill: Commodity loan programs.

（2）贷款差额支付（Loan Deficiency Payments，LDP）

是营销援助贷款的一种替代形式，即有资格获得营销援助贷款的生产者，可以放弃该贷款，而选择贷款差额支付政策。该政策规定，当市场价格低于借贷率时，政府对市场价格和借贷率之间的差额直接以现金补贴支付。例如小麦的市场价格为每蒲式耳 2.6 美元，低于 2.75 美元的贷款率，则政府可以给农场主发放二者的差额每蒲式耳 0.15 美元的现金补贴。2008 年农场法规定除了特长绒棉外，所有营销援助贷款涵盖的农产品都在贷款差额支付的范围之内。该政策不仅可以使农户维持与接受营销援助贷款时相等的收入，还可以缓解农产品信贷公司的库存压力和出售抵押农产品对市场价格造成的冲击。所以，现在更多的生产者选择贷款差额支付，营销援助贷款政策的作用有所弱化。

4. 平均作物收入选择计划（The Average Crop Revenue Election，ACRE）

反周期支付是当有效价格低于目标价格时才会触发的收入支持措施，如果作物年度内由于天气、自然灾害等原因导致产量减少，农产品市场价格上升，那么即使农场主的总收入是减少的，也会由于有效价格在目标价格之上或二者差额缩小而得不到补贴或补贴额减少。为了改变这一非理想状态，2008 年农场法案首次采用了平均作物收入选择计划。该项目的触发不是基于目标价格，而是基于目标收益，即当农场主获得的实际收益低于目标收益时，就有资格获得平均作物收入补贴弥补收益损失。该措施使农场主无论是因价格下降导致收入减少，还是由于产量下降导致收入减少，都能得到补贴，更有效地保证了农户“收入安全网”的稳定。这一政策也被认为是基于收益的反周期支付，是传统反周期支付的替代方案。农场主从 2009 作物年度起可自由选择是参加反周期支付还是平均作物收入选择计划，若农户选择参加平均作物收入选择计划，到 2012 年为止不能退出，且固定直接支付和营销援助贷款分别减少 20%和 30%。

（1）支付条件

平均作物收入选择计划判断是否对生产者进行补贴支付有两个条件：一是根据州的收益水平，如果州的实际收益低于州的目标收益，则这个州中所有参加平均作物收入选择计划的农场主都成为潜在的补贴对象，但这些潜在的补贴对象最终能否获得支付要看第二个条件，即农场实际收益是否低于基准农场收益，如果符合这一条件，则这一潜在对象就可以成为平均作物收入选择计划实际的受补贴者。

①目标收益和州实际收益的计算

ACRE 目标收益＝0.9×ACRE 州基准单产×ACRE 全国平均市场价格

其中 ACRE 州基准单产是州过去 5 个作物年度单位种植面积产量中去掉最高和最低值以后余下 3 年的平均值，即奥林匹克平均值；ACRE 全国平均市场价格是美国国家农业统计局公布的最近的过去两年市场价格的平均值。如 2009 年的 ACRE 全国平均市场价格就是最近过去的 2008 年和 2007 两年市场价格的平均值。

州实际收益＝州的实际平均单产×州的实际平均市场价格

州的实际平均单产是当前作物年度州单位面积产量的平均值；州的实际平均市场价格是当前销售年度州市场的平均价格。

② ACRE 基准农场收益和实际农场收益的计算

ACRE 基准农场收益＝（ACRE 州基准单产×ACRE 全国平均市场价格）＋生产者支付的作物保险费。

其中 ACRE 州平均单产与 ACRE 全国平均市场价格的计算方法与州目标收益的计算方法相同。

农场实际收益＝农场实际产量×全国平均市场价格。

（2）支付额的计算

农业生产者符合上述两项条件可以按照下面的公式计算获得支付金额：

2009～2011 作物年度：

支付额＝min｛(ACRE 目标收益－州实际收益)，25％×ACRE 目标收益｝×（83.3％×基础面积）×（农场奥林匹克平均单产/ ACRE 州基准单产）。

2012 作物年度：

支付额＝min｛（ACRE 目标收益－州实际收益)，25％×ACRE 目标收益｝×（85％×基础面积）×（农场奥林匹克平均单产/ ACRE 州基准单产）。

其中农场奥林匹克平均单产是农场过去 5 个作物年度单位种植面积产量中去掉最高和最低值以后余下 3 年的平均值。农场奥林匹克平均单产与 ACRE 州基准单产之比反映农场的相对生产率水平。

由公式可知，2009～2011 作物年度平均作物收入支付额是 ACRE 目标收益与州实际收益之差和 25％的 ACRE 目标收益中的较小者、基础面积的 83.3％、农场相对生产率三者之积。2012 作物年度支付额把基础面积比例由 83.3%提高为 85%，其他没有变化[①]。

(3) 支付范围和限制

平均作物收入选择计划覆盖的农作物包括玉米、大豆、小麦、棉花、高粱、大麦、水稻、燕麦、花生、其他油籽、干豌豆、扁豆、大鹰嘴豆和小鹰嘴豆，但要求农场主如果选择参加计划则农场种植的所有谷物都必须参加，否则就全不可以参加。

每个农场主每个作物年度可获得的支付额不得超过反周期支付（6.5 万美元）与固定直接支付减少份额（0.8 万美元[②]）之和，即 7.3 万美元。

5. 乳品支持政策

美国乳品生产占世界份额约为 15%，是价格支持的重点产品。2008 年农场法案联邦政府的支持方案主要包括牛奶价格支持计划和联邦牛奶销售协议等四项补贴。

(1) 牛奶国内价格支持计划

美国的牛奶价格支持开始于 1949 年农场法案，经历过多次修订，2008 年牛奶价格支持计划的一个根本性变化是由对牛奶转为对奶制品[③]提供价格支持。由农产品信贷公司负责按支持价格购买符合规定的奶制品。具体购买支持价格为：奶油不低于每磅 1.05 美元，块式奶酪不低于每磅 1.13 美元，罐式奶酪不低于每磅 1.10 美元，脱脂奶粉不低于每磅 0.80 美元 。这一计划实质上是一种奶制品保护价收购政策。

(2) 奶制品出口激励计划（ The Dairy Export Incentive Program, DEIP）

这一计划是对奶制品出口进行的价格支持，政府通过对奶制品出口商出口来自国内市场的脱脂奶粉，乳脂、奶酪提供现金奖励，使其以低于国内收购成本的价格向国际市场出口奶制品成为可能，有助于开发出口市场缓解国内市场的销售压力，是美国牛奶价格支持的一个重要组成部分。但这一措施是 WTO 农业协议限制使用的，WTO 允许美国通过奖励出口在世界市场销售的乳制品数量为脱脂奶粉 68201 吨，乳脂 21097 吨，各种奶酪 3030 吨，

---

① The U. S. Department of Agriculture's Farm Service Agency (FSA). 2008 Farm Bill: The Average Crop Revenue Election.

② 参加平均作物收入选择计划的生产者获得的固定直接支付补贴要减少 20%，而固定直接支付补贴的限额是每人每作物年度不超过 4 万美元，所以，参加平均作物收入选择计划的生产者固定直接支付补贴最多减少 4×20%＝0.8 万美元。

③ 奶制品包括奶油、块式奶酪、罐式奶酪和脱脂奶粉。

其他乳制品 34 吨。根据美国农业部 2009 年 5 月公布的数据，2008～2009 年美国 DEIP 计划拨款支持的乳制品出口具体数据为：48176 吨脱脂奶粉、19235 吨乳脂、2878 吨奶酪，没有达到最大允许使用量，所以 2008 年农场法案强调 DEIP 计划通过扩大支持以达到美国入世承诺的最大允许使用量水平，更好地支持国内牛奶产业的发展，提高奶农的收入。

（3）国家牛奶收入损失合约（The national milk income loss contract，MILC）

这是由 2008 年农场法案授权设立的一个稳定乳品生产者收入的补贴计划。计划根据波士顿牛奶市场的价格来确定是否发放补贴①，当波士顿市场一级牛奶的月度价格低于 16.94 美元每英担时，奶制品生产者就可按月获得政府的直接补贴，2008 年 10 月 1 日到 2012 年 8 月 31 日期间，政府每月补贴的牛奶量可达到 298.5 万磅，每个奶牛场每年享受补贴的奶量最多可达 109 万公斤，相当于 135 头奶牛的产奶量。

（4）联邦牛奶销售协议

1937 年农业营销协定法案首次授权设立联邦牛奶销售协议，目的是建立有序的牛奶市场销售环境，维护牛奶生产者和奶制品消费者的利益。该计划主要针对液体奶，规定加工商购买液体奶及其制品时向实行销售协议的生产者或合作社支付的价格不得低于政府规定的最低价格。

二、农业保险支持政策

农业生产的高自然风险和农产品价格的市场波动都导致农业生产者的收入明显不稳定，为分散风险，稳定农业生产，保证农业生产者的最低收入，美国政府从 1938 年颁布《联邦农作物保险法》开始实施政府农作物保险计划，成立联邦农作物保险公司直接开展农作物保险业务。经过 70 年的发展，美国农业保险业务范围不断扩大，保障水平和农民参与率不断提高。据美国农业部联邦风险管理局数据，2010 年美国农业保险保费规模达 75.7 亿美元，投保作物的价值高达 779 亿美元，覆盖了 2.56 亿英亩土地，对稳定农业生产、提高农场主收入水平起到了重要作用②。

1. 美国农业保险的运行历程

20 世纪 30 年代，美国国会颁布《联邦农作物保险法》第一次授权农业

---

① 波士顿是马萨诸塞州首府，该州是美国牛奶主要产地和交易地，所以用波士顿牛奶市场的价格来确定是否发放补贴。

② Risk Management Agency /USDA：Financial Report 2010.

部开展联邦农作物保险计划以协助农业从大萧条和土壤尘暴的综合影响中恢复。1938 年农业部成立联邦农作物保险公司（The Federal Crop Insurance Corporation，FCIC）直接办理农作物保险业务并开始试点，保险计划最初大多限于主产区的主要农作物（当时仅承保小麦一种植物），承保面积有限，农民的参与率低。这种局面直到 1980 年《联邦农作物保险法》通过才有所好转，该法案鼓励扩大农作物保险计划覆盖的作物和地区。为了吸引农场主参与农作物保险计划，还授权联邦政府为 65％以上的保险计划提供 30％的保险费资助。这一时期，政府为了降低保险计划的监督运营成本，开始通过补贴、提供再保险支持等形式吸引商业保险公司共同经营农业保险业务，运行体制由政府独立直接经营的“单轨制”向政府和私人保险机构合作经营的“双轨制”转变。在此之后，美国农业保险业务有了长足发展，到 1995 年，险种已经扩大到 47 种，参保面积达到 2.2 亿英亩，占当年可保面积的 82％。

1996 年后，为了配合农业支持的市场化改革，FCIC 逐步退出农作物保险直接业务经营，到 1998 年，美国农业保险直接业务已经全部由商业保险公司经营或代理，FCIC 完全退出，美国农业保险运行体制再次转变为“单轨制”，只不过这次是完全由私人保险公司直接运营实施政府的农作物保险计划。1996 年为加强对商业保险公司的风险管理和监督，农业部成立风险管理局（The Risk Management Agency，RMA），负责履行 FCIC 的职责，具体职能包括：制订保险市场规则；管理 FCIC 的各种保险方案；稽核监督商业保险公司保险计划执行情况；向商业保险公司提供费用补贴和再保险支持；向农民提供保费补贴等。FCIC 则成为 RMA 的执行机构，其总经理由 RMA 局长兼任。

2. 美国农业保险体系

根据 RMA 公布的 2012 年农作物保险供应商名单，美国农作物保险业务由 ACE 财产保险股份有限公司、美国农业商业保险公司、美国农业保险公司等 15 家公司负责办理，保险涵盖 100 多种作物，2008 年保费收入达 98.6 亿美元，投保前 10 位的农作物的保险面积就达到 2.72 亿英亩，占播种面积的 84％，保险价值近 899 亿美元，达到主要农作物产值的 54％。1999～2008 年累计保费收入 430 亿美元，赔付 341 亿美元，平均赔付率达到 79％[①]。现在，美国农业保险体系主要由多种风险作物保险、区域单产保

① Risk Management Agency /USDA：Financial Report 1999－2008.

险和收入保险构成。

（1）多种风险农作物保险

多种风险农作物保险20世纪30年代设立，保险作物约有70种，主要为由于干旱、洪涝、火山爆发、山体滑坡、雹灾、火灾和作物病虫害等自然原因而导致的产量损失提供保险，包括巨灾保险和扩大保障保险。

①巨灾保险

由1994年《农作物保险改革法》设立，是为农业生产者提供基本收入保障，帮助其抵御农业上遭受的重大、突发性损失的险种。承保责任主要是水灾、旱灾、风灾、火灾、冰雹、低温多雨和病虫害等不可抗力因素。巨灾保险具有一定的强制性，农场主必须提交最近4年或4年以上的产量记录，按规定交纳手续费（贫困农业生产者可以免交），这样发生承保风险时，农场主就可以获得历史平均产量50%的保险赔偿，赔偿价格为风险管理局公布的市场预测价格的55%。

②扩大保障保险

这是在巨灾保险提供最低保障的基础上为进一步提高农场主收入而开展的一种保险，它的最高投保产量可达到农场主种植作物历史平均产量的85%，赔偿价格为风险管理局公布的市场预测价格的100%。

（2）区域单产保险

即向单产接近的地区提供作物保险，属于团体风险保险，保险产量是以该种农作物的地区历史平均产量为依据制订，当地区实际平均产量低于保险产量时，即使单个农场实际产量高于保险产量，保险公司也要负责赔偿，赔偿产量可达地区预期平均产量的90%。但如果某个农场保险作物的实际产量低于保险产量，而全地区的实际平均产量高于保险产量，农场主则不能获得赔偿。

（3）收入保险

为了建立农场主收入的安全网，1994年农业保险改革引入了收入保险，即农业生产者的收入低于一定水平就对其进行保险赔偿。它不像多种风险农作物保险以产量作为赔偿依据，而是以农场收入作为承保和赔偿的依据，这样就保证了农业生产者在实际产量高于保险产量，但由于农作物价格下降导致收入减少的情况下也可以得到补偿。依据承保标的和赔偿标准，收入保险主要分为5类：

①团体收益保险

该险种与区域单产保险操作方法类似，在计算赔偿金额和预期收益、实际收益时，采用的是地区平均产量，和单个农场历史平均产量无关。农场主可以投保地区平均收益的70%～90%。

地区平均收益＝该作物播种前5天期货市场均价×地区平均产量；

地区平均实际收益＝收获前30天期货市场均价×地区实际平均产量。

当地区平均实际收益低于地区平均收益70%～90%的保障水平时，保险公司即负责提供赔偿。

② 作物收益保险

该险种在农场主的实际毛收益低于保险金额时提供二者的差额赔偿。

实际毛收益＝收获市场价格×农场实际产量；

保险金额＝保障水平×农场历史平均产量×作物的基本市场价格或收获市场价格。

基本市场价格是作物播种前30天的平均期货价格，收获市场价格是同一期货合约在作物收获前30天的平均价格。作物收益保险当期货市场价格高于预期时给农场主带来的保险收益较高，吸引了较多农场主参与。1998年美国主要农作物玉米、大豆、小麦投保作物收益保险的面积分别为1200万、1000万和500万英亩，分别占其总投保面积的32%、35%和16%，在艾奥瓦州甚至占到玉米投保面积的50%，是最受农场主欢迎的收入保险[①]。

③收益保证保险

该险种与作物收益保险提供的保障水平和做法相似，区别主要有两点：一是收益保证保险要求农场主在参保时只能在基本价格和收获价格二者中择其一作为计算保额的依据，不可以收获后再选择有利价格，如果选择收获价格作为依据，则保险费率较高。二是收益保证保险允许农场主在计算收益时将农场其他作物的收益统一计算，即可以为整个农场收益提供保障，保险覆盖面更广。

④收入保护保险

该险种与作物收益保险、收益保证保险比较相似，它的不同之处在于：只能以基本价格作为计算保额的依据，而且农场主只能以整个农场作为保险单位统一投保，即农场主在同一地区内种植同种作物的所有地块必须一并投保，不允许按单个地块投保。该险种将风险高低不一的地块捆绑投保有助于抑制农场主的道德风险。但是由于投保地块分散，只有发生大面积灾害，大部分地块都遭受损失时农场主才有可能得到赔偿，所以该险种的赔付率低，

① Risk Management Agency /USDA: Crop and Livestock Insurance.

因而费率相对优惠。

⑤农场总收入保险

该险种和前三种原理一样，但收入计算口径更加宽泛，不仅包括农场的农作物收入还包括牲畜等的收入，当农场的总收入低于保险金额时保险公司负责赔偿差额，理赔上限为10万美元，比较适合小型农场。参加该险种的农场主必须依照联邦农业税税表列明收入内容。

由于现在美国农业保险业务全部由商业保险公司直接办理，为了争夺保户，各公司纷纷推出保险创新产品，除了上述农作物保险品种外，各州还试办了20多种针对不同作物开办的险种，如白菜种植收入保险、新苗圃保险等，但参保面积较少，投保比例不高。

3. 政府对农业保险的支持政策

虽然1998年以后美国政府机构不再从事农业保险直接业务，但并不意味着政府在农业保险领域不发挥作用，农业自然灾害的发生往往波及面广，损失巨大，仅靠私人保险公司难以承担如此巨大的经济赔偿责任，所以，美国政府对农业保险从多方面进行了支持。

(1) 保险费补贴

为了减少农场主的保费支出压力，提高农业生产者的投保积极性，1980年《联邦作物保险法》授权农业部对全部农作物保险支付保险费补贴，最高补贴幅度达到保险费的30%。1994年农场法案提高了补贴水平，农场主投保55%产量保障水平的保单保费补贴率可达46.1%，投保75%产量保障水平的保单保费补贴率达到23.5%。同时该法案还设立了收入保险，并支付和产量保险相同的补贴率。据美国农业部统计数据，1980～1999年联邦政府累计提供农作物保险费补贴达150亿美元，极大地提高了农户参保积极性，提升了商业保险公司应对灾害，特别是巨灾损失的补偿能力。2000年《农业风险保障法》进一步提高了农作物保费补贴率，多种风险农作物保险中55%产量保障水平的保单补贴率由46.1%提高到64%，75%产量保障水平的保单保费补贴率由23.5%提高到55%。收入保险等补贴比例提高到40%～50%，巨灾保险保费补贴达100%，全部险种补贴比例平均约为保费的53%，每英亩投保面积平均约合6.6美元保费补贴。该法案还规定每年政府支持的农业保险保费补贴应不低于30亿美元，鼓励各州政府根据自身的财力状况向农作物保险提供一定比例的补贴。2001～2008年经过2002和2008年农场法案的调整，美国农作物保险的保费平均补贴率已经进一步提高到59%。具体数据见表7.10。

表 7.10　农作物保险的保费补贴率

单位：%

产量保障水平	1980 年联邦农作物保险法保费补贴率	1994 年克林顿农作物保险改革法保费补贴率	2000 农业风险保障法保费补贴率
55%产量保障	30.0	46.1	64.0
65%产量保障	30.0	41.7	59.0
75%产量保障	16.9	23.5	55.0
85%产量保障	——	13.0	30.0

资料来源：Risk Management Agency /USDA：Financial Report 2000.

美国农业保险法的每一次改革都伴随着政府对农业保险保费补贴比例的提高，相同险种的补贴比例最低的增加 1 倍，最高的增加 2.2 倍，提高了农民参保的积极性，推动了农业保险的顺利开展。

2004～2010 作物年度，美国农作物保险费的绝对规模由 41.9 亿美元增加到 75.5 亿美元，增幅达 135%。2008 年度由于飓风等原因，保费总规模达到最高值 98.6 亿美元，2009 和 2010 年度有所回落，但总体呈增长趋势。农场主支付的保费以及政府的保费补贴变化趋势基本和总保费相同。如果从农场主支付和政府补贴分别占总保费的比例来看，农场主支付保险费的比例由 41.05% 降低到 38.01%，而政府补贴的比例则从 58.95% 上升为 61.99%，这说明政府对农业保险费的补贴力度有所加大。

表 7.11　2004～2010 作物年度农作物保险相关指标

作物年度	农场主支付保费（亿美元）	政府保费补贴（亿美元）	总保费（亿美元）	农场主支付占总保费比例（%）	政府补贴占总保费比例（%）
2004	17.2	24.7	41.9	41.05	58.95
2005	16.1	23.4	39.5	40.76	59.24
2006	19.0	26.8	45.8	41.48	58.52
2007	27.4	38.2	65.6	41.77	58.23
2008	41.6	57.0	98.6	42.19	57.81
2009	35.2	54.3	89.5	39.33	60.67
2010	28.7	46.8	75.5	38.01	61.99

资料：Risk Management Agency/USDA：Crop Year Statistics as of 2004—2010.

(2) 业务费用补贴和赔偿

联邦政府除了直接对农民提供保费补贴外，还对农业保险经营者提供相关的业务费用补贴、保险损失赔偿和保险推广费用补贴等支持。首先是业务费用补贴，为使农民可以按较低的保费率普遍参加农业保险，联邦政府在向农场主直接支付保险费补贴的同时还向承办政府农作物保险的商业保险公司提供20%～25%的业务费用补贴，2003年联邦政府支出的该项补贴额约为7.34亿美元。其次是提供损失赔偿，为提高商业保险公司对农业巨灾的赔偿能力，政府对农业巨灾给商业保险公司造成的损失提供较高的赔偿。2004年联邦政府就对私营农业保险公司赔付的2.42亿美元农业巨灾保险金给予了全额赔偿。再次，政府还承担联邦农作物保险公司的各项经费，以及农作物保险的推广和教育费用等。联邦农作物保险公司作为风险管理局各项政策的具体执行机构，其人员和办公等各项经费都由政府直接支付。各州立大学的农业试验站和州合作推广中心担负着对农场主进行风险教育，介绍推广农作物保险和引导农民进行风险管理等职责，相关费用也由政府拨款。

(3) 再保险风险分担支持

在目前全球气候变化明显，自然灾害频繁发生，破坏强度不断加大的情况下，为了保证农作物保险制度的稳定运行，通过为商业保险公司提供比例再保险和超额损失再保险保障，降低其农业巨灾保险的风险成本就成为政府支持农业保险的重要措施。美国政府建立了巨灾保险专项保险基金，通过联邦农作物保险公司与商业保险公司签订再保险协议，为其分担一部分赔偿风险。现在美国农业巨灾再保险率一般维持在20%左右，根据风险管理局2009～2010年度的预算报告，2009年联邦农作物保险公司共计为商业保险公司提供再保险资金赔付16.02亿美元，2010年提供了13.71亿美元[①]，有效减轻了商业保险公司的支付压力，提高了其参与巨灾保险理赔的积极性。

(4) 对农业保险的税收支持

《联邦农作物保险法》明确规定：对于联邦农作物保险公司一切财产，包括分支机构、资本、准备金、结余、收入、财产权和免赔款，免征一切现有和将来可能开征的税收，包括国家所征税种、各级地方政府所征税种；对私营农作物保险公司保险合同和由联邦农作物保险公司提供再保险的保险合同，除缴纳1%～4%的营业税外，联邦、州和其他地方政府均免征一切税收。各

① Federal Crop Insurance Corporation/Risk Management Agency's Financial statements for Fiscal Years 2010 and 2009 Reinsurance Administrative Reimbursement.

级政府对农业保险的税收优惠政策，减轻了农业保险经营机构的税收负担。

通过美国政府直接、有效的财政支持政策，美国建立了低费率、高赔偿的农业保险体系，提高了农场主应对风险的能力，稳定和保障了农场主的收入水平。

三、农业税收支持政策

税收是调节收入分配不公平的重要财政手段，美国联邦政府通过对联邦所得税、联邦遗产税和赠与税，地方政府通过对公司所得税和零售销售税等税种，采取缩小应税收入、提高免征额、降低税率、免税等优惠支持政策，降低了农场主的税收负担，增加了农场主的收入。

1. 联邦所得税支持政策

联邦所得税是对纳税人的净收入征收的一种累进税。净收入即应纳税所得额，等于总收入减去允许的扣除额和个人豁免。联邦所得税法规定了多项允许的扣除，以减轻纳税人的负担，农业生产者除享受这些一般性的税法规定外，还可以获得专门设计的优惠规定，如现金记账法，资本开支扣除等，这些优惠能为农业收入水平较高的大农场和非农业收入较高的小农场带来更多收益，因为这样的农场一般应税所得额高，适用的税率也较高，而通过扣除可以有效地降低应税所得额，进而通过累进税的档次爬升效应更大幅度地降低纳税额。

（1）现金记账法优惠

现金记账法在计算总收入时允许农场主只计算售出并且已经收到货款的那部分农产品收入，未收到货款的可以不计入，这样就可以减少农场当年的应税收入；而计算费用时规定农场主只要支出就可扣除，不必遵循其他产业适用的权责发生制记账法要求的同期性原则，即售出产品的成本才可以从销售收入中扣除，未售出产品的成本不可以扣除，这样农场主就可以利用提前购买下一年度农业生产资料，将费用从收入中扣除的办法减少当年应税收入。现金记账法允许农场主从收支两方面减少应税收入，可以有效降低其应纳税额。

（2）资本开支扣除优惠

指农场主购买农用机械设备、树木、役畜等项目的资本开支可以在付款的当年从应税收入中一次性扣除，而不必在使用年限内分摊折旧，逐年扣除。这种税式优惠减少了农场主当期应纳税额，虽然在使用期内总税额没有减少，但由于一次性扣除后，前期纳税减少，相当于政府给农场主提供了一笔无息贷款。

据美国农业部经济研究局数据，2004 年美国年业务收入低于 5 万美元的农场，应税收入的扣除额总计达到 135 亿美元，进行资本开支扣除后，收支相抵净收益为负数，根本不需要缴纳所得税。只有占农场总数 12%左右的年业务收入高于 10 万美元的农场存在净收入，需要缴纳联邦所得税，但净收入总额也只有 11 亿美元。1998～2006 年美国农场收入基本在 100 亿美元左右，比较稳定。而允许扣除额则从 150 亿美元增加到了 200 亿美元以上，从而使净收入从负 50 亿美元下降到负 100 亿美元，完全不需要缴纳联邦所得税，可见，所得税优惠减轻了农场主的税收负担，相应增加了农场主的收入①。

2. 联邦遗产税和赠与税支持政策

美国政府从 1916 年开始征收遗产税，但是直到 1960 年以前，很少有农场主的资产能够超过遗产税的免征额度。20 世纪 60 年代后，随着农业机械化和农场规模的扩大，农场主的财产迅速增加，农户的平均财富为所有美国家庭的 5 倍，缴纳的遗产税也随之增加。为了减轻农场主税负，联邦遗产税和赠与税税法进行了多次调整。

表 7.12　2001～2011 财年联邦遗产税和赠与税免征额、税率

年　度	免征额（美元）	遗产和赠与税的最高边际税率（%）
2001	675，000	55
2002	1，000，000	50
2003	1，000，000	49
2004	1，500，000	48
2005	1，500，000	47
2006	2，000，000	46
2007	2，000，000	45
2008	2，000，000	45
2009	3，500，000	45
2010	暂停	0
2011	5，000，000	35

资料来源：Economic Research Service/USDA：Estate tax exemption amount and tax rates，2001－2011.

① Ron Durst. Federal taxes and Agriculture. Economic Research Service/USDA，2009.

（1）提高免征额，降低最高税率

根据2001年《经济增长与税收救济协调法》规定，遗产税的免征额从2001年的67.5万美元逐年递增，到2009年增长到350万美元；税率则从55%降低至45%。该法案还规定，如果在2009年之前没有出台新的法案，遗产税于2011年恢复征收，即2010年暂停遗产税征收。2011年美国新的遗产税法出台，免征额由2009年的350万美元进一步调高到500万美元，而税率则从2009年的45%降低到了35%。2001～2011财年美国联邦遗产税和赠与税免征额和税率具体数字见表7.12。

（2）按使用价值计算地价

由于农场主的遗产大部分以土地的形式出现，所以税法允许农场主在缴纳遗产税时按照土地的使用价值估算地价，即土地价值=（该地块的年平均货币地租－该地块的财产税）÷联邦土地银行现行的贷款利率，用这种方法计算出来的土地价值比市场价值一般低30～70%，缴纳的遗产税也相应降低①。

3. 其他减免税政策

销售税减免。销售税是美国地方政府对产品销售征收的税种，各州税率不同，在3%～8%之间，但食品及大部分农产品和农业设备可以免税。

免征农业企业所得税。按照美国企业所得税法的规定，个体、合伙和符合特殊规定的公司可以免税，美国大部分农场为个体或家族式合伙性质，属免税范畴。

农场土地增值收入优惠。美国实行私人农场制，土地属私人占有，对农场土地增值部分，税法规定只在交易环节对超过原值的土地出售收入征收个人所得税，这就意味着只要农场主不出售土地，就不用缴纳增值部分的税收，可以占有全部土地增值收益。

农业生产者出售农业固定资产的收入可以享受60%的免征额，只需按40%纳税，购买农业生产资料、农机具等均不缴纳消费税。

经过联邦政府和地方政府多方面的税收优惠支持，美国的农业生产者成为各部门从业者中纳税额度最低、缴纳税种最少的一个群体。现有的美国农

---

① Davenport, Charcles. The Effects of Tax Policy on American Agriculture, ERS/USDA, 1982.

场中有25%的农场免交所得税，有50%只需按照最低税率纳税，适用较高税率的只有5%，一定程度上缩小了收入分配的差距[①]。

四、农产品出口市场援助政策

农产品市场价格波动是导致农业生产者收入不稳定的主要原因，为了扩大需求，稳定农产品价格，美国政府积极协助农场主开拓国际市场，通过一系列市场援助计划增强美国农产品的国际竞争力，使国际市场成为美国农产品余缺平衡的调节器。2010年美国农产品出口总额达到966亿美元，占美国全部商品出口总额的10%，占2010年农业总收入3312亿美元的29%，农产品出口对农业稳定和农场主收入增长的重要作用可见一斑。目前，美国农产品出口市场援助政策侧重于市场开发项目，包括五种：海外市场开发、市场准入、新兴市场项目、质量样品项目和特种作物技术援助项目。

1. 海外市场开发项目（The Foreign Market Development Program，FMD）

又称合作伙伴项目，1978年农业贸易法授权设立，由农业部海外农场服务局管理，农产品信贷公司负责提供资金支持，该方案的长期目标是开发、维护和扩大美国农产品的出口市场。

FMD项目的实质就是农业部和代表农业生产者及加工者利益的非营利性商品协会或行业协会之间结成伙伴关系，由农业部对其开发海外市场提供技术和财政援助，共同分摊贸易促进费用。项目重点支持一般的农产品而不是名牌产品开发新市场或新用途，以保持和提高国际市场份额。FMD项目的执行程序是合格的非营利性农业和贸易团体提出开发项目申请，经过竞争性审查，由农业部批准、公布，批准后由申请人代表整个行业或全国范围会员的利益进行海外促销活动，取得开发效果后，申请者逐项列出计划年度内的各项促销开支提交美国农业部报销。下表为农业部海外服务局公布的2010年度美国海外市场开发项目批准的合作者和项目资助金额，涉及农作物、畜牧业产品等22项，总计达到3415万美元。

① Ron Durst. Federal taxes and Agriculture. Economic Research Service/USDA，2009.

表 7.13　2010 年度美国海外市场发展项目补贴

合　作　者	补贴金额（万美元）
美国阔叶木外销委员会等	353.0482
美国花生协会	73.7985
美国种子贸易协会	22.8073
美国绵羊产业协会	18.3479
美国大豆协会	727.3160
国际棉花协会	505.2334
美国皮革工业协会	16.2157
美国马海毛理事会	1.5768
国家干草协会	7.8325
国家提炼行业协会	94.5818
国家向日葵协会	25.9748
北美米业协会	6.0797
美国乳品出口协会	75.2301
美国菜豆委员会	13.8264
美国谷物理事会	434.2466
美国兽皮、毛皮和皮革协会	15.5983
美国家畜遗传出口公司	76.3923
美国肉类出口联合会	184.6115
美国小麦协会	417.8916
美国干豌豆和小扁豆理事会	18.5694
美国家禽和蛋类出口理事会	161.3144
美国水稻联合会	164.5068
共　计	3415.0000

数据来源：Foreign Agricultural Service /USDA. Fiscal Year 2010 Foreign Market Development Program Allocations.

2. **市场准入项目**（The Market Access Program，MAP）

该项目由1978年农业贸易法授权设立，和海外市场开发项目的管理机构和执行机构、程序基本相同，二者的主要区别是海外市场开发项目针对一般农产品开发海外市场提供资助，而市场准入项目主要是对高附加值品牌农产品开发、维持、拓展国际市场的活动，如展览，市场调研，促销，技术援助，贸易服务，海外客户教育研讨会等提供资助，每年支持金额约2亿美元，是海外市场开发项目规模的6倍左右。2010年美国MAP项目共支持67项国际市场开发项目，共计资金1.9亿美元。下表仅列出支持资金在500万美元以上的15个项目。

表7.14　2010财年市场准入项目拨款

合　作　者	拨款金额
美国阔叶木外销委员会等	$8，356，971
美国大豆协会	$5，751，073
国际棉花协会	$20，645，807
佛罗里达的柑橘协会	$5，284，889
美国中西部地区的食品出口协会	$10，691，360
美国东北部地区的食品出口协会	$7，902，946
美国马铃薯促进会	$5，231，810
美国南部贸易协会	$6，579，951
美国谷物理事会	$8，232，494
美国肉类出口联合会	$16，495，353
美国小麦协会	$5，790，604
美国家禽和蛋类出口理事会	$5，218，646
华盛顿苹果委员会	$5，381，945
美国西部农产品贸易协会	$9，674，062
葡萄酒学院	$7，152，261
……	……
总计	$197，441，955

数据来源：Foreign Agricultural Service /USDA. Fiscal Year 2010 The Market Access Program.

上述两个贸易支持项目各有侧重，使美国不同质量和档次的农产品海外市场推广活动都可以得到政府的支持，有力提高了美国农产品占有国际市场的能力。

3. 新兴市场项目（The Emerging Markets Program，EMP）

由1990年农业法案授权设立，主要是为促进美国农产品向新兴市场经济国家和地区出口的市场进入活动提供技术援助和资金支持。每个财政年度大约支持1000万美元。项目的目的是协助生产者增加对中低收入国家或市场经济导向的国家出口，降低这些国家的市场准入条件。项目所指的新兴市场是指人均收入低于12195美元，人口在1万人以上的实行市场经济体制的国家和地区。2010财年EMP支持了孟加拉、巴西、中国、埃及、印度、拉丁美洲、东南亚等国家和地区的72项市场推广活动，共计经费820万美元①。

4. 质量样品项目（The Quality Samples Program，QSP）

帮助美国农产品贸易组织为潜在的海外市场提供其农产品样品，以激发海外市场对美国农产品的兴趣和需求。项目支持的重点着眼于向国外农产品加工业和制造业推销美国农产品，覆盖农产品包括小麦、柑橘、小红莓、马海毛、皮革、大米、大豆等。申请项目经过竞争性审查获得批准后，可得到商品信贷公司（CCC）提供的用于购买样品的资金援助，申请者可用援助资金获取样品投放到国外潜在市场，争取客户。2010财年QSP项目共提供189万美元资金支持了13项质量样品计划项目②。

5. 特种作物技术援助项目（The Technical Assistance for Specialty Crops Program，TASC）

旨在为解除卫生、植物检疫和技术壁垒等禁止或威胁美国特种作物出口的项目提供资金和技术支持。这里的“特种作物”指除小麦、饲料谷物、油料、棉花、水稻、花生、糖和烟草外，在美国生产的所有栽培植物及其制品。TASC项目可以资助的活动涵盖研讨会、参观考察、实地调查、虫害和疾病的研究等。美国的任何组织（不仅限于非营利性商品或行业协会），大学、农业合作社、私营公司、联邦政府机构和地方政府机构都可以作为申请人申请该项目的资金支持。据2008年农场法案规定，2010年该项目支持的资金总额最高为800万美元，2011和2012财年分别为900万美元。

表7.15汇总了2005～2010财年美国EMP、QSP、TASC三项措施的政府拨款情况，虽然这三项补贴单项补助金额没有海外市场开发项目和市场

① Foreign Agricultural Service /USDA：Fiscal Year 2010 The Emerging Markets Program.

② Foreign Agricultural Service /USDA：Fiscal Year 2010 The Quality Samples Program.

准入项目规模大，但是分别从市场和产品等角度细分了国外市场支持政策，使美国出口促进政策更加有针对性，而且三项补助合计金额2010财年达到1741万美元，对海外市场扩张的作用也不可小觑。

表7.15　2005～2010财年EMP、QSP、TASC项目汇总表

单位：万美元

项目	2005	2006	2007	2008	2009	2010
新兴市场（EMP）	——	——	——	449.7285	816.2769	819.3172
质量样品项目（QSP）	167.7825	180.3200	134.8000	147.1050	202.7180	188.9340
特种作物技术援助项目（TASC）	41.3639	41.0222	143.3371	约400	511.5720	733.4671
总　计	——	——	——	996.8335	1530.5669	1741.718

数据来源：Foreign Agricultural Service/USDA：Market Development Programs 2005－2010.

除了上述出口市场援助政策外，为了规避WTO自由贸易协定的限制，美国政府还为出口商提供出口信贷，用于提高美国农产品出口的市场机会和拓展国际市场，并且通过加强政府间沟通，签订双边动植物和转基因议定书为美国农产品出口扫清障碍，经过一系列支持政策的帮助，美国主要农产品在世界市场都占有较高的市场份额，小麦占18%，大豆占35%，玉米占56%，国际农产品市场成为稳定美国农产品价格，进而稳定农场主收入的重要调节力量。

第三节　美国农业保护与支持政策的社会公平效应

1933年美国政府为提高农业生产者收入开始对农场主进行补贴支持，当时支付的补贴规模为17亿美元，占当年农场主净收入的5%，经过近80年的发展，美国政府逐渐建立了完善的农业支持政策体系，支持规模也迅速扩大，最高规模在2000年曾达到262亿美元，2002～2011年年均达141亿美元，占农场主净收入的20%左右。除了直接支付收入补贴，美国政府还通过提高农场主抗风险能力，增加产品出口，降低税负等措施间接提高农业生产者收入水平，从政策执行效果看，在一定程度上缓解了收入分配差距，提高了社会公平程度。

一、对农业和农场收入绝对规模的贡献度

1. 农业总收入和净收入规模的提高

由美国农业部经济研究服务局统计数据计算，1933～2011 年美国政府对农场主的直接支付补贴绝对规模累计达 7600 亿美元（按 2005 年美元价格计算），占同期农业净收入[①]额 5.3 万亿美元的 14%，占农业总收入 19.4 万亿美元的 3.9%。表 7.16 节选了 1933～2011 年部分年度直接支付补贴规模及农业总收入、净收入和直接支付补贴对二者的贡献度[②]数据。

表 7.16 1933～2011 年直接支付、农业收入及贡献度指标

年度	直接支付额（亿美元）	农业总收入（亿美元）	农业净收入（亿美元）	直接支付对总收入的贡献度	直接支付对净收入的贡献度
1933	17	874	323	1.95%	5.26%
1943	61	2212	1112	2.76%	5.49%
1953	13	2130	802	0.61%	1.62%
1963	88	2250	611	3.91%	14.40%
1973	93	3517	1222	2.64%	7.61%
1983	161	2669	247	6.03%	65.18%
1993	171	2621	597	6.52%	28.64%
2003	165	2587	610	6.38%	27.05%
2010	122	3312	790	3.68%	15.44%
2011[③]	106	3578	947	2.96%	11.19%
2002～2011 平均	141	3204	717	4.40%	19.67%

数据来源：Economic Research Service/USDA Farm income and balance sheet indicators，1929－2010.

① 农业净收入＝农业总收入－农业生产经营费用，农业生产经营费用＝资本消耗＋人工费用。

② 贡献度反映政府直接支付补贴对农场主收入的提高程度，由政府补贴占农业总收入或净收入的比例来表示。

③ 2011 年为预测数据。

由表 7.16 数据可知，1933～2011 年，美国政府直接支付规模虽然不同年度受作物产量等因素影响有所波动，但 20 世纪 70 年代后基本上每年绝对规模都在 100 亿美元以上，从 2002～2011 年平均数据看，直接支付绝对规模年均 141 亿美元，可见政府补贴对农场主收入水平的提高程度。

图 7.2 反映了 1933～2011 年度直接支付对农业总收入及净收入的贡献度变化趋势，1993 年和 1983 年二者最高分别达到 60.52% 和 65.18%。虽然不同年份指标有增减变化，但从 2002～2011 年平均数据看，直接支付对农业总收入和净收入的贡献度分别为 4.4% 和 19.67%，这说明现在美国农业生产者总收入的 1/20，净收入的 1/5 是由政府补贴贡献的，可见政府补贴对农场主收入水平的提高程度。

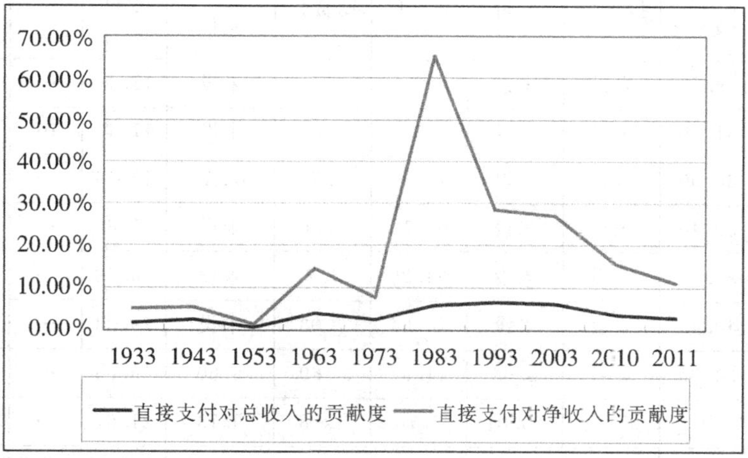

图 7.2　1933～2011 年直接支付对农业收入的贡献度

数据来源：Economic Research Service/USDA Farm income and balance sheet indicators，1929-2010.

表 7.17 是美国 1996～2009 年度直接支付分项目额度，可以更清楚地反映直接支付补贴的构成情况及每一项援助对农业收入的影响程度。从直接支付项目形式看，属于价格支持补贴的弹性生产合同支付在 1996 年市场化改革后规模逐渐降低，2002 年农场法案以后基本没进行支付，2006 年完全取消。2002 年农场法案后美国政府对农业的补贴由侧重价格支持向重点进行收入支持转变，新设立了固定直接支付补贴、反周期支付、牛奶收入损失支付等收入直接补贴形式。从项目规模构成看，固定直接支付补贴代替了弹性

生产合同支付，在支持政策中规模最大，大约占总支付规模的40%，环境保护支付既不受WTO限制，又符合环保潮流，规模仅次于固定直接支付。还有一些支付项目，如紧急援助补贴，食糖的相关补贴等，由于数额相对较小表中未列出，但总规模数据中包含这些项目的额度。1996～2009年政府累计为农场主提供了2128.82亿美元直接支付补贴，年均增加农场主收入152亿美元。

表7.17 1996～2009年度主要直接支付分项目补贴额

单位：亿美元

年度	弹性生产合同支付	固定直接支付	反周期支付	贷款差额支付	营销援助贷款	牛奶收入损失支付	环保支付	…	补贴总额
1996	59.73	未设	未设	0	0	未设	18.45	…	73.40
1997	61.19	未设	未设	0	0	未设	17.40	…	74.95
1998	60.00	未设	未设	17.83	1.71	未设	15.46	…	123.80
1999	50.46	未设	未设	59.19	8.96	未设	15.69	…	215.13
2000	50.49	未设	未设	64.25	11.27	未设	16.62	…	232.22
2001	40.40	未设	未设	54.64	7.08	未设	19.03	…	224.31
2002	34.99	3.67	2.03	11.97	4.60	8.60	19.66	…	124.15
2003	0	67.03	23.01	5.76	1.98	9.13	21.67	…	165.23
2004	0	52.42	11.22	28.65	1.31	2.06	23.20	…	129.70
2005	0	51.99	40.74	50.80	3.69	0.10	27.67	…	243.96
2006	取消	50.52	40.36	7.30	1.88	4.31	29.74	…	157.89
2007	取消	50.60	11.25	0.54	2.72	0.74	30.72	…	119.03
2008	取消	51.10	7.12	0.85	0.34	0	31.55	…	122.42
2009	取消	47.27	11.70	1.56	2.52	8.80	28.36	…	122.63

数据来源：Economic Research Service/USDA：Direct Government payments by program，United States，1996-2009.

以上分析只考察了政府对农业收入支持的最主要项目直接支付的数额，如果把政府的农业保险、税收优惠、出口援助补贴都计算在内，对农业总收入和净收入的贡献程度还要进一步增加，而且通过这些支持措施，使美国农产品价格降低，由此带来的国际竞争力增强，出口规模扩大，还会给农业生产者带来间接收益。由于数据的可得性和间接收益的难以度量性，精确数字难以推断，但这丝毫不会影响我们从已给数据得出美国农业收入支持措施有力提高了农业生产者收入这一结论。

2. 农场收入规模的提高

农场是美国农业经济的基本单位，其收入的加总构成美国农业总收入，所以政府收入支持政策对农业收入的提高，一定会表现在单个农场收入的提高上。从 20 世纪 60 年代，美国农场数量基本稳定在 200～220 万个左右，2000～2009 年美国农业年净收入平均为 648 亿美元，单个农场的年平均净收入为 3.02 万美元，而其中包含的政府直接支付收入补贴年均就达到 7700 美元。

表 7.18　2000～2009 年农场数量、收入及补贴额

年度	直接支付补贴（亿美元）	农场数量（万个）	农业净收入（亿美元）	单个农场年均净收入①（万美元）	单个农场年均获得的补贴额②（万美元）	补贴对农场年均净收入的贡献度（%）
2000	232.22	216.678	507	2.34	1.07	45.82
2001	224.31	214.863	549	2.55	1.04	40.87
2002	124.15	213.536	391	1.83	0.58	31.72
2003	165.23	212.686	610	2.87	0.78	27.10
2004	129.7	211.297	874	4.14	0.61	14.84
2005	243.96	209.869	788	3.75	1.16	30.97
2006	157.89	208.879	574	2.75	0.76	27.49
2007	119.03	220.495	703	3.19	0.54	16.93
2008	122.42	220.010	866	3.94	0.56	14.14
2009	122.63	220.001	622	2.83	0.56	19.72
2000～2009 平均	164.15	214.83	648	3.02	0.77	26.96

数据来源：由 2010 Agriculture Statistics：Farm Resources ，Income，Expenses. 总结而来。

① 单个农场年均净收入＝农业净收入÷农场数量。

② 单个农场年均获得的补贴额＝直接支付补贴÷农场数量。

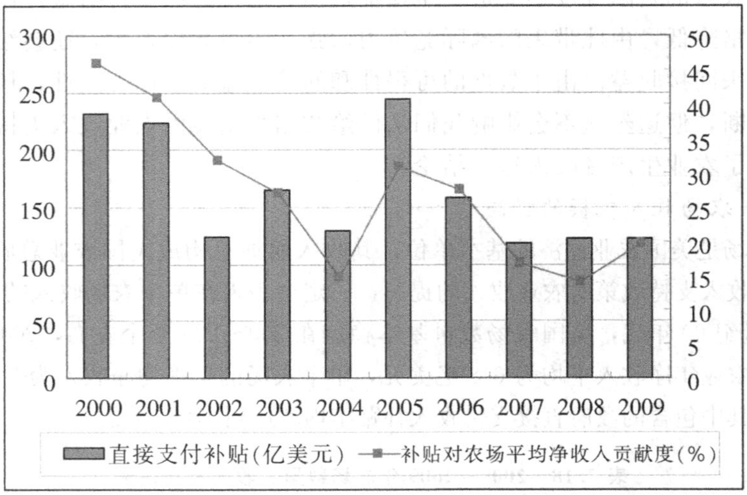

图 7.3　2000～2009 年农业直接支付补贴及其贡献度

数据来源：由 2010 Agriculture Statistics：Farm Resources ，Income，Expenses. 计算得出。

从图 7.3 看，由于自然灾害和农作物产量的年度差异，政府直接支付规模年度之间有一定增减，但 2000～2009 年年均还是达 164 亿美元，对农场平均净收入的贡献度 2000 年最高达 45.82％，年均达到 26.96％。而同期农场主从事农业经营活动每年获得的收入才只占净收入的 10％左右，政府的补贴数量接近其 3 倍。

二、对农户家庭收入相对规模的提高效应

美国政府的农业收入支持补贴使农户①的毛收入和扣除生产投入消耗后的收入水平大幅度上升，而且随着政府农业支持力度的加大，农户收入水平不仅达到而且逐渐超过了美国家庭平均收入水平，有力地缩小了农业生产者和非农业生产者的收入差距。

1. *农户家庭毛收入同美国家庭毛收入的对比*

根据美国农业统计年鉴的计算口径，农户家庭毛收入是农户来自农业和非农业的所有收入不进行生产费用扣除的总和。美国家庭毛收入是单个家庭

① 以家庭为单位的农场经营户，简称农户。

所有劳动收入和资产收益不进行费用扣除的总和。农业和农场收入绝对规模的提高使农户的收入水平超过美国家庭平均收入水平。表 7.19 通过对比包含和剔除政府直接支付补贴后，农户收入与美国平均家庭收入的对比，反映政府收入支持政策对提高农户收入的作用。由于美国农场中 97%以上属于家庭农场（农户），所以我们以表 7.18 中单个农场年均补贴额度作为剔除补贴的数据来源。

表 7.19　农户和美国家庭平均收入对比表

年度	农户平均收入（美元）		美国家庭平均收入（美元）	农户平均收入占美国家庭平均收入比例（%）	
	包含补贴	剔除补贴		包含补贴	剔除补贴
2000	61，947	51，247	57，045	108.6	89.84
2001	64，117	53，717	58，208	110.2	92.28
2002	66，757	60，957	57，852	115.4	105.37
2003	68，597	60，797	59，067	116.1	102.93
2004	81，596	75，496	60，528	134.8	124.73
2005	81，420	69，820	63，344	128.5	110.22
2006	81，043	73，443	66，570	121.7	110.32
2007	88，796	83，396	67，609	131.3	123.35
2008	79，796	74，196	68，424	116.6	108.44
2009	77，169	71，569	67，976	113.5	105.29
2000～2009 年度平均	75，124	67，464	62，662	119.7	107.28

数据来源：Agriculture Statistics 2000—2010；Farm Operator Households；Average Income of United States 计算得出。

由表 7.19 数据可知，如果把政府直接支付补贴额计算在内，2000～2009 年美国农户的平均年收入全部高于美国家庭的平均年收入，农户年均收入为75124美元，而美国家庭年均收入为62662美元，年均农户收入超过美国家庭12462美元。从相对比例上看，农户年均收入是美国家庭收入的119.7%。但是如果把政府补贴剔除掉，则2000～2009年度中，2000和2001年两年农户收入低于美国家庭平均收入水平，10年年均农户收入为67464美元，年均超出美国家庭收入降为4802美元，从相对比例上看，农户年均收入是美国家庭收入的107.28%，比包含补贴时分别下降了61.5%和63%，可见补贴已经成为影响农户收入高低最主要的因素。

2. 剔除生产投入因素后农户与美国家庭平均收入的对比

表7.19中扣除补贴因素后农户平均收入在2002年之后仍然高于美国家庭平均收入，但这并不意味着农户的实际收入水平一定比美国家庭收入水平高，因为历史统计数据显示农业生产投入相对高于其他产业，而上表的收入口径是指毛收入，没有扣除固定资本和生产资料投入费用，所以要反映真实的比较结果我们还要扣除生产投入的影响。为进行扣除比较，我们需要做一些计算口径上的推导工作。

首先看美国家庭收入，因为国内生产总值－固定资本和生产资料的消耗＝国民收入，国民收入－政府部门收入＝私人部门总收入，而私人部门总收入是美国家庭收入的总量指标，所以可以相关推算扣除投入因素后的美国家庭收入指标。

其次看农户收入，农业生产增加值－农业固定资本和生产资料消耗＝农业净增加值，从计算口径看和国民收入相同，所以，我们选择农业净增加值和农户扣除固定资本消耗后的收入进行相关推算。

推算的原理是计算私人固定资本消耗占私人总收入的比例和农业固定资本消耗占农业净增加值的比例，以此为系数在美国家庭平均收入指标和农户平均收入指标中扣除生产投入因素所占额度，余下的收入即为剔除生产投入后相关反映二者收入水平的规模。

①剔除生产投入因素后的美国家庭收入

表7.20数据显示，2000～2006年度美国私人部门的总收入年均为94587亿美元，私人部门固定资本和生产资料投入消耗年均为11676亿美元，占私人部门总收入的12.33%，按照此比例从美国家庭年均收入中进行扣除，则剔除固定资本和生产资料消耗因素的美国家庭平均收入2000～2006年年均为52925美元。

表 7.20　2000～2006 年美国私人部门收入及相关指标

年度	私人部门收入（亿美元）Y_1	私人部门固定资本和生产资料消耗（亿美元）Y_2	固定资本和生产资料消耗占私人部门收入的比例（%）$Y_3=Y_2/Y_1$	家庭平均收入（美元）Y_4	剔除固定资本和生产资料消耗的家庭平均收入（美元）$Y_5=Y_4-Y_3\times Y_4$
2000	84，297	9，908	11.75	57，045	50，340
2001	87，241	10，755	12.33	58，208	51，032
2002	88，819	10，803	12.16	57，852	50，815
2003	91，636	11，183	12.20	59，067	51，859
2004	97，272	12，060	12.40	60，528	53，024
2005	103，011	13，570	13.17	63，344	54，999
2006	109，834	13，475	12.27	66，570	58，403
2000～2006 平均	94，587	11，679	12.33	60，373	52，925

注：$Y_3=Y_2/Y_1$，表示私人部门固定资本和生产资料投入消耗占私人部门收入的比例；

$Y_5=Y_4-Y_3\times Y_4$，表示剔除固定资本和生产资料消耗因素的美国家庭平均收入。

数据来源：根据 Economic report of the president 2007：national income，1959-2007 计算得出。

②剔除生产投入因素后的农户家庭收入

由表 7.21 数据可知，2000～2006 年农业净增加值年均为 1074 亿美元，农业固定资本和生产资料消耗年均为 236 亿美元，占农业净增加值的 22.29%，按此比例从不含补贴的农户平均收入中进行扣除，则剔除固定资本和生产资料消耗因素的农户家庭平均收入 2000～2006 年年均为 49475 美元。

综合表 7.20 和表 7.21 可以看出，美国私人部门的固定资本和生产资料消耗率 2000～2006 年度平均为 12.33%，而同期农业的固定资本和生产资料消耗平均为 22.29%，是私人部门的 1.8 倍，正因为农业部门的生产投入比重大，所以如果政府不给予补贴支持，则农户平均收入除 2004 年高于美国家庭平均收入水平，2005 年二者基本持平外，其余年份都低于美国家庭平均收入，7 年年均相当于美国家庭收入的 93.48%，年均低 3450 美元。

表 7.21　2000～2006 年农业净增加值及相关指标

年　度	农　业					农户平均收入占美国家庭平均收入的比例 % $X_6 = X_5/Y_5$
	农业净增加值 亿美元 X_1	农业固定资本和生产资料消耗 亿美元 X_2	农业固定资本和生产资料消耗占农业净增加值的比例 % $X_3 = X_2/X_1$	不含补贴的农户平均收入美元 X_4	剔除固定资本和生产资料消耗因素的农户平均收入　美元 $X_5 = X_4 - X_3 \times X_4$	
2000	1042	227	21.79	51，247	40，083	79.62%
2001	1062	227	21.37	53，717	42，235	82.76%
2002	858	227	26.46	60，957	44，830	88.22%
2003	1058	228	21.55	60，797	47，695	91.97%
2004	1311	239	18.23	75，496	61，733	116.43%
2005	1209	249	20.60	69，820	55，440	100.80%
2006	975	254	26.05	73，443	54，310	92.99%
2000～2006 平均	1，074	236	22.29	63，640	49，475	93.48%

注：$X_3 = X_2/X_1$ 表示农业固定资本和生产资料消耗占农业净增加值的比例；

$X_5 = X_4 - X_3 \times X_4$ 表示剔除固定资本和生产资料消耗因素的农户平均收入；

$X_6 = X_5/Y_5$ 表示农户平均收入占美国家庭平均收入比例；

Y_5 表示剔除固定资本和生产资料消耗的美国家庭平均收入。

数据来源：根据“Economic Research Service/USDA：Farm income and balance sheet indicators，1929～2010”数据计算而来。

3. 政府补贴对剔除生产投入后农户与美国家庭收入对比结果的改变

表 7.22 是将政府补贴考虑在农户收入内的数据，2000～2006 年包含补贴的农户收入年均为 72211 美元，按照年均 22.29%的生产投入率进行扣除后，剔除生产投入但包含补贴的农户平均收入年均为 56154 美元，超过剔除生产投入的美国家庭年均收入 52925 美元的水平。从 2000～2006 年 7 年看，农户平均收入在 2003 年以后均超过美国家庭平均收入，7 年年均高出 5.92%，年均超出额达 3229 美元。从包含与不包含补贴的数据对比不难发现，政府补贴的发放使农业得以抵消生产投入比重大的劣势，把农户收入维

持在略高于美国家庭平均收入的水平。

表 7.22 2000～2006 年农户收入①与美国家庭平均收入

年度	农业固定资本和生产资料消耗占农业净增加值的比例（%）X_3	包含补贴的农户平均收入（美元）Z_1	剔除生产投入但包含补贴的农户平均收入（美元）$Z_2 = Z_1 - Z_1 \times X_3$	剔除生产投入因素的美国家庭平均收入（美元）Y_5	剔除生产投入但包含补贴的农户平均收入占剔除生产投入的美国家庭平均收入的比例（%）$Z_3 = Z_2 / Y_5$
2000	21.79	61，947	48，452	50，340	96.25
2001	21.37	64，117	50，412	51，032	98.79
2002	26.46	66，757	49，095	50，815	96.61
2003	21.55	68，597	53，814	51，859	103.77
2004	18.23	81，596	66，721	53，024	125.83
2005	20.60	81，420	64，651	54，999	117.55
2006	26.05	81，043	59，930	58，403	102.62
2000～2006 平均	22.29	72，211	56，154	52，925	105.92

注：X_3同表 7.20，表示农业固定资本和生产资料消耗占农业净增加值的比例；

Z_1同表 7.19 口径，表示包含补贴的农户平均收入；$Z_2 = Z_1 - Z_1 \times X_3$表示剔除生产投入但包含补贴的农户平均收入；$Y_5$同表 7.20，表示剔除生产投入因素的家庭平均收入；$Z_3 = Z_2 / Y_5$表示剔除生产投入但包含补贴的农户平均收入占剔除生产投入的美国家庭平均收入比例。

数据来源：根据“Economic report of the president2007：national income，1959—2007；USDA：Farm income and balance sheet indicators，1929～2010”数据计算而来。

三、对农业生产者内部收入差距的扩大效应

美国政府对农业的收入支持政策在缩小农业和国民经济其他部门收入差距的同时，改变了农业内部收入分配格局，补贴利益过地的向少数农作物种

① 剔除生产投入但包含补贴的农户平均收入。

植者和大规模农业生产者倾斜，收益不平衡，这一问题也使美国农业补贴政策在国内饱受诟病。

1. 补贴作物集中度高

美国的农业补贴 90%以上集中在出口导向型的几种农作物上，如小麦、大豆、玉米、大麦、棉花、乳制品等，目的一是调整农业产业结构；二是降低这些农产品的市场价格，提高其国际市场竞争力。但是过高的补贴作物集中度，导致补贴利益大部分被种植高补贴农作物以及从事和高补贴农作物的生产、加工、运输等业务有关的利益主体获得，而从事其他农产品的生产和加工的农场主和农业企业很少能分得补贴收益。从美国农业发展的现实看，凡是政府补贴力度大的作物都实行产业化大规模种植，农业种植企业和上游投入部门、下游储运、加工、销售部门共同结成大型粮食集团，在农作物的生产、流通等各个环节分享补贴收益，而小型家庭农场由于在资本、技术等方面处于劣势，无法在补贴力度大的农作物生产上和这些企业集团竞争，只能选择生产无补贴的其他农作物，不能享受政府的补贴收益①。

2. 补贴政策向经济规模大的农场倾斜

美国政府的收入补贴政策基本上都和农作物面积挂钩，种植面积越大获得的补贴额越多，因此，经济规模大的农场能获得更多的补贴。据美国农业部估计，2000 年，占农场总数 8%的大农场得到了 47%的政府农业补贴；2002 年，占美国农场总数 30%左右的较大规模农场获得了政府补贴总量的 75%。而且 2008 年农场法案中又进一步规定，除个别例外以外，种植面积在 4 平方英亩以下的农户不在被补贴之列，这样就把零散农户直接排除在外。表 7.23 以 2009 年政府直接支付数据说明农业补贴的分配不均衡问题。表中按照美国农业统计年鉴对农场的经济规模划分标准，依据农场的年销售收入大小将农场分为 10 种规模，2009 年美国政府直接支付补贴为 122.63 亿美元，当年谷物种植面积为 3.19 亿英亩，平均每英亩补贴约为 38.44 美元，因为是按照种植面积进行补贴，所以不同经济规模的农场其面积占总面积的百分比即为农场从全部补贴中获得额度的百分比。按此计算，占农场总数 27.8%的年销售收入在 1000～2499 美元之间的小规模农场共获得 4.91 亿美元补贴，平均每个农场获得补贴只有 800 美元，而占农场总数只有 2.3%的最大规模农场共计获得 20.23 亿美元补贴，平均每个农场获得 3.999 万美元，是小规模农场的近 50 倍，事实上，农业生产者中恰恰是小

① 冯继康．美国农业补贴政策历史演变与发展走势［J］．中国农村经济，2007（3）：74—76.

规模群体收入水平低，需要政府通过转移支付进行补贴，所以美国政府的补贴在总体上提高了农业生产者收入的同时也导致其内部收入两极分化。

表 7.23　2009 年不同规模农场直接支付获得比例、额度

经济规模（美元）	农场数量（个）	占总农场数量的百分比（%）	农场面积占总面积的百分比（%）	获得的直接支付补贴总额（亿美元）	单个农场获得的补贴额（万美元）
1，000～2，499	611，603	27.8	4	4.91	0.080
2，500～4，999	316，801	14.4	3.3	4.05	0.128
5，000～9，999	292，601	13.3	4.3	5.27	0.180
10，000～24，999	266，201	12.1	6.8	8.34	0.313
25，000～49，999	176，001	8.0	7.4	9.07	0.516
50，000～99，999	162，801	7.4	10.3	12.63	0.776
100，000～249，999	149，601	6.8	16.4	20.11	1.344
250，000～499，999	99，000	4.5	15.6	19.13	1.932
500，000～999，999	74，800	3.4	15.4	18.89	2.525
1000，000 以上	50，600	2.3	16.5	20.23	3.999

数据来源：2010 Agriculture Statistics：Farm Resources ，Income，Expenses.

小　结

农业的弱质性和自然、经济双重风险性，使得农业生产者在国民收入初次分配格局中处于不利地位，客观上需要政府采取措施纠正市场在收入领域的失灵，实现经济公平的同时达到社会公平。美国政府通过固定直接支付、反周期支付、营销援助贷款等农场和商品补贴项目，降低自然和经济风险损失的农业保险支持项目，对农业的税收优惠措施和提高美国农产品国际竞争力的市场营销援助手段，从不同的政策视角为社会收入公平分配提供了一个较好的制度基础。从绝对规模和相对规模上提高了农业和农场主的收入水平，使美国农户的收入水平达到并超过了美国家庭平均收入水平，提高了社会分配的公平程度。但是由于美国农业补贴等政策支持品种过于集中以及对大农场的倾斜性，在农业保护与支持政策总体提高农业收入的同时也一定程度上拉大了农业内部生产者之间的收入差距。

第八章　美国农业保护与支持政策对我国的启示

我国在国民经济总量、经济发展阶段、农业基本情况等方面和美国具有不可比性，但差距的存在只意味着我们不能照抄照搬美国的农业支持和保护政策，并不代表我们不可以从美国农业保护和支持的经验教训中汲取营养，指导我国的实践。现在发达的美国农业也是在曾经落后的基础上起步发展的，美国农业已经经历的，很多是我国农业今天和未来将要面对的。所以在结合我国国情的基础上，借鉴美国农业保护与支持政策的逻辑思路、方法，对于我国完善农业保护与支持政策，降低政策试错成本，缩短农业发展演进时间有重要的现实意义。

第一节　美国农业保护与支持政策的经验

美国是世界上农业最发达的国家，在当今国际农产品市场上，美国控制了小麦市场的18%，大豆市场的35%，玉米市场的56%和整个谷物市场的50%，是美国在国际市场上最具竞争力的领域。美国农业取得这些成绩，不光说明了美国农业的成功，也从一个侧面折射出美国农业保护与支持政策的成功。回顾美国200多年的农业支持历史，可供我们借鉴的经验很多，但是，要想在借鉴的基础上指导在发展阶段、农业基础上和美国有着巨大差距的我国的农业支持实践，我们必须要抽象掉表面现象，探索蕴涵在美国农业保护与支持政策内部的核心规律。

一、以纠正市场失灵作为保护与支持的内在逻辑

美国农业支持政策经历了建国初期到20世纪20年代对农业自由放任，着力建设农业生产基础条件的阶段；20世纪30年代到90年代中期，政府

利用农业保护政策加强市场干预的阶段；1996 年到 2002 年再次强化市场导向的阶段和 2002 年开始向农业保护回归的阶段。政府农业保护与支持措施不断创新，侧重点不断变化，但贯穿其中的内在逻辑——由政府通过农业保护与支持政策矫正市场失灵却始终没有改变。虽然在实行的过程中随着政府经济管制态度的不同，农业保护政策的市场化程度有高有低，政府的干预力度有强有弱，但基本上是在遵从市场运行机制的基础上，去补救市场机制的不足，创造市场有效运行的环境。

1. 注重发挥市场对农业资源配置的基础作用

美国是成熟的市场经济国家，市场发挥着资源配置的基础性作用，在农业领域也不例外。除 1933 年经济危机时期美国政府制订限产计划干预农业生产外，在经济正常时期政府一般都是通过农业保护政策间接引导农业生产，而不进行直接干预。农场主生产什么、如何生产和为谁生产的问题是由市场机制解决的，其经营管理行为和生产销售决策都是以市场为依据独立做出的。农场主和农业企业要根据国内外市场信息安排生产和产品销售，及时依据社会消费需求的变化调整种植养殖结构和规模，采用先进技术提高农产品质量，降低农业生产成本，根据市场经济规律在国内外市场上去进行竞争。农业科研机构等组织也是以农业生产的市场需求为导向，积极选择符合农业生产实际需要的课题和实用技术进行研究、开发。市场的基础作用保证了农业经济活动主体在生产经营等方面的自主权以及追求利润最大化的立足点，为保持美国农业生产领域的效率和竞争活力提供了制度基础。

2. 政府干预立足于纠正市场失灵

(1) 政府干预的逻辑

既承认市场机制的有效性，又对农业采取大规模政府干预政策，美国政府看似矛盾的两种政策选择倾向，在纠正市场失灵层面上得到有效契合，也标示了美国政府农业保护与支持政策的内在逻辑：承认市场机制的有效性，同时也承认其不完美性，而这种不完美性体现出的市场失灵在农业领域的表现恰恰为政府支持政策的存在提供了现实基础。

(2) 政府干预的范围

农业部是美国政府设立的农业管理机构，从农业部的职能上看，美国政府在农业领域的活动范围主要集中在五个方面：利用财政和货币政策，调节农产品需求规模和结构，确保国内农产品市场的稳定；制定农业法律法规和制度规范，维护竞争，限制垄断，保证市场经济制度的基础运行环境；促进乡村发展及农业教育、科研和推广工作，提供基础设施、信息等农业公共产品和服务，满足农业生产的公共需要；监督和指导农业生产，通过税收、补贴、转移支付等手段，缓解市场对农业分配的不公平；进行水土保持和资源保护，消除农业的外部经济效果，恢复市场的效率与活力。这些范畴反映出美国政府对农业的干预基本上是围绕农业市场失灵的几个方面进行的。

（3）政府干预工具的选择

为了规避WTO农业协议的限制，更好地发挥市场机制的作用，美国从1996年农业市场化改革开始，逐渐由传统的以目标价格和差额补贴等对市场扭曲作用较大的价格支持政策为主，向与生产不挂钩的直接支付等收入支持措施为主转变。根据美国2008年农业法案，美国政府农业保护与支持政策工具现在主要有十大类：农场和商品计划，资源环境保护补贴，出口补贴，营养计划，信贷，农村发展计划，农业科研、教育，森林，能源，农业保险计划等。在这些工具中，农场和商品计划中的反周期支付、营销援助贷款和贷款差额支付、出口补贴属于黄箱政策，对市场及贸易会产生明显的扭曲作用，其他绝大多数政策工具都属于绿箱政策范围，没有或仅有最微小的贸易扭曲作用，所以从美国政府对农业支持的政策工具选择上也可以看出美国政府对农业的支持不是建立在直接干预农业生产的基础上的，而是通过纠正公共产品、外部性、收入分配、信息等农业市场失灵的领域进行的。

二、以适时的政策调整完善引导农业发展

从美国农业保护与支持政策的演进过程可以发现，每次国内外经济形势和美国农业发展基本状况发生重大改变时，美国政府都能够适时地调整农业政策的支持手段、力度和重点，并且根据世界农业发展的趋势，利用政策倾斜重点的调整，引导美国农业朝机械化、生物化、信息化方向前进，极大地促进了农业的发展。

1. 根据国内外经济形势调整农业保护与支持政策

（1）20世纪30年代以前，美国处于农业剩余流入工业的工业化发展早期阶段，政府财力有限，农业政策以自由放任为主，政府除对农田基础设施、农业科研进行支持外，对农民生产经营品种、面积、收入水平基本不进行补贴干预。

（2）20世纪30年代，美国和主要资本主义国家陷入全面经济危机，国内农产品过剩，价格下跌，大量农场主破产，国外则贸易保护主义盛行。为稳定农产品价格，增加农场主收入，罗斯福政府颁布《1933年农业调整法》，开始实施农产品价格和收入支持政策，推出限制农产品播种面积，建

立农产品储备制度，实行国内食物分配，扩大出口等稳定国内粮食价格的措施和目标价格补贴、差额补贴、贷款援助、平价收购等收入支持措施，干预农业及农产品市场运行。

(3) 20世纪90年代以后，美国为了扩大国际市场，打破别国的农产品贸易壁垒，全力推动农产品贸易自由化进程，并于1993年促成WTO农业协议签订，各国就削减农业补贴，降低关税达成一致。为了配合美国在WTO农业谈判中的立场，为美国在以后的国际农产品谈判中争取主动，同时也为了减轻政府的财政负担，美国开始了强化农业支持政策市场化导向的进程，取消了目标价格和差额补贴等价格和收入补贴措施，代之以不受农产品价格变动影响的过渡期弹性生产合同补贴，增加农民的种植自由度和弹性种植面积，让农场主参与市场自由竞争，加强了农业生产的市场导向。

(4) 2002年，美国国内经济结束长达10年的高速增长陷入衰退，农场主农业收益下降，而国外的情况是世界市场农产品价格下跌，美国主要农产品竞争国欧盟和日本提高了农业补贴水平，加大了农业保护力度。因此，在联邦政府预算存在盈余、财力充足的情况下，美国政府决定2002年农场法案全面增加对农业的投资和补贴，扩大补贴种类，提高贷款率，但为了不违背WTO农业协议的规则，美国政府选择的工具主要是脱钩的直接支付、资源和环境保护补贴等对市场扭曲作用较小的工具。

可以说，美国政府的农业保护与支持政策是适应国内外经济环境变化的产物，从基础设施支持到干预农业生产，到加强市场导向作用，再到回归农业保护，其每一次政策调整都是综合考虑国际经济形势、世界市场行情，国内农业发展基本情况、农场主收益、政府财力等多重因素后的理性选择。

2. 在WTO框架下完善农业保护与支持政策

乌拉圭回合农业协议及相关规则是WTO指导和约束成员国农业贸易和农业保护与支持的基本框架，而谋求在这一框架下实现美国农业利益最大化是美国农业保护与支持政策的最高目标。美国农业强大的生产力决定了世界市场对美国农业生产的重要性，所以长期以来美国一直致力于推动世界农产品贸易自由化的进程，目的就是更好地削减国际农产品贸易壁垒，为其农产品出口创造更多机会。因此，为了表明自己贸易自由化的立场，增加在相关农业谈判中讨价还价的筹码，美国政府的农业保护和支持必须在WTO规则允许的范围内进行。如1996年农业保护与支持政策的市场化改革，为迎合WTO农业协议，美国就取消了对价格、农业生产干预较大的目标价格，差额贷款等扭曲作用明显的黄箱措施，而代之以和价格脱钩的绿箱政策，使其对农业的支持具有了合法性；2002年制定的农场法案，实质是市场化改革的巨大倒退，美国政府大幅度增加对农业的补贴规模，扩大了对农业补贴的范围，但由于选择的主要是不受WTO限制的政府一般服务、脱钩的直接支付、农业保险、资源环境保护等绿箱政策措施，而且其保留的黄箱措施并未突破美国承诺削减的黄箱政策上限191亿美元，所以农业保护依然得以顺利进行。从美国农业保护与支持政策的实践可以看出其根据WTO农业协议的相关规则调整农业保护措施的艺术性，既规避了违反农业协议的风险，又为农业保护提供了合法性。所以，即使现在美国是世界上对农业保护力度最大的国家之一，但由于是在WTO框架下进行的，其他国家虽然不满也并不能依据WTO相关规则进行追溯，有效地保护了美国农业的利益。

3. 调整支持政策引导农业发展方向

美国政府依据世界农业发展趋势，通过调整农业支持重点引导本国农业生产，使美国农业在农业机械化、化学化、生物化、信息化的每一次进程中都走在了世界前沿，引领了世界农业的发展方向，使美国农业在发展和生态资源保护之间较早地达成了平衡。

（1）引导农业的科技发展方向

农业科技、教育是美国政府最早进行支持的领域，直到现在，研究适应农业发展需要的科学技术，把先进科技和农业生产紧密结合，提高农业生产率一直是美国政府农业保护与支持政策的目标之一。经过不同阶段支持重点的调整，美国在农业科技领域先后完成了农业机械技术、化学技术、生物技术在内的三次技术革命，实现了美国农业的机械化、化学化、生物化，极大地提高了美国的农业生产力。

①农业机械化

相比于世界上大多数国家在二战后才开始使用农业机械，美国超前了一个多世纪。早在19世纪30年代在美国研制销售的农业机械就有700多种；50年代播种机、割草机等已经逐步推广，收割机也已经研制成功；1862年为支持农业教育的发展，美国出台了《1862年莫里尔法》，成立了多所农学院和机械学院，进一步推动了农业机械技术的研发和大量农业机械的出现，使美国在两次世界大战之间就实现了农业机械化，农业产前、产中和产后各个部门都已经广泛地使用先进的综合农业机械。到20世纪80年代计算机技术逐渐应用于农业，美国又实现了农业机械化向自动化的发展。

②农业化学化

高效率的农业化学技术在20世纪30年代至80年代的美国农业生产中

发挥着重要作用，是当时美国农业产量增长的主要源泉。一方面，化肥的使用有效增加了农作物产量；另一方面，杀虫剂、除草剂的使用降低了病虫害对农作物的危害，也起到了提高农作物产量的作用。根据美国农业部实验，使用杀虫剂后，棉花的单位面积产量可以增加50%；玉米增产20%～100%，平均增产60%；小麦增产24%～100%；马铃薯增产70%；三叶草增产49%～90%；苹果增产100%。对于农业化学化，美国政府不仅支持科研推广体系为农民提供科学施肥、农药使用等咨询服务，州农学院的土壤实验室还可以为农民检测样土，提供土壤肥力的数据，并根据不同作物的营养需要为农场主提供该地块以后3年施肥量和各种营养成分使用比例方面的建议。既节约了施肥成本又减少了对环境的污染，提高了化肥使用效率①。20世纪80年代以后由于生态环境原因，许多农业化学品的使用受到限制，但在当时的历史时期，化学品的使用确实为美国农业生产的发展做出了较大贡献，而且对世界农业的化学化起到了引领作用。

③农业生物化

早在1817年，美国政府就支持科学家通过美国驻外使馆引进世界其他国家的农作物良种进行试种、改良，培植美国的基本作物品种。20世纪初，美国的杂交玉米、高粱、小麦等农作物品种相继试验成功，为美国农业发展开辟了广阔空间。20世纪90年代，美国农业生物技术向遗传工程（基因）技术倾斜，1996年利用基因技术培育成功的59种转基因作物在美国开始大规模商业化种植。现在，美国超过90%的耕地面积种植的都是抗虫玉米、棉花、马铃薯，抗除草剂大豆、油菜，抗冻西红柿等转基因作物，大大提高了美国农产品的产量和品质。美国通过支持农业生物技术，引导农业进入生物化阶段，使未来的美国农业在提升农产品品质，增加产量方面拥有其他国家不可比拟的优势，确保了美国农产品在世界市场上的竞争力。

（2）引导农业资源保护方向

20世纪30年代，由于长期不重视土壤保护、乱砍滥伐，美国水土流失现象加剧，环境保护提上政府支持日程。首先是美国农业土地政策由注重国有土地的分配转为土地资源的保护，揭开了美国资源保护的序幕。此后，为了引导农场主的生产经营行为向保护资源、减少农业负外部性方向发展，美国政府开始陆续设立减耕计划、土壤银行、水银行等有环保作用的资金补贴项目，将环境保护与控制生产的政策结合起来，鼓励农场主调整种植结构，

① 徐更生．美国农业政策［M］．北京：中国人民大学出版社，1991：170．

减少消耗地力的棉花、高粱等作物的种植面积，增加增强地力的豆类、牧草等作物的种植。20 世纪 80 年代以后为进一步提高农业生产者的环保意识，美国政府逐步将农业补贴转化为农业污染补贴，规定农民只有遵守与农业生产相关的环境保护法律才可以领取补贴，增设了退（休）耕还草还林、湿地恢复、环境质量激励、农业用水提升、野生动植物栖息地等补贴项目，扩大了农业环境保护范围，加大了补贴力度，引导农场主采用环境友好型耕作方式，休耕高度敏感地块，减少对湿地的破坏，保护野生动物栖息地，采用滴灌技术节约农业用水等。美国政府通过一系列农业补贴政策的调整有效地减少了水土侵蚀流失，提高了大气、水体质量，减少了农业面源污染，增加了生物多样性，成功引导本国农业在发展生产和环境保护之间实现了平衡。

（3）引导农业信息化方向

美国政府通过建立农业信息收集、分析、发布体系，开发农业信息数据库资源、建设信息通讯基础设施，提供网络平台等农业信息支持政策体系，推进了美国农业的信息化进程，使农业成为美国国内信息化程度最高的产业，也使美国成为世界上农业信息化程度最高的国家。目前，在美国农业生产中，农场主、农业企业、农业合作社等市场主体普遍使用计算机及网络技术获取政府农业公共信息，判断市场行情，做出生产销售决策；利用网络交易信息和平台购买农用生产资料、销售农产品，农业信息化借助计算机网络已经渗透到了美国农业供、产、销的每一个环节，有效地避免了农业生产的盲目性，降低了农业的市场和自然风险，为美国现代精准农业的发展提供了信息基础和硬件保障，提高了美国农业生产率。

三、以农业法律体系为保护与支持提供制度保障

美国的农业支持政策都是以农业法案的形式表现的，1933 年《农业调整法》是美国第一部完整系统的农业基本立法，经过近 80 年的演化，美国已经形成以农业基本法为中心、100 多部专项法律为配套的完善的农业法律体系。在农业保护与支持中，美国依靠农业法律制度为农场主提供各种补贴，发展农业科学技术，保护自然资源和环境，推动农产品出口，完善的法律法规为农业保护与支持政策的实施奠定了坚实的法律基础。

1. 以农业基本法作为农业保护与支持的基本依据

美国农业法包括农业基本法和专项法两大类，农业基本法律一般有效期长、综合性强，全面规定政府的农业保护与支持方向、目标、工具、方案等内容，是一定时期政府农业保护政策遵循的基本依据。专项法直接或者相对

集中地调整农业或者农村某一特定领域的活动，是基本法的配套法律。

美国综合性农业基本法有效期一般为5年，最短为1年，到期后即失效。需要政府制定新的基本法代替，从《1933年农业调整法》到目前，美国先后制定了《1935年农业调整法修正案》、《1938年农业调整法》、《1948年农业法》、《1949年农业法》、《1954年农业法》、《1956年农业法》、《1962年食品和农业法》、《1964年农业法》、《1965年食品和农业法》、《1970年农业法》、《1973年农业和消费者保护法》、《1977年食品和农业法》、《1981年农业和食品法》、《1984年农业计划调整法》、《1985年食品安全法》、《1990年食品、农业、资源保护和贸易法》、《1996年联邦农业完善和改革法》、《2002农场安全与农村投资法》、《2007年农业法》、《2008年食品、保护和能源法》等21部农业基本法，但这些法律中1938年和1949年农业法为"永久法"，长期有效，原因是当某部农业法期满失效后，如果出现因为各种原因新的法律没有制定出台的情况，这两部永久法能够暂时填补空白，使有关条款继续生效，不致无法可依，保障政府农业保护与支持政策的持续性、合法性①。

美国政府不同时期根据国内外形势对农业保护与支持政策的调整都是通过农业基本法的制定调整实现的，采取的保护与支持措施，甚至每一个支持项目的申请资格、支持标准，执行机构等细节问题都是以基本法的法律条款为依据的，可以说，美国农业基本法的内容就是农业保护与支持政策的内容，它为美国政府的农业支持提供了基本依据和法律保障，使美国政府的农业支持措施能够顺利实施。

2. 以专业法规范对特定领域的支持

（1）土地资源开发、利用的立法

土地是农业生产最主要的生产要素，所以美国政府对于土地的农业立法非常重视。尤其是农业土地资源开发和利用方面的法律，包括《宅地法》、《荒地法》、《新地开垦法》、《牲畜饲料宅地法》、《土壤保持和国内配额法》、《土地政策和管理法》和《联邦土地管理法》等法律。法律规定的内容，一是允许私人购买国有土地，实现土地私有化，确定私人土地产权及对土地的开发和利用权，为美国私人农场制度的确立准备基础；二是保持土地最佳综合利用、控制土壤侵蚀和土地保护储备的条款，为美国政府保护土地资源，防治水土流失，对私人土地进行管理和协调提供依据。

---

① 李秉龙，乔娟. WTO规则下中外农业政策比较研究［M］. 北京：中国农业出版社，2006.

（2）农业投资立法

美国对农业投资的立法包括两部分，第一部分是农业基本法中关于农业信贷的规定，如《1933 年农业调整法》规定农产品信贷公司要负责对休耕的土地提供补贴，发放无追索权贷款和农产品储备贷款。第二部分是专门的农业投资和农业信贷法律，主要有《1916 年农业信贷法》、《1923 年中间信贷法》、《1923 年农业信贷法》、《1933 年农场信贷法》、《1948 年农产品信贷公司特许法》、《农作物信贷法》、《农场抵押贷款法》、《取消农场抵押赎回权法》等。这些法律授权美国政府成立了联邦土地银行、联邦中间信贷银行和合作社银行，分别负责发放长期抵押贷款、为地方生产信贷协会提供信贷资金、向供销和服务合作社提供设备和生产贷款，共同构成了美国庞大的农业信贷体系，通过立法手段为美国农业保护和支持政策提供了资金保障。农业投资立法中，就政府财政预算对农业的投资比例、投资要求、投资数量、获得政府信贷的资格、申请程序等都作了详细的法律规定，减少了政策模糊带来的操作困难。

（3）支持和保护农产品价格的立法

美国农业保护与支持政策提高农场主收入、稳定农业生产的一项重要措施就是农产品价格支持。美国农业基本法中都规定了对农产品进行价格支持的详细内容，如前文介绍过的目标价格、生产控制计划、过渡期弹性生产合同补贴、反周期支付、贷款差额补贴等都是历年农业基本法授权采取的措施。另外，美国政府还专门制定了农产品价格和生产流通方面的法律，如《1937 年农产品销售协议法》、《食品农业资源及贸易法》、《1942 年紧急价格管制法》、《农业易腐商品法》、《食糖法》等，这些立法为政府对大田作物的价格支持政策提供了法律依据和制度规范。

（4）其他农业立法

农业生产是产前、产中、产后各个环节密切关联的过程，要进行农业保护，不仅要保护农业生产过程本身，还要把与农业生产密切相关的其他环节纳入保护体系。因此，美国农业保护立法是一个全方位、多角度的法律体系。涉及的领域还包括解决美国农产品过剩，扩大出口的农业贸易立法，如《1966 年食品用于和平法》、《1954 年农产品贸易发展和援助法》；降低农业经营风险的立法，如《联邦农作物保险法》等；促进农业科研、教育、推广的立法，如《1862 年莫里尔赠地学院法》、《1887 年哈奇农业试验站法》、《1914 年史密斯—利弗法》；环境资源保护的立法《1972 年联邦水污染控制法》，还有涉及食物安全、食品援助、农场服务、农村发展、农业专利技术保护等范围的立法，内容几乎涵盖了农业生产及其相关的各个方面。

美国把对农业的支持纳入法制管理的轨道，从法律上明确了对农业支持的规模、措施、项目数量，一方面使农业支持的资金投入公众化、固定化，保证了农业支持的权威性、合法性；另一方面也有利于农业支持接受公众监督，提高资金使用的透明度和效率。

第二节　美国农业保护与支持政策的问题

美国农业保护与支持政策总体上说是成功的，较好地纠正了农业的市场失灵，但是由于主客观条件的限制，政府不可能完全正确认识农业规律，因此，在纠正市场失灵的同时难免产生政府失灵。主要表现在：增加政府财政负担，阻碍市场价格、竞争机制的作用发挥，恶化美国农产品对外贸易环境，一定程度上加剧了收入分配不公平等，引发出农业支持政策绩效与政府调控目标之间的矛盾和偏差。

一、增加政府财政负担

1. 政策的行政成本负担

政府对农业的支持要通过相应机构操作，职能机构的行政开支构成了相应的政策成本。美国政府对农业的支持涉及农业生产的方方面面，自然需要庞大的机构维持政策的运行，农业部现在的雇员达 11 万人，占内阁部雇员总人数的 6.6%，是人数仅次于财政部和司法部的大部。11 万人中有 6500 人左右在华盛顿总部工作；9.8 万人在各州、县及市的联邦驻地办公室工作；1200 人左右在海外领地和托管地工作；170 人在 59 个海外办事处工作，负责直接与 130 多个国家和地区联系，所有这些人员的工资和办公经费都要由农业部预算支出，形成了规模巨大的政策成本。据农业部数据，近 30 年来，农业部每年的财政预算占联邦预算的比例在 3%～6%之间。2000 年达到 711 亿美元，占整体联邦预算的 4%。

2. 农业补贴负担

虽然政府对农业的补贴支出和联邦财政支出相比仅占不到 1%，但是对于已经出现大规模财政赤字的政府预算来说还是进一步增加了财政负担。表 8.1 是 2007～2012 财年美国联邦政府农业补贴总额及其占政府赤字总额的比例，2007 年在政府赤字规模为 1607 亿美元时，政府农业补贴总额为 176

亿美元，达到赤字总额的近 11%。2008 年金融危机后美国政府为刺激经济实行了扩张性的财政政策，政府赤字快速增长，2009 年达到 1.4 万亿美元，2011 年预计高达 1.6 万亿美元，对农业的补贴虽然占的比例降低到不到 2%，但对于赤字率已经高达 10%的美国财政无疑也是一笔沉重的负担。

表 8.1　2007～2012 年农业补贴额及其占赤字的比率

年　度	联邦政府对农业补贴总额（亿美元）	联邦政府赤字总额（亿美元）	农业补贴占赤字比例（%）
2007	176.62	1，607	10.99%
2008	183.87	4，586	4.01%
2009	222.37	14，127	1.57%
2010	213.56	12，935	1.65%
2011（估计值）	250.87	16，451	1.52%
2012（估计值）	189.29	11，012	1.72%

数据来源：Economic report of the president：Federal receipts，outlays，surplus or deficit，and debt，fiscal years 2007-2012.

二、扭曲市场机制作用

1．扭曲市场价格机制

在市场机制条件下，农产品价格的下跌会减少供给，增加需求，促进价格回归到正常水平。但是政府补贴的发放，使得农业生产者在市场价格下跌时，可以通过补贴弥补损失，而且因为补贴的数额和种植面积、产量挂钩，所以必然刺激农场主扩大种植面积、增加产量，这样做的结果就是市场上农产品的供应量不降反升，价格机制失灵，加剧农产品生产过剩现象。而供应量的增加会导致价格进一步下跌，政府只能再发放更大规模的补贴，从而陷入补贴的恶性循环。

2．不能实现农业资源优化配置

市场通过优胜劣汰的竞争机制可以实现资源的优化配置。具备较高生产力水平，拥有先进农业机械和规模经济效应的农场，通过兼并在竞争中失败的农场可以实现农业领域资源的合理流动，淘汰落后生产力。但是，政府农业补贴的支持使经营不善甚至亏损的落后农场得以继续维持，落后生产力不能被淘汰出局，资源的优化配置也就不能顺利进行，降低了经济效率。

3. 改变生产者行为选择，增加环境风险

在无补贴的情况下，农场主不会选择去耕种水土流失严重、贫瘠低产的土地，原因很简单：收益低而耕种成本高，不符合生产者追求利润最大化的市场经济原则。但是，有补贴的情况下，农场主的行为会发生异化，扩大种植面积获得更高数额补贴的利益冲动会促使其在不适合进行农业耕作的敏感土地上种植农作物，从而加剧水土流失，破坏土壤结构，增加环境风险。

三、提高发生农产品贸易摩擦的几率

美国政府在农产品贸易上，一方面鼓吹贸易自由化精神，积极推动WTO农业谈判进程；另一方面又在国内大规模进行农业价格支持和出口补贴，破坏公平竞争的贸易环境。虽然在形式上美国非常艺术地处理了二者之间的矛盾，没有违反WTO的相关规则，但是在实质上美国放弃了自己标榜的贸易自由化精神，损害美国在农业谈判中的形象，会引发其他国家仿效和贸易保护主义抬头，增加贸易摩擦的几率。尤其是《2002年农业法》之后，美国大幅度增加农业补贴，完全逆转了其倡导的农业自由市场化趋势，引起了国际社会的强烈不满。欧盟在美国《2002年农业法》颁布后立即宣布延缓其农业补贴的削减，并将美国的橙汁、小麦等农产品列入惩罚清单，加征100%的关税；澳大利亚甚至称《2002年农业法》是恐怖的法案。美国的主要贸易伙伴加拿大、巴西、阿根廷等国也都纷纷提出抗议。广大依赖初级农产品出口的发展中国家更是非常不满，因为美国新农业法案的出台使发展中国家农产品出口到美国市场几乎成为不可能。国际社会一致批评的态度，等于为美国农产品出口设置了隐形的障碍，也使本就是贸易争端焦点的农产品贸易增加了产生摩擦的机会。据商务部数据，2010年美国仅和我国就发生5起农产品摩擦，2010年9月我国对美国白羽肉鸡发起反倾销、反补贴调查，并裁定对美国涉案企业征收43.1%～105.4%的反倾销税和3.8%～31.4%的反补贴税①。毫无疑问，贸易摩擦的增加将提高美国农产品出口的风险和难度。

四、有导致农业内部收入两极分化的风险

追求自由竞争，提高经济效率是美国发展经济的主旨，补贴对农业部门

① 中华人民共和国商务部官方网站.

资源配置的障碍必然使美国采取补救措施，提高农业经济效率，淘汰不具备规模经济效应，经营管理落后、生产率低下的中小农场，而要淘汰中小农场，政府在支持政策设计上必然要向大农场倾斜，使得绝大部分补贴利益被大农场获得，但这又会加剧农业内部收入不公平分配。现在美国政府农业保护与支持政策体系中这样的倾斜性设计有：第一，以种植面积和产量作为计算依据，经济规模大的农场面积也较大，自然获得的补贴较多。第二，制订补贴申请资格条款，据 2008 年农场法案规定，除个别例外以外，种植面积在 4 平方英亩以下的农户不在被补贴之列，这样就把零散农户直接排除在补贴之外。第三，补贴作物高度集中，生产补贴幅度大的农产品的农场主和与这些农作物的生产、加工、运输等业务有关的利益主体能获得较多补贴，而从事其他农产品的生产和加工的农场主和农业企业很少能分得补贴收益。政府执行农业支持政策目标是纠正市场失灵，实现社会收入公平分配，可恰恰是提高农场主收入的支持政策一定程度上导致了新的不公平。

第三节　美国农业保护与支持政策对我国的启示

我国建国后相当长的时期内农业处于为工业发展积累资金的地位，农业剩余通过农业税和工农产品价格剪刀差的形式大量流向工业，国家对农业一直处于负保护状态。1978 年十一届三中全会通过《中共中央关于加快农业发展的若干问题的决定》后，我国开始提高粮油等农产品的收购价格，并逐步增加农田水利建设投入，逐渐对农业采取保护措施。2003 年我国通过《国务院关于全面推进农村税费改革试点的意见》，逐步取消了农业税，开始对农民实行直接补贴，并将农村教育、卫生、文化支出覆盖到国家公共财政范围，加大了政府对农村公共设施的投入规模，全面加大了对农业的支持力度。在此背景下，我国农业生产和农民收入出现了较快增长。2003～2010 年我国农业总产值由 17247 亿元增加到 40497 亿元，年均增长 19.2%；农村居民人均纯收入从 2622 元增加到 5919 元，年均增长 17.9%；粮食总产量由 43067 万吨增加到 54641 万吨，连续 4 年保持在 5 亿吨以上，年均增长 3.8%[①]。这些数字一定程度上证明了我国农业保护与支持政策的效果。但

① 中华人民共和国国家统计局. 中国统计年鉴—2010 [M]. 北京：中国经济出版社，2011.

是在运行过程中，我国的农业保护与支持政策在作用领域，支持方式选择等方面也暴露出了一些问题，借鉴美国的经验，结合我国的实际情况，本书得出改革我国农业保护与支持政策的以下几点启示。

一、保护与支持以农业市场失灵领域为重点

我国目前对农业的财政投入主要包括两大类：一类是和农业生产相关的事业费支出，包括农、林、水务部门的事业费和支援农村生产支出，农业基本建设支出，农业科技三项费用，农业综合开发、农村综合改革、扶贫开发支出等；第二类是财政补贴支出，包括良种补贴，农业生产资料补贴，农资综合直补，稳定农民收入补贴，农业生产资料专项补贴，对生猪，奶业，油料作物的生产补贴，棉花专项补贴，粮棉流通补贴，环境保护补贴，农业生产保险补贴，农业结构调整补贴等内容①。但我国对农业的总体财政支出中农、林、水务部门的事业费支出占的比例过高，达到70%左右，而这部分主要是用于供养人员的经费，所以，从总体规模上讲我国农业支出中用于支持农业的业务费用、补贴费用比例太低。今后我国应该在充分发挥市场对资源配置基础作用的基础上，加大对市场失灵领域的补贴力度，重点支持农田基本建设、农业科研推广，农业资源、环境保护，农民收入直补，农作物重大病虫害专业化统防统治，农业保险、农业信息建设等的支持力度，促进农业和农村经济健康稳定发展。这种政策取向既符合WTO农业协议规则，可以降低我国和其他国家发生贸易摩擦的几率，也可以降低农业保护对生产的扭曲作用，一定程度上避免了美国农业政策在贸易摩擦、资源配置领域出现的问题。

1. 支持农业资源、环境保护建设

美国农业保护的发展过程证明，政府对农业的保护在弥补农业正外部性的同时，也会在一定程度上激励农民采取毁林开荒、围湖造田、增加农药、化肥用量等行为扩大种植面积，增加产量，对农业环境造成一定损害。2003年以后，我国农民直补、良种补贴、农机补贴等措施逐渐强化，为避免先污染后治理，我国可以借鉴美国做法，将支持政策与环境保护性操作挂钩，发挥政策间协同效应，纠正农业的外部性。

① 郭宏宝. 中国财政农业补贴：政策效果与机制设计 [M]. 成都：西南财经大学出版社，2009.

（1）耕地资源保护支持

我国人多地少，2010年耕地保有量仅为18.18亿亩，比本世纪初减少近1亿亩[①]，而且随着工业化和城镇化进程的加快，人增地减的矛盾还会更加突出，所以我国不可能像美国那样大面积休耕土地去保护资源。针对我国的国情，政府对土地资源保护支持的重点应该放在耕地保护上，通过支持高效合理的耕作方式，增强在耕地土壤质量来增加产量。政府应加大高标准农田和耕地质量建设支持力度，适当提高补贴标准，扩大补贴范围，加强耕作技术推广支持，鼓励农民采取测土配方施肥，农机深松整地，发展间作套种，使用生物农药、高效低毒农药，秸秆还田，种植绿肥，增施有机肥等方法，改良土壤，提升土壤有机质，通过挖掘资源潜力实现保障粮食供给和土地资源保护的统一。

（2）草原资源保护支持

政府应按照草原生态优先的理念，推行禁牧、休牧、轮牧、退牧还草和基本草原保护制度，增加草原生态保护补助奖励资金规模，根据草畜平衡的原则，科学利用草原。通过实行草原保护项目补贴带动草原生态建设：第一，天然草原退牧还草项目补贴，包括对牧民建设人工饲草料基地和草原围栏、棚圈设施，重度退化草原补播改良，草原动态监测和资源调查等监理监测能力条件建设发放补贴。第二，草原自然保护区建设补贴。为鼓励在草原生态破坏严重的地区建立保护区，政府可资助一定资金支持保护区管护、办公及生活设施，交通、通讯、科研、监测设施，宣传与教育设备的建设。第三，沙化草原治理项目补贴，对建设草原围栏、小型牧区水利配套设施，推广飞播改良、人工种草、禁牧、休牧等进行补贴。第四，草地建设补贴，主要包括对已垦草原还草、生态恶化草原治理、草原防火、草地鼠害治理，建设草原保护管理设施进行补贴。

（3）水资源保护支持

从淡水资源看，我国是世界上13个贫水国家之一，人均水资源量仅为世界人均的1/4，水资源的承载能力十分有限。科学保护和合理利用水资源，进一步提高农业用水效率势在必行，这方面政府主要的支持措施应该包括：支持农民发展节水农业，建设旱作农业示范基地；补贴田间节水配套设施，如集雨场、集雨窖等抗旱小水源设施；重点支持全膜覆盖集雨保墒、膜

---

① 中华人民共和国农业部种植业管理司．全国种植业发展第十二个五年规划．2011－09－20．

下滴灌、水肥一体化、抗旱坐水种等农田节水技术推广活动，保证技术推广经费；充分利用已有的农机具购置补贴等财政支农资金，支持专业合作社和农民推广应用节水技术。

(4) 农业生物资源养护支持

现在我国已经实行了农业生物资源保护工程，支持农业生物资源保护区和水生生态修复示范区建设，并且为农业生物资源监测和鉴定评价体系建设、农业生物资源保护科技研发提供资金支持。为更好地保护农业生物资源，增强生物多样性，我国的支持措施可以从以下几方面入手完善：第一，支持水生资源物种保护，如扩大支持水生生物资源增殖放流的范围，建设海洋牧场，设立水生生物自然保护区、水产种植资源保护区等。第二，农业植物资源保护支持，建设农业野生植物原生环境保护区．支持农业植物遗传资源、植物新品种的保护。第三，防范外来有害物种入侵，可以通过支持外来入侵生物风险评估和监测体系建设进行。

(5) 农业环境保护支持

对农民开展有机农业废弃物（如秸秆、畜禽粪便）的循环利用和无机废弃物收集转运进行补贴，减少农业面源污染；支持以农作物秸秆为主要原料的肥料、饲料、工业原料和生物质燃料的研发活动；支持农村清洁工程、秸秆能源化利用等工程项目建设；支持推广节地、节水、节种、节肥、节药、节能等节约型农业技术，为农业合作社和农民购买节能型农业装备提供补贴。

2. 支持农业公共产品供给建设

目前，我国农业公共产品的提供从数量到质量都处于较低水平。以农田水利建设为例，我国50%的耕地处在水资源紧缺的干旱、半干旱地区，但农田有效灌溉面积所占比例只有50%；还有约1/3的耕地位于易受洪水威胁的地区，但田间排灌设施陈旧老化、沟渠道路不配套，抗御洪涝等自然灾害的能力较差。类似问题在农业生产交通设施、农业教育、科技及推广等公共产品领域也存在，急需我国政府采取有力措施进行支持。

①支持农业基础设施建设

第一，支持农田水利设施建设。针对我国农业生产的水资源瓶颈制约，政府应增加财政对各类抗旱、防洪、排灌等农田水利设施的投入，支持以小型农田水利设施为基础的田间工程及配套工程建设，如田间排灌沟渠、机井、小型集雨蓄水设施，农田道路、桥涵、防护林网、输变电等配套设施建设等；建设大型水库等蓄水设施，在干旱时期为农户提供廉价农业用水；进一步加大南水北调工程支持力度，解决水资源与人口、耕地、生产力布局不匹配的问题。第二，支持大型农产品生产、销售基地基础设施建设，保证农产品流通渠道畅通。第三，支持标准化、规模化、集约化和机械化的种子生产基地建设，提高良种供应能力，第四，增加对农用道路、通讯、电力网线等基础设施的建设力度，改善农业生产环境，降低农业生产经营的外部成本。

②支持农业教育、科研和推广体系建设

借鉴美国经验，我国政府在农业教育、科研、推广上要改革现在三者脱节的体制，建立农业教育、科研、科技推广三位一体的科技服务体系。

第一，农业教育上的主要支持措施。加大基础农业教育的支持力度，针对我国工业化和城镇化背景下，农村留乡务农的劳动力以中老年为主，素质普遍偏低的现状，政府应拨付财政资金在各县设立至少一所农业技术学校，培养高素质的新型务农劳动者，同时技校要和基层推广机构合作，负责本地区农民的技术普及教育和科研成果的转化推广；支持推进农村中等职业教育免费进程，更好地培养面向农业、农村的技能人才；加大对农业院校的经费支持，扩大其培养规模，为农业储备高层次人才，而且农业院校要承担农业科研任务，指导基层农技学校和推广机构工作；支持农业科技创新团队建设，培育农业科技人才；支持农民科技培训体系建设，开展农民技术培训，提高农民科学种田水平。

第二，农业科研上的支持措施。政府应加大对基础性、公益性农业科研的经费投入，增强农业科技成果储备，其中重点支持的领域包括：具有重大应用前景的高产、优质、抗旱、耐低温、抗病虫害等农作物新品种的培育研究；出口优势产品，如蔬菜、水果、花卉等品种的选育研究；水产品种和畜禽品种改良和良种繁育研究；农业生物技术等高新技术的研发；以防控病虫害和应对气象灾害为重点的防灾减灾技术，以农机农艺结合为重点的综合配套技术，以节本增效为重点的科学施肥和节水技术的研发等。除增加农业科研经费支持外，政府还可以通过扩大良种补贴规模和范围，建设现代农业科技园区等措施支持科技成果的转化，以经济效益带动科研机构的研发积极性。

第三，科技推广上的支持措施。为了高效推广先进农业技术，促进科技成果转化为现实的农业生产力，政府应健全基层农技推广体系，增加对乡镇或区域性农业技术推广服务机构的资金支持，鼓励基层推广人员向农民宣传、推广节水、环保耕作技术，先进农机设备，优良品种知识，加快新品种、新技术的推广和应用。资助新品种、新技术的示范园区建设，通过直观示范展示提高农民的接受程度，加快推广速度。而且通过加大对创新农业技术和产品的支持还可以在一定程度上避免美国农业补贴中出现的保护落后生产力的弊端。

3. 支持农业信息服务体系建设

随着我国市场经济体制的建立与完善，权威、准确、快速的信息对农业生产的顺利进行作用日益突出，也愈发需要我国政府加强农业信息体系建设。首先，对基层信息机构和人员提供经费支持，加大信息收集力度，提高农产品市场信息服务水平；其次，支持灾害预测信息服务系统建设，健全重大病虫害监测预报网络体系，完善数字化监测预警平台，通过灾害信息及时报告与发布，降低农业生产损失；再次，提供世界市场农产品供求信息，我国农产品主要出口国绿色认证标准、国外最新贸易动态等信息服务，并及时发布，为企业和农户生产经营决策提供信息保障；最后，支持农业信息基础设施的建设，以有线电视、互联网为基础为农民提供充分快捷的信息资源服务。

4. 支持农民提高收入水平

提高农民收入水平最主要的方式就是增加对农民的补贴力度，但问题的关键在于如何增加以更好地发挥补贴资金的效果。鉴于我国补贴体系运行过程中暴露出的补贴环节、方式等方面的问题，我国政府应增加对农民增收效果较好的直接收入补贴规模，减少流通环节补贴比例。同时采用保险、灾害救助等多种方式从不同角度促进农民增收。

（1）提高农民农业经营性收入

支持农民采用节本增效技术，降低农业生产成本，提高单位面积产量；加大良种补贴支持标准，鼓励农民优化种养结构；支持农民发展优势特色农业、高效农业和休闲农业，通过农业功能拓展增加收入；通过农产品营销补贴，促进优势农产品出口；健全农产品价格形成机制和市场监测预警机制，适当提高主要粮食品种最低收购价；依据农产品市场价格，适时采取临时收储措施，使主要农产品价格保持在合理水平。

（2）增加农民的转移性收入

适当提高粮食、棉花等主要农产品的保护收购价水平，扩大支持范围，加大农业生产资料补贴力度，用足 WTO 黄箱政策空间；吸取美国补贴加剧收入不公平的教训，为了既保证农民基本收入，又能保障粮食安全，可以考虑在现在粮食直接补贴的基础上，设立农民收入保障差额支付补贴。粮食直接补贴和农民现实种植面积和产量挂钩，以面积和产量为依据进行支付，可以调整农产品种植结构。农民收入保障差额支付补贴，不与当前种植面积和产量挂钩，政府先根据某地区平均历史种植面积和产量计算出该地区农民的目标收益，如果农作物收货后，农民的实际收益低于目标收益，则对二者的差额给予补贴，这样既不会对生产产生扭曲，又可以保证农民最低收入，同时可以减少拉大收入差距的风险。另外为降低农业内部的收入差距，政府还可以考虑增加扶贫开发的支持规模，增加对贫困地区、低收入农民的支持力度；选择设立某些对农民增收效果明显的生产环节补贴，如机械化播种、收割补贴、创新的耕作技术补贴、农产品检验检疫补贴等；在政府资金有限的情况下，还可以通过财政贴息贷款，政策性金融贷款，吸纳社会资金促进农民增收。

(3) 支持农业保险和灾害救助，稳定农民收入

随着全球气候变暖，我国极端天气事件发生的频率也在增加，每年干旱、低温冻害、洪涝等气象灾害频繁发生，对种植业生产的影响虽年际间有波动，但总体呈加重趋势。同时，气候变化也导致农作物病虫害、草害、鼠害发生规律出现诸多新变化，对种植业生产构成极大威胁。如与 20 世纪 80 年代相比，我国小麦条锈病越夏区的海拔高度升高 100 米以上，发生流行时间提早了半个月左右；水稻稻飞虱、稻纵卷叶螟和飞蝗发生区域也向高纬度、高海拔地区扩展[①]。为降低自然灾害对农民收入的影响，借鉴美国农业保险制度的经验，我国应建立农业保险体系。

第一，设立风险农作物保险，对农民遭受水灾、旱灾、风灾、火灾、冰雹、低温多雨和病虫害等造成的产量损失进行赔偿，可以由农民自由选择是否参加，政府对保费进行一定程度补贴，其余由农民缴纳；第二，设立收入保险，当农民收入低于一定水平时即对其进行保险赔偿；第三，提高现有灾害救助水平，对于自然灾害损失，政府应给予农民相当于维持正常生活及来年生产投入数额的救济；第四，政府也可以通过给予补贴或再保险服务的方式吸引商业保险公司开展农业保险业务，缓解政府财政资金不足的压力。

---

① 中华人民共和国农业部官方网站.

二、通过保护与支持政策带动农业发展方式转变

美国通过实施农业保护与支持政策引导农业实现了机械化、化学化、生物化、信息化。我国目前农业生产力水平还比较低，科技创新能力不强，农业生产方式呈现小规模、分散化特征，资源利用率和土地产出率低。在当前传统的农业发展方式与资源环境约束之间的矛盾越来越突出的情况下，转变农业发展方式已经成为农业进一步发展的根本途径，成为我国实现农业现代化的必然选择，政府可以通过农业支持政策带动这一转变过程。

（1）带动农业向规模化、机械化生产方式转变

政府应加快农业用地流转改革步伐，为农业大面积规模化经营、机械化耕作扫清土地制度障碍。在支持措施上：

第一，提高农业农机具购置补贴标准，支持农民、农民专业合作社购置大型复合式高性能农机具，支持适宜地区购置中小型先进适用性农机具。重点补贴大型联合农机设备，这样既有利于农业机械化，又利于农业向规模化生产方向的发展；第二，对粮食生产全程机械化作业提供补贴，重点支持我国主要农产品水稻、小麦、玉米的栽植和收获农机技术的研发，棉花、油菜、甘蔗的机收技术研发。第三，支持种子生产加工和农产品初加工等领域生产机械的研究和推广。第四，对于养殖业，政府可通过扩大畜禽及其制品、水产品的补贴范围，设立防病防疫补贴，建设重大疫情的应急预警机制，提供养殖贴息贷款，设立相应保险项目降低农民风险等方式进行支持，重点补贴和人民生活密切相关的生猪和蛋禽养殖，同时随着人均收入水平的提高，消费者对肉制品、奶制品的需要随之提高，政府对肉禽、肉牛、肉羊和奶牛、水产品也应适当加大支持力度，支持建设生猪、奶牛、肉牛、肉羊、肉鸡和蛋鸡、水产品标准化规模养殖场，鼓励规模化饲养。

（2）带动农民采用先进耕作技术和养殖方式

资助先进实用技术推广，发挥基层农技推广机构的作用，向农民提供新型耕作技术信息和咨询服务，指导农民使用先进技术；对农民采用先进耕作方式，如水稻大棚育秧、玉米地膜覆盖、膜下滴灌、机械深松整地等技术提供资金和技术援助；鼓励农民采用农作物增施肥、促早熟、防病虫等防灾增产技术，提高土地产出率；补贴农民发展间作套种、使用生物农药、秸秆还田，提高农作物复种指数和资源利用率；对农民采用工厂化养殖、深水网箱养殖、稻田养殖、盐碱地养殖等现代养殖方式提供补贴和技术支持，拓展水

产养殖发展空间；对农民进行标准化规模养殖，集中专业育肥，综合利用废弃物，提供贷款贴息补贴和生产性补贴。

（3）带动农业的专业化、区域化生产

政府应根据资源承载能力和配置效率，确定农业生产区域布局、作物结构和品种结构，通过农业信息发布渠道和基层农业推广体系，广泛宣传，引导农民发展专业化、区域化生产，鼓励农民在最适宜的地区生产最适宜的农产品，并且对加工、流通、储运设施建设向优势产区聚集提供税收、贷款等支持。

（4）带动农业向科技化方向发展

现在美国农业科技已经进入以基因工程为核心的生物化和以信息、遥感、卫星定位技术为基础的信息化时代，人类越来越多地依据自己的意志控制农业自然再生产过程，极大地提高了农业生产力。

①美国的科技发展证明，农业的生物化和信息化是世界农业未来的发展方向，结合我国现有的科技水平和所处的经济发展阶段，目前我国农业科技生物化现实可行的方向是动植物良种的培育、改造和病虫害的生物防治。政府应提供农作物育种基本设施装备，支持良种生产优势地区建设农作物良种繁育基地，改善农作物品种试验和种子检测设施条件；支持与畜禽品种选育相关的核心育种场、原良种场、新品种培育场的建设，可以考虑建设一个国家级的畜禽品种资源场和种畜性能测定中心、水产遗传育种中心；农业部应设立专门机构负责建设重要动植物基因资源库为全国农业基因技术研究提供资源，同时要建设转基因技术转化平台，促进生物技术的推广应用。对于生物农药，国家应加强对技术研发的经费支持和实验基础条件的提供，对使用生物农药的农民给予环境保护补贴。

②美国的信息农业在生产过程中可以实现肥料、农药等的精准使用，我国信息农业方面，可以支持卫星遥感技术在农业领域的应用研发，为将来实现精准农业提供技术储备；建立农情信息体系，运用现代信息技术，采集、传输、储存各地农情资料，为精准农业提供资料储备。从目前技术水平可行性上看，现阶段主要的支持重点应放在推进测土配方施肥上，即通过土壤测试和肥料田间实验，根据作物需肥规律、土壤供肥性能和肥料效应，确定氮、磷、钾及微量元素等肥料的施用数量、施肥时期和施用方法。有效减少肥料使用量，提高肥料利用率，降低生产和环境成本。国家要对农业技术人员进行田间试验提供经费支持和设备支持，以获得各种作物的最佳施肥量、

施肥时期、施肥方法等基本资料；在农业科研和推广机构内设立土壤测试实验室，测试土壤供肥能力数据，由科研人员通过总结田间试验、土壤养分数据等，划分不同施肥区域，并根据气候、地貌、耕作制度等提出不同作物的施肥配方，所需费用统一由财政农业科研经费解决。新建配方肥示范园区或在原有的高产示范区和园艺作物标准园内采用配方技术，发挥示范带动作用，加快推广速度；为农民提供配方施肥技术援助和使用补贴；支持构建配方肥产供施网络，以市场化提供为基础，财政通过生产补贴、销售补贴、减免税优惠等进行引导，建成以科学配方引导肥料生产、以连锁配送方便农民购肥、以规范服务指导农民施肥的机制。支持农业生产集中的地区建立乡村配肥站，向农民提供智能化、数字化的配肥供肥服务，引导农民按方施肥。

三、健全农业保护与支持法律体系

我国目前与农业有关的法律包括《中华人民共和国农业法》（以下简称《农业法》）、《中华人民共和国草原法》、《中华人民共和国水法》、《中华人民共和国渔业法》、《中华人民共和国森林法》、《中华人民共和国土地管理法》、《中华人民共和国气象法》、《中华人民共和国种子法》、《中华人民共和国防沙治沙法》、《中华人民共和国农村土地承包法》、《中华人民共和国水污染防治法》、《中华人民共和国食品安全法》、《中华人民共和国保险法》等10几部，没有专门系统的规范政府农业保护与支持行为的法律，只是在上述法律中有关于农业保护与支持的条款，但多限于原则性规定，没有对体例结构、支持投入比例、政府职责、监督约束机制等方面的全面具体的制度安排，导致我国农业支持政策在操作过程中出现随意性大、连续性差、支持资金缺乏监管、使用效率低下等一系列问题，损害了农业生产经营者的权益，影响了国家粮食安全。因此有必要逐步将农业补贴政策法制化。

1. 建立以《农业法》为核心的农业法律体系

美国农业法律体系是以农业基本法为核心，多部专业法共同配套形成的，我国应该以《农业法》作为基本法，全面规范与农业生产经营相关的社会行为，可随着经济形势发展的需要进行修订。在基本法的基础上，健全农业专业法律体系，包括现代农业发展投入、农业产业发展、农业产业安全、农业生态安全、粮食安全、农产品质量安全、农民权益保护、农产品补贴、国家农业支持保护、农业资源保护、重大动物疫病防治、农民经济合作组织、农业生产资料管理、农业应急机制、农村经营体制等方面的立法，推动各项支农政策制度化、法制化。对于已制定的农业法律、法规和规章，要定期对其实施情况进行评估，发现有与上位法不一致、被新的立法所取代、不适应现实需要等情形的，要及时提请立法机关或自行修订、废止。

2. 建立农业资源环境保护法规体系

对农业资源和环境保护实行补贴支持不仅有助于生态环境建设，降低农业的负外部性，还属于WTO绿箱政策鼓励各国政府采用的政策范畴，是今后我国政府应该大规模支持的领域，通过将农业资源与环境保护进行项目分解，分别建立和健全农业植物资源、动物资源、土地资源、水资源、种子资源保护，牲畜排泄物管理，肥料、农药等生产资料使用方面的法律、法规、条例。对政府保护农业资源和环境的支持措施、规模、实施主体、资金配套进行法律规定，提高农业环境保护与支持政策的现实可操作性、规范性与可预见性。

3. 健全农业资金投入的立法

我国《农业法》对农业投入作了原则性规定："国家逐步提高农业投入的总体水平，国家财政每年对农业总投入的增长幅度应当高于国家财政经常性收入的增长幅度。"但没有硬性的规模指标控制，导致我国农业资金投入规模主要是依据政府的政策而定，投入的连续性、稳定增长性缺乏法律保障。

（1）制定《农业投资法》，综合规范农业投资行为。明确财政支农范围、目标、资金来源、投入方式、监管方式、效益评估体系等内容。通过法律规定，保证国家财政对农业投入增加的比例，尤其要保证对跨地区的重大农业基础设施建设、重大农业科学基础研究项目和农业科技推广项目的支持资金来源；规定国家开发银行、农业发展银行等政策性金融机构每年对农业信贷资金投入的增加比例，或者农业信贷投入占新增贷款的比例，保证重要的农业开发项目的信贷渠道畅通。

（2）制定《农业补贴法》，明确农业各部门间的财政补贴管理权限，职责分工；规定政府各项财政补贴的目标、适用范围、领取资格、计算标准、发放方式和监管办法；规定补贴资金的来源；根据国民经济增长速度和农业发展需要，明确规定农业补贴年度递增的比例；设立农业补贴资金监督管理机构，依法监管补贴资金使用，提高资金利用率和透明度。

小　结

美国农业保护与支持政策经过200多年的发展，已经形成了完善的运作体系和机制，对促进美国农业的发展起到了强有力的支撑作用，也为其他国家提供了可资借鉴的经验和引以为戒的教训。我国和美国在农业人口、资源、发展水平、反哺能力等方面存在较大差距，所以对美国农业保护与支持政策，我们只能更多地从其纠正市场失灵的思维逻辑、演进调整策略、法制化等方面借鉴经验，同时吸取美国的教训，在我国实践过程中，在WTO规则下对农业外部性、公共产品、农业信息体系、提高农民收入等方面加大作用力度，扩大支持范围，通过保护与支持政策引导我国农业朝着科技化、生物化、信息化的世界农业发展方向前进，并通过建立和健全农业保护相关法律体系，使我国的农业保护与支持逐渐法制化、规范化。

参 考 文 献

A. 普通图书

[1] (英)庇古. 福利经济学[M]. 北京:商务印书馆,2003.

[2] 斯蒂格利茨. 经济学[M]. 北京:中国人民大学出版社,1997.

[3] 萨缪尔森,诺德豪斯. 经济学(第 12 版)[M]. 北京:中国发展出版社,1992.

[4] 萨缪尔森,诺德豪斯. 经济学(第 17 版)[M]. 北京:人民邮电出版社,2004.

[5] (美)乔治·施蒂格勒. 信息经济学[M]. 上海:上海三联书店,1989.

[6] (英)亚当·斯密. 国民财富的性质和原因的研究[M]. 北京:商务印书馆,1972.

[7] (美)约翰·贝茨·克拉克. 财富的分配[M]. 上海:南海出版社,2007.

[8] 马克思. 资本论[M]. 北京:人民出版社,1975.

[9] 徐更生. 美国农业政策[M]. 北京:中国人民大学出版社,1991.

[10] J. T. 施莱贝克尔. 美国农业史(1607—1972 年)[M]. 北京:农业出版社,1981.

[11] 沃尔特. W 威尔科克斯. 美国农业经济学[M]. 北京:商务印书馆,1987:510

[12] 高峰,王学真. 中国农业保护、发展和微观粮食安全[M]. 北京:中国经济出版社,2008.

[13] 李秉龙,乔娟. WTO 规则下中外农业政策比较研究[M]. 北京:中国农业出版社,2006.

[14] 郭宏宝. 中国财政农业补贴:政策效果与机制设计[M]. 成都:西南财经大学出版社,2009.

[15] [美]H·N·沙伊贝. 近百年美国经济史[M]. 彭松建等译,北京:中

国社会科学出版社,1983.

[16] 约瑟夫.E 斯蒂格里茨,安东尼.B 阿特金森.公共经济学[M].上海:上海三联书店,上海人民出版社,1994.

[17] 陈宝森.美国经济与政府政策一从罗斯福到里根[M].北京:世界知识出版社,1988.

[18] 中华人民共和国国家统计局 中国统计年鉴—2010[M].北京:中国经济出版社,2011.

[19] 秦富,王秀清.国外农业支持政策[M].北京:中国农业出版社,2003.

[20] 卢现祥.西方新制度经济学[M].北京:中国发展出版社,2004.

[21] 潘盛洲.中国农业保护问题研究[M].北京:中国农业出版社,1999.

[22] 西奥多.舒尔茨.经济增长与农业[M].北京:北京经济学院出版社,1991.

[23] P. GJames.富国的农业政策[M].北京:中国农业出版社,1970.

[24] 林毅夫.再论制度、技术与中国农业发展[M].北京:北京大学出版社,2000.

[25] 张培刚.农业与工业化—农业国工业化问题再论[M].武汉:华中科技大学出版社,2002.

[26] 陈华山.当代美国农业经济研究[M].武汉:武汉大学出版社,1996.

[27] 程国强.WTO 农业规则与中国农业发展[M].北京:中国经济出版社,2001.

[28] 刘志扬.美国农业新经济[M].青岛:青岛出版社,2003.

[29] (英)里特森.农业经济学原理与政策[M].北京:农业出版社,1988.

[30] 钟甫宁.农业政策学[M].北京:中国农业出版社,2003.

[31] 孙中才.理论农业经济学[M].北京:中国人民大学出版社,1998.

[32] (美)R·D·罗德菲尔德.美国的农业与农村[M].北京:农业出版社,1983.

[33] United States Department of Agriculture. Agricultural Statistics [M]. United States Government Printing Office, Washington, 1996—2010.

[34] Alfred Marshall. Principles of economics[M]. Beijing: China Social Sciences Pub. House, 1999.

[35] Edward Chamberlin. The Theory of Monopolistic Competition. 1st Ed. 6th Ed. [M], Harvard University Press, 1948.

[36] Baumol and Blinder. Economics——Princociples and Policy. 7th [M], NewYork: Dryden Press, 1997.

[37] Faulkner, Harold Underwood. American Economic History, 7th Ed [M]. Harper Brothers Publishers. NewYork, 1954.

[38] E. S. Griffith. A History of American City Government 1900—1920 [M]. New York: Praeger Publisher Inc., 1974.

[39] The Encyclopedia American: College [M]. Vol. 7. International Editin, American Corporation, con., 1978.

[40] Cochrane, Willard. W. The Development of Agriculture[M]. 1948.

[41] Tim Josling. Agricultural Policy Reform－Politics and Process in the EU and US in the 1990s [M]. Ashgate Published Limited, Aldershot England, 2002.

[42] Tweeten, Luther G. Farm Policy Analysis [M]. Boulder. Westview Press, 1989.

[42] Michael MacGarry and Andrew Schmitz, The World Grain Trade: Grain Marketing, Institutions, and Policies[M]. Westview Press, 1992.

B. 本书集、会议录

[1] 蒋和平，宋莉莉. 美国建设现代农业模式的借鉴及启示[C]. 中国农业技术经济研究会. 2007 学术研讨会本书集. 2007(11).

[2] 赴美国水利工程建设与管理培训报告[C]. 中国灌溉排水发展中心，2000(12).

[3] 赖作莲. 美国农业科教体系特征与启示陕西省农业科技与人才开发论坛[C]. 陕西省农业科技与人才开发论坛本书集，2009.

D. 学位本书

[1] 刘自强. 近代美国西部农业开发政策研究[D]. 长沙：湖南师范大学，2003.

[2] 李茹. 农业补贴的效应分析[D]. 北京：中国社会科学院研究生院，2003.

[3] 王霄鸣. 美国农业保护政策及其影响研究[D]. 武汉：华中科技大学，2004.

[4] 翟雪玲. 中美农业支持比较研究[D]. 中国农业大学，2004.

[5] 叶堂林. 世贸组织规则下我国农业保护政策研究[D]. 北京：中国农业科学院，2004.

[6] 王华巍.世界主要发达国家农业政策的比较研究[D].长春:吉林大学,2005.

[7] 林成.从市场失灵到政府失灵:外部性理论及其政策的演进[D].沈阳:辽宁大学,2007.

[8] 宗义湘.加入 WTO 前后中国农业支持水平评估及政策效果研究[D].北京:中国农业科学院,2006.

[9] 乐波.农业生产领域公共服务供给的美/日/印三国经验研究[D].武汉:华中师范大学,2007.

[10] 张颖.美国公共产品供给演进轨迹研究[D].沈阳:辽宁大学,2008.

[11] 陈阵.美国农产品贸易政策研究[D].长春:吉林大学,2009.

[12] 马晓春.中国与主要发达国家农业支持政策比较研究[D].北京:中国农业科学院,2010 .

G.期刊中析出的文献

[1] (美)库兹涅茨. 经济增长与收入不平等[J]. 美国经济评论,1955(1).

[2] 田维明.中国农产品价格政策分析模型[J].农业技术经济,1991(4):44—51.

[3] 朱希刚.借鉴国际经验促进农业补贴由消费者向生产者的转变 [J].农业经济问题,1992(10):52—57.

[4] 吕恒心.日本农业发展中的财政政策及其对我们的启示 [J].财政,1994(12):52— 53

[5] 刘桂才.论对农业的保护问题[J]. 农业信息探索,1995(1):4—7.

[6] 王宁,陈柏源.建立农业保护机制的思考 [J].四川财政,1996 (10):8—9.

[7] 鲁德银,雷海章. 建立强有力的农业支持体系[J].农业经济问题,2000(6):34—36.

[8] 何秀荣.美国谷物生产、加工与贸易的特点及启示 [J].中国农业信息快讯,2000 (3):19—21.

[9] 卢锋.我国入世谈判的农业补贴僵局分析.经济工作者学习资料,2001(15).

[10] 张莉琴. 加入 WTO 后中国农业面临的挑战及对策[J].中国农垦经济,2001(3):39—40.

[11] 张红宇.加入 WTO 与中国农业政策调整 [J].人民论坛,2001

(12):17.

[12] 阮怀军,郑宏伟. 美国的农业信息服务体系[J]. 山东农业科学,2001(2):51.

[13] 田维明. WTO与中国农业解答[J]. 现代农业,2002(2):26—27.

[14] 汤艳丽. 美国农业部有关信息机构及其主要工作[J]. 世界农业,2002(2).

[15] 李秉龙. 欧盟农业金融环境的演变 [J]. 农村金融研究,2002(8):48—51.

[16] 杨军,汪文. 对构建我国农业支持体系的探讨[J]. 农村经济,2003(2):46—47.

[17] 张莉琴,林万龙,我国农业国内支持政策中存在的问题及调整对策[J]. 中国农村经济,2003(4):27 - 28.

[18] 周淑景. 欧盟农业支持政策及其改革[J]. 中国农垦经济,2003(2):43—47.

[19] 秦富,张莉琴. 从国际看中国农业国内支持体系构想[J]. 科学决策,2003(1):22 —24.

[20] 单妙霞. 美日欧农业国内支持与 WTO 农业协议[J]. 经济论坛,2003(24):48—49.

[21] 吉力,林桢. 美国的农业财政政策及借鉴[J]. 世界农业. 2003(7).

[22] 郭军盈. 农业协定与我国的农业国内支持[J]. 陕西农业科学,2003(6):54—56.

[23] 鲁德银,蔡振女,雷海章. WTO下中国农业支持的依据与构想[J]. 求索,2003(1):12—16.

[24] 李凤瑞. 建立完善的农业支持保护体系[J]. 经济论坛,2004(4):112—113.

[25] 白雅萍. 从立法角度研究 WTO 框架下我国农业支持体系[J]. 广西政法管理干部学院学报,2004 (2):42—44.

[26] 翟雪玲,何秀荣. 日本农业支持水平与结构[J]. 调研世界,2004 (1):12—14.

[27] 张领先,傅泽田,张小栓. 农业国内支持政策研究综述[J]. 商业研究,2005(20):76—80.

[28] 韩星焕. 吉林省农业支持与保护的实证分析[J]. 吉林农业大学学报,2006(6):72—73.

[29] 魏勤芳.美国农业科技体系及运行机制[J].科学新闻,2006(22):11—12.

[30] 王永浩、王德成、张领先. WTO框架下我国农业国内支持政策体系的研究[J].农业机械研究.2006(1):1—4.

[31] 杜延军,叶勇.农业信息不对称的分析及解决途径[J].甘肃农业,2006(1):56.

[32] 刘桂才.美国农业的信息工作[J].天津农林科技,2006(6):13—17.

[33] 徐晓雯.美国绿色农业补贴及对我国农业污染治理的启示[J].理论探讨,2006 (4):69—72.

[34] 陈和平,白崇军.美国农业生物技术政策[J].全球科技经济瞭望,2007(12):12—14.

[35] 陈恭福.参加美国农业扶持政策及农村贫困救助制度培训考察的几点体会[J].决策导刊,2007 (1):21.

[36] 冯继康.美国农业补贴政策历史演变与发展走势[J].中国农村经济,2007(3):74—76.

[37] 宗义湘.印度农业国内支持政策[J].世界农业,2007(4):36—38.

[38] 文小才.美国农业财政补贴政策的经验与启示[J].云南财经大学学报,2007(3):93—96.

[39] 王恒玉.美国农业信息化的特点与启示[J].生产力研究,2007(23):54—55.

[40] 赵英杰.国外农业信息化发展模式及对中国的启示[J].世界农业,2007(4):10—12.

[41] 许世卫,李哲敏,李干琼.美国农业信息体系研究[J].世界农业,2008(1)44—46.

[42] 陈亚平.欧盟 CAP 有关农业补贴改革之探讨[J].西部法律评论,2008(20):123— 129.

[43] 杨焕玲.美国农业税收政策及其对我国的启示[J].改革与开放,2008(4):26—27.

[44] 孟祥春.美国铁路的历史沿革与管制变迁[J].理论学习与探索,2008(3):56.

[45] 许世卫,李哲敏,李干琼.美国农业信息体系研究[J].世界农业,2008(1):44—46.

[46] 韩星焕,孙立城.吉林省农业支持与保护的宏观需求与供给能力分

析[J]. 吉林农业大学学报,2008 (4):64—65.

[47] 谢特立. 美国农业产业特征与农业推广体系运作、推广目标[J]. 世界农业,2008 (6):51—54.

[48] 李传健. 我国农业可持续发展与农业支持政策体系构建[J]. 2009 (392):159—161.

[49] 程宇光. 论农业补贴的农村环境保护功能——以欧美农业补贴制度的比较为视角[J]. 河北法学,2010(8).

[50] 张玉环. 美国农业资源和环境保护项目分析及其启示[J]. 中国农村经济,2010 (1).

[51] 杨晓莉. 美国铁路发展现状及启示[J]. 综合运输,2010(2):69.

[52] 刘瑞涵,张怀波. 俄罗斯农业支持及改革政策分析[J]. 农业经济问题,2010(2):105—109.

[53] 问泽霞,张晓辛. 中美农业支持水平对比实证分析[J]. 技术经济与管理研究 2010(1):116—120.

[54] 徐金丽. WTO 框架下我国农业国内支持政策的调整[J]. 北方经贸,2010(4):39— 41.

[55] 王鹏,王磊. 美国农业补贴政策的演变及其影响[J]. 中国财政,2010,(01) .

[56] 吴玥,艾华. 美国农业财政制度的发展历史及其对我国农业的启示[J]. 湖北社会科学,2010(11).

[57] 汪洁,马友华. 美国农业面源污染控制生态补偿机制与政策措施[J]. 中国环境与发展,2011(4).

[58] 王世群,李文明. 美国农业灾害援助体系启示[J]. 中国合作经济,2011(2).

[59] 韩伟. 美国现代农业的主要特点[J]. 当代世界,2011(4).

[60] 王玺,西爱琴. 美国州立农业推广体系分析——以肯塔基州为例[J]. 农业发展与金融,2011(6).

[61] 王洪会,何彦林. 1929—1933 年经济危机后的美国农业保护政策及其启示[J]. 长春理工大学学报,2011(8).

[62] Coase. The Problom of Scocial Cost[J]. Journal of Law and Economics. Octorber,1960(10).

[63] Samuelson. The Pure Theory of Public Expenditure[J]. Review of Economics and Statistics. 36. November 1954,387.

[64] Hayek,Friedrich. A. (1945). The Use of Knowledge in Society[J]. American Econo,mics Review. 35(4):519—530.

[65] Akerlof. The market lemons: Quality Uncertainty and market mechanism[J]. Quarterly Journal of Economics 89.

[66] Sliglitz, J. E. (1985) Information and Economics Analysis: A Perspective[J]. Economic Journal,Conf Paper:21—41.

[67] Keith. O. Fuglie and Paul. W. Heisey. Economic Returns to Public Agricultural Research [J]. Economic Brief Number . 10. September 2007.

[68] Bela Balasas. Tariff Proetetion in industrial counrties: an evaluation. Joumal of Political Economy. Vol. LXXlll,No. 6,1965,573—594.

[69] Tim. Josling and Stefan Tangermann. ImPlementation of the WTO Agreementon Agriculture and Developments for the Next Round of Negotiations [J]. EuroPean Review of Agricultural EconomiesVol. 26 (3),1999.

[70] Honma, M. Hayami, Y. Structure of Agricultural Protection in Industrial Countries [J], Journal of International Economic, 1986 (20): 115—130.

[71] Bohman M,Cooper J,Mullarkey D,Normile M,SkullyD,Vogel S, YoungE, 1999. The Uses and Abuses of Multifunctionality. Economic Research Service. United States Department of Agriculture, Washington DC.

[72] Clive Potter,Jonathan Burney. Agricultural multifunctionality in the WTO legitimate non trade concern or disguised protectionism Journal of Rural Studies 18 (2002):35—471.

[73] Coleman. From protected development to market liberalism: paradigm change in agriculture[J]. Journal of European Public Policy,1998 (5):632—651.

[74] G. Miller. The politiacl eocnomy of international agricultural policies of Australia:Australia Publishing Canberra. 1987.

[75] OlgaMelyina. The measuremen to the level of supportionse Ieetedn on OECD countries.

[76] Cahill. C. andw. legg. Estimation in agricultural assistance using Producer and consumer subsidy equivalents:theory and Practice.

[77] Balassa. B. TradeLiberalizationand Revealed, ComParative Advantage, Manehester School, Vol. 33, 1965.

[78] D. A. Sumner, Domestic Support and the WTO Negotiations, The Australian Jour nal of Agricultural and Resource Economics, 2000, vol. 44 (3), 467—471.

[79] George Reeves, World Agricultural Trade and the New GATT Round, Journal of Agricultural Economy, 1987, vol. 38, 396—401.

[80] A. O. Krueger, Trade Policy and Economic Development: How We Learn, American Economic Review, 1997, vol. 87.

[81] Swinnen. J., F. A. Vander Zee. The Political Economy of Agricultural Policies: A Survey [J]. European Review of Agricultural Economics, 1993, (20): 261～290 .

[82] Andrew Schmitz, Troy G Schmitz, Frederick Rossi. Agricultural Subsidies in Developed Countries: Impact on Global Welfare . Review of Agricultural Economics, 2006, 28, 28 (3): 416—425.

[83] Alston, Julilan M, Sumner, Daniel A. Perspectives on Farm Policy Reform. Journal of Agricultural and Resource Economics, 2007, 32, 32 (1): 1—19 .

[84] Koo, Won. W. , and Kennedy, P. Lynn. The Impact of Agricultural Subsidies on Global Welfare. American Journal of Agricultural Economics, 2006, (5): 1219— 1226.

[85] Tutwiler, M. A. Challenges Facing the World Trade Organization Negotiations on Agriculture. American Journal of Agricultural Economics, 2003, 85, 85 (3): 684— 685.

[86] Young, C. Edwin, Monte L. Vandeveer, Randall D. Schnepf. American Journal of Agricultural Economics, 2001, Vol. 83, Vol. 83 (No. 5): pp. 1196—1203 .

[87] Hart C. E, B. A Babcock. U. S. Farm Policy and the World Trade Organization: How do They Match Up?. CARD Working Paper, 2002 (02): 294.

[88] Merlinda, D Ingco. Agricultural policy reforms in the new multilateral trade round. American Journal of Agricultural Economics, 2002, Vol. 84, Vol. 84 (No. 3): pp. 79—99 .

[89] Harwood Joy. An Overview of the U. S. Agricultural Economy and the 2008 Farm Bill. Agricultural and Resource Economics Review,2009.

H. 报纸中析出的文献

[1] 黄季焜.增加收入、市场化:美国农业补贴政策的历史演变[N].中国社会科学报,2009－11－19.

[2] 李正信.美国农业:如何实现高投入高产出目标[N].经济日报,2011－05－28.

[3] 何英.伊利诺州——美国农业大州的绿色之路[N].中国能源报,2011－09－26.

I. 电子文献

[1] 中华人民共和国农业部.全国农业发展第十二个五年规划[EB/OL].[2011－09－20]. http://www.moa.gov.cn/.

[2] 中华人民共和国国家统计局:统计数据.年度数据. 2010. http://www.stats.gov.cn/tjsj/.

[3] 贾善和.中国农业支持与保护理论问题研究[D/OL].西南财经大学,[2008－04－01]. http://www.doc88.com/p－84556715235.html.

[4] 郝冰.美国农业支持政策的演进逻辑[J/OL].农业经济问题,2005(9).[2005－12－28] http://www.agri.ac.cn/AgriSciFare/GW/QT/200512/16924.html.

[5] 何树全,钱睿.世界农业支持政策比较及其对中国的启示[J/OL].乡镇经济,2008(9).[2009－01－05]. http://e－nw.shac.gov.cn/wmfw/hwzc/hwzc/200901/t20090108_1201170.htm.

[6] 靳引利.美国高速公路管理概况[EB/OL].[2007－03－01]. http://www.jtstar.com.

[7] Farm Service Agency: Farm Loan Programs, Disaster Assistance [EB/OL]. http://www.usda.gov/wps/portal/usda/usdahome? contentid=FSA_Agency_Splash.xml&contentidonly=true.

[8] The U.S. Department of Agriculture[EB/OL]. http://www.usda.gov/wps/portal/usda/usda home.

[9] National Employee Development Center. Overview of Conservation Planning Course [EB/OL]. http://www.usda.gov/wps/portal/usda/usdahome? navid= CONSERVATION.

[10] Natural Resources Conservation Service: Conservation Programs2008

[EB/OL]. http: // www. nrcs. usda. gov/wps/portal/nrcs/main/national/programs.

[11] Agricultural Research Service: National Program 101: Food Animal Production. [EB/OL]. 2011—4—28. http: // www. ars. usda. gov/research/programs/programs. htm? NP_CODE=101.

[12] Risk Management Agency /USDA: Financial Report 1999—2008 [EB/OL]. http: // www. usda. gov/wps/portal/usda/usdahome? contentid =RMA_Agency_Splash. xml&contentidonly=true.

[13] National Agricultural Ststistics Service/USDA: Agricultural Ststistics 2010. Statistics of grain and feed[G/OL]. http: // www. nass. usda. gov/Publications/ Ag_Stati stics/index. asp.

[14] Economic Research Service/USDA: Farm income and balance sheet, 1929—2010. [G/OL]. http: // www. nass. usda. gov/Data _ and _ Statistics/index. asp.

[15] National Agricultural Ststistics Service/USDA: Agricultural ststistics 2010 [G/O L]. Statistics of grain and feed. http: // www. nass. usda. gov/Publications/Ag_ Sta tistics /index. asp.

[16] AgN IC Statistics FY2005[G/OL]. 2006—09—26. http:/ /www. agnic. org/about/history/agnicstats.

[17] Economic Research Service/USDA: Value added to the U. S. economy by the agricultural sector[EB/OL]. http: // www. ers. usda. gov/Briefing/AgResearch/.

[18] Economic Research Service/USDA: Direct Government Payments, 2002—2011F. [G/OL]. http: // www. ers. usda. gov/Briefing/AgResearch/.

[19] Natural Resources Conservation Service /USDA: Wetlands Reserve Program [EB/OL]. 2008. 5. http: // www. usda. gov/wps/portal/usda/usdahome? contentid=NRCS_Agency_Splash. xml&contentidonly=true.

[20] National Agricultural Statistics Service: Economic Research Service: Economic Data on Food, Agriculture, and the Rural Economy. http: // www. usda. gov/wps/portal/usda/ usdahome? navid=DATA_STATISTICS.

[21] Foreign Agricultural Service: Production, Supply, and Distribution Online Database (PSDOnline) 2010 . http: // www. fas. usda. gov/psdonline/psdHome. aspx.

[22] National Agricultural Statistics Service: Historical Agricultural Data. [G/OL]. http://www.nass.usda.gov/Data_and_Statistics/index.asp.

[23] National Agricultural Statistics Service: Agricultural Statistics Annual[G/OL]. 1994—2010. http://www.nass.usda.gov/Publications/Ag_Statistics/index.asp.

[24] The Economic Research Service briefing room: Agricultural Research and Productivity[G/OL]. 1948—2008. http://www.ers.usda.gov/Briefing/AgResearch/.

[25] The National Agricultural Library: Sustainable Agriculture Education Materials Digital Library[EB/OL]. http://riley.nal.usda.gov/nal_display/index.php? infocen ter=8&tax_level=1&tax_subject=1.

[26] Agricultural Marketing Service: Farmers Market Promotion Program [EB/OL]. 2009. http://www.usda.gov/wps/portal/usda/usdahome?contentid=AMS_Agency _Splash.xml&contentidonly=true.

[27] Natural Resources Conservation Service: 2008 NRCS Farm Bill Conservation Programs[EB/OL]. http://www.usda.gov/wps/portal/usda/usdahome? contentid=NRCS_Agency_Splash.xml&contentidonly=true.

[28] Risk Management Agency: crop insurance policy: Actual Production History [EB/OL]. 2009. http://www.rma.usda.gov/policies/.

[29] USDA Rural Development: RUS Telecommunications Programs [EB/OL]. 2009. http://www.rurdev.usda.gov/RUSTelecomPrograms.html.

[30] Foreign Agricultural Service: Export U. S. Products: Export Programs [G/OL]. 2009 — 2010. http://www.fas.usda.gov/exportprograms.asp.

[31] USDA Announces Initial 2009—2010 Allocations for Dairy Export Incentive Program[EB/OL]. http://www.fas.usda.gov/excredits/deip/deip—new.asp.

[32] Risk Management Agency /USDA: Crop and Livestock Insurance [EB/OL]. 2000— 2008. http://www.rma.usda.gov/policies/.

[33] Economic Research Service/USDA: Ron Durst. Federal taxes and Agriculture. 2009. http://www.ers.usda.gov/Briefing/AgResearch/.

[34] ERS/USDA：Davenport，Charcles. The Effects of Tax Policy on American Agriculture[EB/OL]，1982. [2011－10]. http：//www. usda. gov/wps/portal/usda/usdahome? navid= RURALDEVELOPMENT & navtype =SU.

[35] The U. S. Department of Agriculture：Rural Development's 2010 Progress Report [R/OL]. http：// www. usda. gov/wps/portal/usda/usdahome? navid= RURAL_DE VELOPMENT&navtype=SU.

[36] The U. S. Department of Agriculture：Foreign Agricultural Trade of Unites States (FATUS) Database[DB/OL]. http：//www. usda. gov/wps/portal/usda/usdahome? navid= EXPO RTING_GOODS.

后　记

在书稿付梓之际，衷心地向关心我成长，指导我研究，促成和支持本书出版的师长、领导、亲人和朋友致以诚挚的感谢！

感谢吉林大学东北亚研究院尹小平教授！作为我的博士导师，尹老师对本书的结构、内容进行了悉心指导，他渊博的知识，敏锐的洞察力，严谨的治学理念，积极的工作精神，豁达宽容的生活态度让我感受颇深，终生受益！

感谢东北师范大学张之光教授！张老师是我攻读学士学位期间的导师，虽毕业多年，但老师一直如父亲一样关心支持我的成长，指点我的研究方向，师恩如山，时时鞭策我，让我不敢懈怠，希望本书能带给师长些许欣慰。

感谢我的家人！父母的关心、支持和殷殷期许的目光给了我前进的不竭动力；爱人毅然放弃外地的工作，在生活上无私付出，给我创造了专心写作的环境；我的儿子默默自理学习、生活上的诸多琐事，用行动表达了他的理解和支持，给我莫大安慰和力量。谢谢家人对我的鼓励和支持，你们是我坚强的后盾！

本书写作过程中参考了大量的相关资料和研究成果，无法一一列出，在此对作者一并表示感谢。在本书出版过程中，得到了单位领导、同事以及东北师范大学出版社的大力帮助和支持，在此表示衷心的感谢！

王洪会